MANUEL DE YNCHAUSTI ETA LURDES EUZKO AUR-ETXEA KOLONIA (JATSU, 1937-1939).
34 EUSKAL GERRAKO HAURREN BABES-ETXEA

MANUEL DE YNCHAUSTI Y LA COLONIA LURDES EUZKO AUR-ETXEA (JATSU, 1937-1939). EL REFUGIO DE 34 NIÑOS DE LA GUERRA VASCOS

Jon Urutxurtu Bengoetxea

EDIZIOA / EDICIÓN:

Bizkaia
foru aldundia
diputación foral

EGILEA / AUTOR:
URUTXURTU, Jon

KOORDINAZIOA / COORDINACIÓN:
PETRALANDA, Montserrat

FRANTSESETIK ETA INGELESETIK ITZULPENAK /
TRADUCCIONES DEL FRANCÉS Y DEL INGLÉS:
ARREGUI, Begoña

DISEINUA, MAKETAZIOA ETA FOTOKONPOSIZIOA /
DISEÑO, MAQUETACIÓN Y FOTOCOMPOSICIÓN:
TXAPÓ Creativos, S. L. - URUTXURTU, Jon

EDIZIOA / EDICIÓN:
Bizkaiko Foru Aldundia. Euskara, Kultura eta Kirol Saila
Diputación Foral de Bizkaia. Departamento de Euskera, Cultura y Deporte

LG BI 696-2025

ISBN 978-84-7752-759-6

www.bizkaia.eus/argitalpenak

LAGUNTZAILEAK / COLABORADORES:

AURKIBIDEA / ÍNDICE

AURKEZPENA

Gerra zibilak (1936-1939) Euskadin ezaugarri bereziak izan zituen: langile klasearen prozesu iraultzailerik eza, Elizaren portaera berezia kleroaren zati handi bat Errepublika eta Aguirreren Gobernuaren alde jarriz, euskal nazionalismoak bere gain hartutako rolaren ondoriozko konplexutasun militarra eta politikoa, Autonomia Estatua eskuratzea eta Eusko Jaurlaritza eratzea... Horri guztiari biztanleria zibilaren exodo masiboa gehitu beharko litzaioke.

Gerra zibilaren historiaren alderdi garrantzitsu bat milaka euskal herritarren ebakuazioa da; 1936an modu desordenatuan hasi zen atzerriratzea, eta 1937ko udaberrian, nazionalen aireko erasoen eta hornikuntza-zailtasunen ondorioz, dramatikoki areagotu egin zen.

Gerrako gertakari lazgarrienetako bat familietatik banandu eta atzerrira irteten diren haurrena da: gerrako haurrena. Gregorio Arrien historialariak (1936-2019) hainbat urtez ikertu zuen gai hori, besteak beste, honako lan hauetan: *La generación del exilio; Génesis de las Escuelas Vascas y colonias escolares 1932-1940; Niños vascos evacuados en 1937. Álbum histórico; Niños vascos evacuados a Gran Bretaña. 1937-1940; El primer exilio de los vascos. Cataluña 1936-1939* (Iñaki Goioganarekin batera idatzia) edo bere azken lana *¡Salvad a los niños! Historia del exilio vasco en Gran Bretaña, 1937-1940*.

Jesus J. Alonso Carballésen *1937. Los niños vascos evacuados a Francia y Bélgica* liburua ere azpimarratzekoa da.

Ikerketa lan hau milaka haur hartu zituzten kolonia ugarietako batean oinarritzen da: Lapurdiko Jatsu (Franzia) herrian 34 haur euskaldun artatu zituen Lurdes Euzko Aur-Etxea kolonian. Aldi berean, kolonia horren mezenasa izan zen Manuel de Ynchausti —oso gutxi ezagutzen dena eta merezitako aitortza izan ez duena—, bere emazte Ana Belén Larrauri eta bertan lan egin zuten langileak aitortu nahi dira.

Jarraian datozen edukiak hiru zatitan banatuta daude: lehenengoak euskal biztanleria zibilaren eta, bereziki, haurren ebakuazio masiboen testuinguruari egiten dio erreferentzia labur bat. Bigarrenak —ikerketa honen oinarria— Lurdes Euzko Aur-Etxea kolonia aztertzen du: bere jatorria, Manuel de Ynchausti mezenasa, antolakuntza, hartutako haurrak, bertan zeuden langileak... Azkenik, hirugarrenak lan hau egiteko erabili diren informazio-iturriak zehazten ditu.

Ikerketa honekin, alde batetik, ahotsa emateaz gain, aurpegia eta kontakizuna jarri nahi zaio gerraren aldi bat beren lurraldetik kanpo bizi izan zuen jende arruntari —haurrei, maisu-maistrei, osasun-langileei, laguntzaileei, apaizei...—; bestetik, oraindik ere munduan errepikatzen den errealitate baten inguruan, iragan traumatiko baten oroimena gorde nahi da, eta belaunaldi berriak sentsibilizatu.

PRESENTACIÓN

La guerra civil (1936-1939) en Euskadi tuvo unas características particulares: la falta de un proceso revolucionario de la clase obrera, el comportamiento peculiar de la Iglesia con una parte del clero que apoyó a la República y al Gobierno de Aguirre, la complejidad militar y política debida al papel asumido por el nacionalismo vasco, la concesión de la autonomía y la formación del Gobierno Vasco... A todo ello habría que añadir, el éxodo masivo de la población civil.

La evacuación de miles de ciudadanos vascos constituye un aspecto importante de la historia de la guerra civil; su salida al extranjero, iniciada de forma desordenada en 1936, se acrecentó dramáticamente en la primavera de 1937, con la ofensiva aérea nacional y las dificultades de abastecimiento.

Uno de los episodios más sobrecogedores de la guerra es el de los niños que se ven separados de sus familias y salen al extranjero: los niños de la guerra. Es un tema que durante años investigó el historiador Gregorio Arrien (1936-2019) con trabajos como *La generación del exilio; Génesis de las Escuelas Vascas y colonias escolares 1932-1940; Niños vascos evacuados en 1937. Álbum histórico; Niños vascos evacuados a Gran Bretaña. 1937-1940; El primer exilio de los vascos. Cataluña 1936-1939* (escrito junto con Iñaki Goiogana) o su última obra *¡Salvad a los niños! Historia del exilio vasco en Gran Bretaña, 1937-1940*.

Es también de destacar el libro de Jesús J. Alonso Carballés titulado *1937. Los niños vascos evacuados a Francia y Bélgica*.

Este trabajo de investigación se centra en una de las numerosas colonias que acogieron a miles de niños: la colonia Lurdes Euzko Aur-Etxea ubicada en la localidad labortana de Jatsu (Francia), que atendió a 34 niños vascos. Al mismo tiempo pretende reivindicar las figuras de Manuel de Ynchausti —mecenas de dicha colonia y una persona poco conocida y reconocida—, de su esposa Ana Belén Larrauri y del personal que trabajó en Lurdes Euzko Aur-Etxea.

El contenido que se expone a continuación está dividido en tres partes. La primera, hace una breve referencia al contexto en el que se enmarcan las evacuaciones masivas de la población civil vasca en general y de los niños en particular. La segunda —el objeto de esta investigación—, analiza Lurdes Euzko Aur-Etxea: su origen, su mecenas Manuel de Ynchausti, los niños y niñas acogidos, la organización y la vida diaria, el personal empleado... Finalmente, la tercera parte recoge las fuentes de información utilizadas para la elaboración del trabajo.

Se trata, pues, por una parte, de poner rostro y relato, además de voz a gente común —niños, maestros y maestras, personal sanitario, auxiliares, sacerdotes...— que vivió parte de la guerra fuera de su tierra; por otra, de preservar la memoria de un pasado traumático y sensibilizar a las nuevas generaciones sobre una realidad que sigue repitiéndose en el mundo.

ARGIPENAK

Informazio-iturri ugari —ahozkoak, bibliografikoak, argazkiak...— kontsultatu eta erabili izan ditut lan hau egiteko. Nire obsesioetako bat guztiak aipatzea izan da. Baliteke norbait falta izatea. Barkamena eskatzen diet aipatu ez direnei.

Argazkien kasuan, gehienen egilea nor den ez da ezagutzen; beraz, ez da argazkilaria aipatzen, baina bai azaltzen dira artxiboak edo argazki horiek gorde dituzten pertsonak.

Udalerri, ibai, mendi... euskaldunen izenak euskarari dagokion grafian idatzi dira, bai euskarazko testuan, bai gaztelaniazkoan. Baina gaztelaniazko testuen hitzez hitzeko transkripzioetan jatorrizko grafiari eutsi zaio, eta euskarazko itzulpenean berdin jokatu da.

Kontuan hartuta kontsultatutako dokumentazioan Lurdes Euzko Aur-Etxea koloniako haurren, langileen, bisitarien... izenak kasu batzuetan euskarari dagokion grafian idatzita daudela, beste batzuetan gaztelaniari dagokionean eta beste batzuetan bi grafiak nahastuz, euskarazko zein gaztelaniazko testuetan gaztelerazko grafian idaztea erabaki da, garaiko bataio-aktetan erregistratzen ziren bezala.

ACLARACIONES

Han sido numerosas las fuentes de información —orales, bibliográficas, fotográficas...— que he consultado y utilizado para realizar este trabajo. Una de mis obsesiones ha sido citar a todas ellas. Es posible que falte alguien. Pido perdón a los que no han sido mencionados.

En el caso de las fotografías, en su mayoría se desconoce la autoría, por lo que no se cita al fotógrafo, pero sí a los archivos o a las personas que han conservado esas fotografías.

Los nombres propios de municipios, ríos, montes... euskaldunes se han escrito en grafía que corresponde al euskara tanto en el texto en euskara como en castellano. En el caso de las trascripciones literales en castellano se ha mantenido la grafía original y se ha seguido el mismo criterio en la traducción al euskera.

Teniendo en cuenta que en la documentación consultada los nombres de los niños y niñas acogidos, del personal empleado en la colonia Lurdes Euzko Aur-Etxea, de los visitantes... en algunos casos están escritos en grafía que corresponde al euskara, en otros en la que corresponde al castellano y en otros combinando las dos grafías, se ha decidido escribirlos en grafía castellana tanto en los textos en euskara como en castellano, tal y como se registraba en las actas bautismales de la época.

ESKERRAK

Hainbat erakundek eta pertsonak lagundu didate ikerketa lan hau egiten. Uste dut guztiak informazio-iturriei buruzko kapituluan datozela. Barkamena eskatzen dut norbait falta bada.

Eskerrak eman nahi dizkiet Gernika Gogoratuz, Bakearen Aldeko Aztertegiari proiektu hau aurkezteko beharrezko kudeaketak egiteagatik; Gogora, Memoriaren, Bizikidetzaren eta Giza Eskubideen Institutuari, ikerketa-lan hau egiteko nigan konfiantza izateagatik eta horretarako diru-laguntza emateagatik; baita Gipuzkoako Foru Aldundiari ere bere laguntzagatik.

Esker bereziak eman nahi dizkiot Bizkaiko Foru Aldundiko Euskara, Kultura eta Kirol Sailari liburu hau argitaratzeagatik.

Eskerrak Miren de Ynchaustiri eta bere familiari informazio guztiagatik eta etxean gordetzen duten dokumentazioa kontsultatzeko erraztasunengatik. Halaber, eskerrak eman nahi dizkiet emandako informazioagatik Luisa Juanbeltz eta Maria Rosa Lopategui, Lurdes Euzko Aur-Etxea koloniako "gerrako haurrei", beraien senideei eta elkarrizketatu ditudan beste haur batzuen senideei ere. Mila esker Izaskun Angoitiari —Arantza Goicoehearen alaba— ikerketa hau proposatu eta sustatzeagatik, eta errealitate bihurtzeko egin duen ahaleginagatik.

Artxibozainei eta liburuzainei eskerrak ematea besterik ez zait geratzen, eskainitako arreta eta erraztasunengatik.

Zor handia diet, era berean, lana irakurri, zuzendu eta iradokizun zuhurrak egin dizkidatenei.

Ez ditut ahaztu nahi lan hau egiten aritu naizen hilabete hauetan jasan nauten nire ingurune hurbileko pertsonak. Eskerrik asko nirekin izan duzuen pazientziagatik.

Eskerrik beroenak ematen dizkizuet guztioi.

AGRADECIMETOS

Son muchas las entidades y personas que me han ayudado a realizar este trabajo de investigación. Creo que todas ellas están incluidas en el capítulo dedicado a las fuentes de información. Pido disculpas si falta alguien.

Quiero agradecer a Gernika Gogoratuz, Centro de Investigación por la Paz por realizar las gestiones necesarias para presentar este proyecto; a Gogora, Instituto de la Memoria, la Convivencia y los Derechos Humanos por haber confiado en mí para realizarlo y apoyarlo económicamente; también a la Diputación Foral de Gipuzkoa por su colaboración.

Vaya mi especial agradecimiento al Departamento de Euskera, Cultura y Deporte de la Diputación Foral de Bizkaia por publicar este libro.

Gracias a Miren de Ynchausti y a su familia por su información y por permitir el acceso a la documentación que conservan. También vaya mi agradecimiento por la información dada a Luisa Juanbeltz y Maria Rosa Lopategui, "niñas de la guerra" de la colonia Lurdes Euzko Aur-Etxea, a sus familiares y a los familiares de otros niños y niñas que he entrevistado. Mi especial gratitud a Izaskun Angoitia —hija de Arantza Goicoechea— por proponer e impulsar esta investigación, y por el esfuerzo que ha realizado para hacerla realidad.

Doy las gracias a los archiveros y bibliotecarios, por las atenciones y las facilidades dadas.

Tengo también una gran deuda de gratitud a aquellas personas que han leído y corregido el trabajo, y me han aconsejado con sabias sugerencias.

No me quiero olvidar tampoco de aquellas personas de mi entorno más cercano que me han soportado durante estos meses que he estado realizando la investigación. Gracias por vuestra paciencia.

Transmito a todos mi más sincero agradecimiento.

TESTUINGURU HISTORIKOA
GERRA ZIBILA EUSKADIN ETA EXODOA

EL CONTEXTO HISTÓRICO
LA GUERRA CIVIL EN EUSKADI Y EL ÉXODO

ESPAINIAKO GERRA ZIBILA (1936-1939).
LA GUERRA CIVIL ESPAÑOLA (1936-1939).

Eremu frankista 1936ko uztailean.
Zona franquista en julio de1936.

Eremu errepublikarra 1936ko uztailean.
Zona republicana en julio de1936.

Gerra zibila (1936-1939), zalantzarik gabe, gertaerarik garrantzitsuena izan zen, oro har, XX. mendeko Espainiako historian, eta, bereziki, Euskal Herrikoan. Eta gerrak iraun zuen hiru urteetan milaka haur ebakuatzeko eta erbesteratzeko azken arrazoia izan zen.

Hasiera-hasieratik, altxamendu militarrak bi eremutan banatu zuen Euskal Herria, eta ebakuatu beharreko biztanleak Bizkaian eta Gipuzkoan bizi ziren haurrak izan ziren ia guztiak. Nafarroan eta Araban altxamendua berehala nagusitu zen, eta gerraren lehenbiziko hilabeteetan ia ez zen haurren mugimendurik izan eremu batetik bestera, noizbehinkako kasuetan izan ezik (Carballés 1998: 33).

Liburuaren lehen zati honetan testuinguruari buruzko aipamen labur bat dago, oro har, euskal biztanleria zibilaren eta, bereziki, haurren ebakuazio masiboak egiteko giro egokia sortu zuten gertakariari buruz. Sarrerako zati honetarako, Gregorio Arrienek egindako lanak eta ikerketak hartu dira oinarri nagusitzat.

Ebakuazio horien garrantzia ulertzeko, gogoan izan behar da Eusko Jaurlaritzak exodo masibo hori antolatu zuela, Gizarte Laguntzarako Sailaren bidez, eta historia garaikidean eskala handian egindako lehenengo haur-ebakuazioa izan zela.

La guerra civil (1936-1939) fue sin duda el acontecimiento más transcendente de la historia de España en general y del País Vasco en particular a lo largo del siglo XX. Y fue la causa última de la evacuación y el exilio de miles de niños a lo largo de sus tres años de duración.

Desde los primeros momentos, el levantamiento militar dejó al País Vasco dividido en dos zonas, por lo que las evacuaciones de población afectaron casi en exclusiva a los niños que habitaban en Bizkaia y Gipuzkoa. En Nafarroa y Araba el alzamiento triunfó de manera inmediata y los movimientos de población infantil entre una zona y otra a lo largo de los primeros meses de la guerra fueron prácticamente inexistentes, salvo casos muy esporádicos (Alonso Carballés 1998: 33).

En la primera parte de este trabajo se hace una breve referencia, al contexto, a los sucesos que provocaron y crearon un ambiente propicio para que se produjeran las evacuaciones masivas de la población civil vasca en general y de los niños en particular. Para esta parte introductoria se han tomado como base principal las diferentes obras e investigaciones realizadas por Gregorio Arrien.

Para comprender la magnitud de estas evacuaciones, es importante recordar que el Gobierno Vasco, a través de su Departamento de Asistencia Social, organizó ese éxodo masivo, constituyendo la primera evacuación infantil a gran escala en la historia contemporánea.

GERRA ZIBILAREN HASIERA EUSKAL HERRIAN

1936ko uztailaren 18an Errepublikako Gobernuaren aurka izandako altxamendu militarra berehala hedatu zen Espainiako lurralde osoan hurrengo hilabeteetan. Altxamendu militarrak zori desberdina izan zuen probintzia batetik bestera: Errepublikako gune neuralgikoetan porrot egin zuen, eta gerra zibil bihurtu zen.

Espainiako gainerako lurraldeetan bezala, Euskal Herrian ere biztanleak gerra-bandoei atxiki, eta haien arteko liskarra hasi zen. 1936ko uztailean, matxinatuek arrakasta izan zuten Nafarroan eta Araban, karlismoaren indarraren ondorioz. Bizkaiak eta Gipuzkoak, berriz, leial eutsi zioten Errepublikari, eta beren lurraldea legezko gobernutik isolatuta geratu zen. Alabaina, irailaren 5ean nazionalek Irun hartu zuten. Irun konkistatu ondoren, ezinbestean erori zen Donostia. Irailaren 13an okupatu zuten, Defentsa Batzordeak eta agintari militarrek odol-isurketarik gabeko errendizioa onartu ondoren.

Hurrengo egunetan, militar matxinoek hainbat zutabe antolatu zituzten Gipuzkoako probintzia erabat okupatzeko, baina Debako mendilerroa gainditu ezinean geratu ziren, eta frontea egonkortuta geratu zen Bizkaia eta Gipuzkoaren arteko mugan. Matxinatuek Gipuzkoa gehiena okupatzea lortu zuten, Eibar barne hartzen zuen zerrenda txiki bat kenduta.

Gerraren hasieraren eta 1936ko urriaren arteko lehenbiziko gerra-fase horretan, Defentsa Batzordearen fasea deiturikoan, biztanleria zibilaren bi exodo-mota izan ziren. Horietako bat kanporantz izan zen, Frantziara, hala itsasoz, nola Irungo mugetan barrena. Bestea Nafarroatik, Arabatik eta, batez ere, Gipuzkoatik etorritako milaka errefuxiaturen mobilizazioa izan zen, Bizkaira jo baitzuten, eta iritsi zirenean arazo ugari sortu baitziren haiei jana eta ostatua emateko (Arrien 1983: 62).

1936ko uztailean altxamendu militarrak arrakasta izan zuen Nafarroan eta Araban.
Gazte talde bat nazien agurra egiten Gasteizko kaleetan. 1936ko uztaila. Argazkia: Ceferino Yanguas (GUA).

EL INICIO DE LA GUERRA CIVIL EN EL PAÍS VASCO

La sublevación militar producida el 18 de julio de 1936 contra el Gobierno de la República se extendió rápidamente por todo el territorio español en los siguientes meses. El alzamiento militar tuvo una suerte desigual en las diversas provincias: fracasó en los centros neurálgicos de la República y se transformó en guerra civil.

Como en el resto de España, en el País Vasco se produjo el enfrentamiento de la población, adscrita a los bandos beligerantes. En julio del 36 los insurrectos triunfaron en Nafarroa y Araba, donde el carlismo aseguró su éxito, mientras que Bizkaia y Gipuzkoa quedaban fieles a la República y su territorio aislado del Gobierno legítimo. Pero el 5 de septiembre los nacionales tomaron Irun. Tras la conquista de Irun se hizo inevitable la caída de Donostia-San Sebastián, que fue ocupada el día 13 de septiembre, después de que la Junta de Defensa y los mandos militares aceptaran la rendición sin derramamientos de sangre.

En los días siguientes los militares rebeldes organizaron varias columnas para lograr la ocupación total de la provincia de Gipuzkoa, pero se estrellaron contra la línea montañosa del Deba y el frente quedó estabilizado en la frontera entre Bizkaia y Gipuzkoa. Los sublevados lograron ocupar casi toda Gipuzkoa, excepto una pequeña franja, que incluía Eibar.

Durante esta primera fase bélica, llamada fase de la Junta de Defensa, entre el inicio de la contienda y octubre de 1936, se desarrollaron dos tipos de éxodos de la población civil: uno de ellos fue el que se realizó hacia fuera, hacia Francia, tanto por mar como a través de las frontera de Irun; el otro es el que se refiere a la movilización de miles de refugiados, procedentes de Nafarroa, Araba y sobre todo de Gipuzkoa, que se dirigieron a Bizkaia, constituyendo con su llegada no pocos problemas de alimentación y alojamiento (Arrien 1983: 62).

En julio de 1936 el alzamiento militar triunfó en Nafarroa y Araba.
Jóvenes haciendo el saludo nazi en las calles de Vitoria-Gasteiz. Julio de 1936. Fotografía: Ceferino Yanguas (AMG).

AUTONOMIA ESTATUTUA ETA EUSKO JAURLARITZAREN ERAKETA
(Arrien 1986: 62-64; Arrien 2014: 31-32)

Autonomia Estatutua eman eta Eusko Jaurlaritza eratu zenerako, bi hilabete eta erdi lehenago piztua zen gerra zibilak eragin sakona izan zuen euskal egoera politiko eta sozialean. Frankistek Araban izandako garaipenarekin eta iraila aldera Gipuzkoako zatirik handiena erorita, Estatutuak barnean hartu nahi zuen jurisdikzioaren esparru geografikoa nabarmen murriztu zen: Bizkaiko lurraldea eta Gipuzkoako Eibarko zerrenda baizik ez zeuden Eusko Jaurlaritzaren esku, eta gerra Debako frontean zegoen egonkortuta.

1936ko urriaren 1ean, Gorteek bilkura berezia egin zuten, eta egun horretan aho batez onartu zuten Euskal Autonomia Erkidegoko Estatutua. Honako hau zioen: *"Errepublikaren Konstituzioaren eta Estatutu honen arabera, Araba, Gipuzkoa eta Bizkaia eskualde autonomo gisa eratzen dira Espainiako estatuaren barruan, eta Euskal Herria izena hartzen dute"*. Urriaren 7an Jose Antonio Aguirre lehendakari hautatu ondoren, hurrengo egunean gobernu-koadroa osatzen zuten kontseilaritzak eta pertsonak eman ziren ezagutzera, eta honela geratu zen:

EL ESTATUTO DE AUTONOMÍA Y LA FORMACIÓN DEL GOBIERNO VASCO
(Arrien 1986: 62-64; Arrien 2014: 31-32).

La concesión del Estatuto de Autonomía y la formación del Gobierno Vasco se produjeron cuando ya la guerra civil, que había estallado dos meses y medio antes, había afectado profundamente la situación política y social vasca. Con el triunfo de los franquistas en Araba y la caída de la mayor parte de Gipuzkoa hacia septiembre, el marco geográfico de jurisdicción que pretendía abarcar el Estatuto se había reducido considerablemente: tan solo quedaban en manos del Gobierno Vasco el territorio de Bizkaia y la franja guipuzcoana de Eibar, quedando la guerra estabilizada en el frente de Deba.

El 1 de octubre de 1936 tuvo lugar una sesión excepcional de las Cortes y en ese día quedó aprobado por unanimidad el Estatuto vasco, donde se decía que *"con arreglo a la Constitución de la República y al presente Estatuto, Álava, Guipuzcoa y Vizcaya se constituyen en región autónoma dentro del Estado español, adoptando la denominación de País Vasco"*. Elegido lehendakari José Antonio Aguirre, el 7 de octubre, al día siguiente se dieron a conocer las consejerías y personalidades que integraban el cuadro de gobierno, que quedó formado así:

Lehendakaritza eta Defentsa / Presidencia y Defensa: José Antonio Aguirre Lecube (EAJ/PNV).

Gobernazioa / Gobernación: Telesforo Monzón (EAJ/PNV).

Ogasuna / Hacienda: Heliodoro de la Torre (EAJ/PNV).

Justizia eta Kultura / Justicia y Cultura: Jesús María Leizaola (EAJ/PNV).

Nekazaritza / Agricultura: Gonzalo Nárdiz (Eusko Abertzale Ekintza / Acción Nacionalista Vasca).

Lana, Aurreikuspena eta Komunikazioak / Trabajo, Previsión y Comunicaciones: Juan de los Toyos (PSOE).

Gizarte-laguntza / Asistencia Social: Juan Gracia (PSOE).

Industria: Santiago Aznar (PSOE).

Osasuna / Sanidad: Alfredo Espinosa (Batasun Errepublikanoa / Unión Republicana).

Merkataritza eta Hornidura: Ramon Mª Aldasoro (Ezker Errepublikanoa / Izquierda Republlicana).

Obra Publikoak / Obras Publicas: Juan Astigarrabia (Alderdi Komunista / Partido Comunista).

Eusko Jaurlaritzaren ministerio-adierazpenean, etorkizuneko programaren funtsezko alderdiak agertzen dira: kabineteak konpromisoa hartu zuen eskubide sozial eta indibidual guztiak eta erlijio-jardunarekiko errespetua bermatzeko, baita ordena publikoa mantentzeko ere. Politika sozial aurreratua agindu zuten, baina ekoizleen interesak beharrik gabe kaltetu

Lehenengo Eusko Jaurlaritza, José Antonio Aguirre buru duela.
Primer Gobierno Vasco, presidido por Jose Antonio Aguirre.

gabe. Kultura- eta hezkuntza-arloan, aukera eman nahi zuten euskal herritar guztiak erdi- eta goi-mailako irakaskuntzako graduetan askatasunez sartzeko. Lehen Hezkuntzaren arloan, arautu egin nahi zen, librea izan eta euskara egon zedin, irakaskuntzako gradu eta toki guztietan. Gainera, Jaurlaritzak konpromisoa hartu zuen euskal herriaren ezaugarri nazionalak babesteko.

Eusko Jaurlaritzaren agintaldiko zortzi hilabete eta erdiko jardunaren ezaugarri nagusia moderazio-, ordena- eta demokrazia-ildoari jarraitzea izan zen: produkzio-sisteman ez zen aldaketa iraultzailerik izan, eta ez zen kolektibizazio zuzeneko kasurik izan, ezta nazionalizazio ofizialik ere. Kultua gerra amaitu arte mantendu zen.

Gerraren ondorioz, ia modu independente eta autonomoan jardun zuen bizitzaren arlo guztietan; isolamendu-egoera ia erabatekoa zen: hegoaldetik itxita, Santander eta Asturiaserako korridorea kenduta, itsasoa zen irteera bakarra, eta Bilboko hornidura itsasotik antolatu zuten.

En la declaración ministerial del Gobierno Vasco se señalan los puntos fundamentales de su futuro programa: el gabinete se compromete a garantizar todos los derechos sociales e individuales y el respeto a la práctica religiosa, así como mantener el orden público. Se prometía el desarrollo de una política social avanzada, pero sin llegar a lesionar innecesariamente los intereses de los productores. En el orden cultural y educativo se prometía el libre acceso de todos los vascos a los grados de enseñanza media y superior. En materia de enseñanza primaria se pretendía regularla para que sea libre y el euskera esté presente en la misma, en todos los grados y establecimientos docentes. Además, el Gobierno se comprometía a salvaguardar las características nacionales del pueblo vasco.

La actuación del Gobierno Vasco a lo largo de ocho meses y medio de su mandato, se caracterizó por seguir una línea de moderación, orden y democracia: no se produjeron cambios revolucionarios en el sistema productivo, ni se dieron casos de colectivización directa, ni nacionalización oficial. El culto se mantuvo hasta el final de la guerra.

Las circunstancias bélicas hicieron que su actuación se desarrollara de forma casi independiente y autónoma en todos los órdenes de la vida; el estado de aislamiento era casi completo: cerrado por el sur, excepto el corredor hacia Santander y Asturias, el mar constituía su única salida y a través del mar se organizó el abastecimiento de Bilbao.

EUSKO JAURLARITZA ETA ATZERRIRAKO EBAKUAZIOAK
(Arrien 1986: 66-70; Arrien 2014: 64-88)

Milaka emakume eta haurren ebakuazioa gerra zibilaren historiaren kontu garrantzitsu bat da. Ebakuazioa ezinbesteko premiaz egin zen. Gerra-fronteek ekialdeko eta hegoaldeko mugetan trabatuta, Bizkaiak milioi bat biztanle inguru zituen 1937ko hasieran. Bake-garaian ekoizten ziren elikagaiak ez ziren nahikoa bertako biztanleentzat, eta arazoa larriagotu egin zen Francoren armadak osorik okupatutako Gipuzkoatik ihesi iritsi ziren biztanleekin.

Elikadura-arloko zailtasunek eta bonbardaketen ondoriozko izu-giroak argi eta garbi azaltzen dute milaka haur Frantziara, Britainia Handira, Belgikara eta SESBera ebakuatzeko irtenbide etsia. Ebakuazio horiek antolatzean eta abian jartzean, hiru etapa bereiz daitezke:

1. etapa: Gipuzkoa okupatu zutenetik 1937ko apirilaren hasierara arte

Lehen etapa honetan, haur gipuzkoar asko erbesteratu zituzten Irungo mugatik, eta 1936an iritsi ziren Frantziara. Familia osoak ziren, eta Irunen aurkako gatazka areagotzearen ondoriozko izuak bultzatuta egin zuten ihes. Horietatik gehienek Kataluniarantz emigratu behar izan zuten, ez baitzuten baliabide ekonomikorik Frantzian bizitzen jarraitzeko.

Gipuzkoako kanpainaren ondoren (1936-VII-20 – 1936-IX-26), Debako lerroak egonkor iraun zuen hilabete batzuetan, Bilbotik 40 edo 45 kilometrora.

Gipuzkoarren exodoa Bizkairantz (SAF).
Éxodo de la población de Gipuzkoa hacia Bizkaia (FSA).

1936ko iraila baino lehen Gipuzkoatik irten ziren errefuxiatuen uholdea alde batera utzita, 1937ko martxoan eta apirilean hainbat espedizio egin ziren: Santanderreko 730 errefuxiatu ebakuatu zituzten Bordeleko Saint-Louis geltokira (1937-III-13); lehen ebakuazioa SESBera (1937-III-17); Donibane Lohizunera (1937-III-20); Baionara (1937-IV-1) eta berriz Donibane Lohizunera (1937-IV-12). Ebakuazio horietatik guztietatik bereziki nabarmendu behar da martxoaren 20koa, garrantzi berezia izan zuelako: 211 neska eta 239 mutil, guztira 450 haur euskaldun irten ziren Bermeotik Oleron uhartera, Bordeletik igarota, itsasoz. Gizarte Laguntzak arreta handiz antolatu zuen espedizioa, eta arrakasta handia izan zen.

EL GOBIERNO VASCO Y LAS EVACUACIONES AL EXTRANJERO
(Arrien 1986: 66-70; Arrien 2014: 64-88)

La evacuación de miles de mujeres y niños constituye un aspecto importante de la historia de la guerra civil. La evacuación respondió a una necesidad vital. Atenazada en sus límites este y sur por los frentes de guerra, Bizkaia concentraba a primeros de 1937 una población que rondaba el millón de habitantes. Su producción de alimentos era insuficiente para sus habitantes en tiempos de paz y el problema se agravó con la población que sobrevino huyendo de Gipuzkoa ocupada en su totalidad por el ejército de Franco.

Las dificultades alimenticias, junto con el clima de terror a causa de los bombardeos, explican sobradamente la solución desesperada de evacuar varios miles de niños hacia Francia, Gran Bretaña, Bélgica y la URSS. En la organización y puesta en marcha de estas evacuaciones se pueden distinguir tres etapas:

1ª etapa: desde la ocupación de Gipuzkoa hasta principios de abril de 1937

En esta primera etapa se produjo el exilio de un gran número de niños guipuzcoanos que, a través de la frontera de Irun, llegan a Francia en el año 1936; se trata de familias enteras que huyen impelidas por el pánico ante el acrecentamiento del conflicto contra Irun. Este éxodo, hubo de emigrar, casi en bloque, hacia Cataluña, ante la falta de recursos económicos para seguir subsistiendo en Francia.

Tras la campaña de Gipuzkoa (20-VII-1936 – 26-IX-1936), a lo largo de varios meses se mantuvo estable la línea de Deba, a unos 40 o 45 kilómetros de Bilbao.

Dejando de lado la oleada de refugiados que salieron de Gipuzkoa con anterioridad al mes de septiembre de 1936, durante los meses de marzo y abril de 1937 tuvieron lugar varias expediciones: la evacuación de 730 refugiados de Santander que llegaron a la estación Saint- Louis de Burdeos (13-III-1937); la primera evacuación a la URSS (17-III-1937); a Donibane Lohizune (Saint-Jean-de-Luz) (20-III-1937); a Baiona (1-IV-1937) y de nuevo a Donibane Lohizune (Saint-Jean-de-Luz) (12-IV-1937). De todas estas evacuaciones hay que destacar, por su especial significación, la que tuvo lugar del 20 marzo: se componía de 211 niñas y 239 niños, en total 450 niños vascos que salieron por mar desde Bermeo con destino a la isla de Oleron, vía Burdeos. La organización de esta expedición fue cuidadosamente preparada por Asistencia Social y fue un éxito.

2. etapa: 1937ko udaberriko erasoaldia izan zenetik ekainera arte

Tropa frankisten aurrerapenaren bigarren etapa honetan, Durango eta Gernika bonbardatu zituzten. Horiek horrela, jende gehiago ebakuatzea erabaki zuten. Bonbardaketek eragindako izugarrikeriak eta Aguirre lehendakariak munduko nazioei egindako dei hunkigarriak erreakzio ugari sorrarazi zuten euskal kausaren alde. Euskadiko lehendakariak Bilbon errefuxiatutako milaka emakume eta haurren alde egindako adierazpen famatuan eskatzen zuen laguntzak luze gabe izan zuen oihartzuna Europako hainbat herrialdetan, Britainia Handian eta Frantzian, besteak beste.

Maiatza eta ekaina bereziki biziak izan ziren ebakuazioei dagokienez, baina exodoa ez zen abuztura arte amaitu. Maiatzaren hasieratik ekainaren erdialdera arte, haurren ebakuazio nagusiak izan ziren, eta Frantziara, Britainia Handira, Belgikara eta SESBera eraman zituzten.

Hogeita hamar bat itsasontzik hartu zuten parte euskal agintarien zerbitzura, eta guztira hirurogei zeharkaldi baino gehiago egin zituzten. Garraio horretan gehien nabarmendu ziren itsasontziak hauek izan ziren: *Habana* transatlantikoa —Sestaoko Navalen egina eta 1920ko irailaren 21ean uretaratua, *Alfonso XIII* izenarekin 1931 arte—, 1937ko urtarrilean Eusko Jaurlaritzak Espainiako Ontzi-konpainia Transatlantikoari konfiskatua; eta *Goizeko Izarra* aisialdirako baporezko yatea, Ramón de la Sotarena.

2ª etapa: desde la ofensiva de la primavera de 1937 hasta junio

En esta segunda etapa en el avance de las tropas franquistas fueron bombardeadas Durango y Gernika. En este contexto se decidió intensificar las evacuaciones. El horror causado por los bombardeos unido al emotivo llamamiento efectuado por el lehendakari Aguirre a las naciones del mundo, provocó una oleada de reacciones favorables a la causa vasca. El auxilio que, en su famosa declaración, solicitaba el lehendakari de Euskadi en favor de miles de mujeres y de niños refugiados en Bilbao, no tardó mucho en hallar un eco favorable en diversos países europeos, caso de Gran Bretaña y Francia entre otros.

Los meses de mayo y junio fueron particularmente intensos en cuanto a evacuaciones, aunque el éxodo no terminaría hasta agosto. Entre principios de mayo y mediados de junio se produjeron las principales evacuaciones infantiles con destino a Francia, Gran Bretaña, Bélgica y la URSS.

Participaron unos treinta barcos al servicio de las autoridades vascas, haciendo un total de más de sesenta travesías. Los barcos que más se distinguieron en este transporte fueron el trasatlántico *Habana* —construido en la Naval de Sestao y botado el 21 de septiembre 1920 con la denominación de *Alfonso XIII* hasta 1931—, que en enero de 1937 fue confiscado por el Gobierno Vasco a la Naviera Transatlántica Española, y el yate de recreo a vapor *Goizeko Izarra*, propiedad de Ramón de la Sota.

Habana transatlantikoa, ebakuazioetan gehien parte hartu zuen ontzietako bat.

El trasatlántico *Habana* uno de los barcos que más participó en las evacuaciones.

3. etapa: azken erasoaldia, Bilboren okupazioa eta Santanderrerako ebakuazioa

Bilboko azken erasoaldiaren eta Kantabriako hiribururako ihesaldi azkarraren ondorioz, haur, emakume, soldadu eta, oro har, errefuxiatu ugari bildu ziren Santanderren, Frantziara ontziratzeko zain.

Ekainaren 20tik abuztuaren 24ra bitartean, itsasontzi asko pleitatu zituzten Frantziako La Pallice, Pauillac eta Saint Nazaire portuetara eramateko.

Oso zaila izan zen helmuga ezaguna zuten haurren espedizioak antolatzea, eta senideekin, emakumeekin eta adinekoekin bidaiatu behar izan zuten. Salbuespen gisa, jakina da Pauillacen hainbat ontzi lehorreratu zirela, bakoitza ehunka umerekin. Ekainaren 22an ikatz-ontzi baten irteera tramitatu zuten, eta hor joan ziren haurrek Donibane Garaziko kolonia ugari eta berezia osatu zuten.

3ª etapa: la ofensiva final, la ocupación de Bilbao y la evacuación a Santander

A raíz de la ofensiva final sobre Bilbao y la precipitada huida hacia la capital cántabra, una gran aglomeración de niños, mujeres, soldados y refugiados, en general, se concentraron en Santander en espera de poder embarcar hacia Francia.

Entre el día 20 de junio y 24 de agosto fueron numerosos los barcos que se fletaron para llevar evacuados a los puertos franceses de La Pallice, Pauillac y Saint Nazaire.

Fue muy difícil organizar expediciones de solo niños con un destino conocido, debiendo viajar con sus familiares, mujeres y ancianos. Excepcionalmente, se sabe que desembarcaron en Pauillac varios barcos, llevando a centenares de niños cada uno. El 22 de junio se tramitó la salida de un carbonero, en el que viajó un grupo infantil que conformaría la numerosa y peculiar colonia de Donibane Garazi (Saint-Jean-Pied-de-Port).

Goizeko Izarra Ramón de la Sotaren baporezko yateak ebakuazioetan parte hartu zuen (SAF).
El yate de recreo a vapor *Goizeko Izarra*, propiedad de Ramón de la Sota, participó en las evacuaciones (FSA).

SY GOIZEKO IZARRA

GIZARTE LAGUNTZAKO SAILAREN LANA
(Arrien 1986: 65-66)

Juan Gracia sozialista sailburu zuen Gizarte Laguntzako Sailak egindako ekintza izugarria izan zen, hala Gipuzkoatik ihes joandako biztanleriari dagokionez, nola atzerrira egindako ebakuazioei eta gero erbestean emandako arretari dagokienez.

Bizkaian sortutako haurren babeslekuak eta egonaldiak benetako aurrekariak eta entseguak izan ziren, gero atzerrian kolonia eta babeslekuak jartzeko.

1936ko azaroaren 4ko Dekretuarekin (DOPV, 30. zk., 7. eguna), Gizarte Laguntzak Haurren Egonaldiak eta Milizianoen Umezurtz Etxea sortu zituen, bi helbururekin: haurrei arreta eta elikadura egokia ematea, eta haien hezkuntza-beharrez arduratzea. Zalantzarik gabe, ekimen interesgarria izan zen, eta Kultura Sailarekin batera egin zuen.

Gizarte Laguntzak, errefuxiatu eta be-hartsuei ostatua eta elikadura eskaintzeaz gain, laguntza mediko-farmazeutikoa eta oinetakok eta arropa eman zizkien, ahal izan zuen neurrian.

Gizarte Laguntza Sailak etengabeko kezka izan zuen bere erroldak eta estatistikak izateko, abiaburu gisa erabiltzeko. Erbestean, erbesteratuen erroldak egin zituen berriz.

LA LABOR DEL DEPARTAMENTO DE ASISTENCIA SOCIAL (Arrien 1986: 65-66)

La acción desarrollada por el Departamento de Asistencia Social cuyo consejero era el socialista Juan Gracia, fue enorme tanto en relación a la población que huía de Gipuzkoa como en relación a las evacuaciones al extranjero y su posterior atención en el exilio.

Los refugios y permanencias infantiles que se crearon en Bizkaia se pueden tomar como un verdadero antecedente y ensayo de las futuras colonias y refugios que se instalarán en el extranjero.

Con el decreto de 4 de noviembre de 1936 (DOPV, nº 30, día 7) Asistencia Social procedió a la creación de las llamadas Permanencias Infantiles y la Casa de Huérfanos de Milicianos, con la doble finalidad de proporcionar la adecuada atención y alimentación a los niños, y la de atender a sus necesidades educativas. Constituyeron, sin duda una interesante iniciativa, llevada a cabo conjuntamente con el Departamento de Cultura.

Asistencia Social ofreció a los refugiados y necesitados, no solo alojamiento y alimentación sino también, en la medida de sus posibilidades, asistencia médica-farmacéutica y el suministro de calzado y ropas.

En Asistencia Social siempre se vivió, como inquietud básica del Departamento, la preo-cupación constante de tener sus propios censos y estadísticas, para proce-der a partir de los mismos. En el exilio, volvió a hacer sus propios censos de los exiliados.

Juan Gracia, Gizarte Laguntzako Sailburua, bere bulegoan. (EAH, Bidasoa Institutuaren bilduma-Luis Ruiz de Aguirre, "Sancho de Beurko" Funtsa).

Juan García, Consejero de Asistencia Social, en su despacho. (AHE, Colección Instituto Bidasoa-Fondo Luis Ruiz de Aguirre, "Sancho Beurko").

EBAKUAZIOAK ANTOLATZEA
(Arrien 1983: 172-176; Arrien 1988: 19-20)

Ebakuazioak antolatzea Gizarte Laguntza Sailaren ardura izan zen. Eginkizun kultural eta erlijioso jakin batzuetan, esaterako, langile pedagogikoak eta kapilauak izendatzean, Kultura Sailak hartu zuen ardura. Beste sail batzuek ere parte hartu zuten: Osasun Sailak, haurrak abiatu aurretik txertoa jartzeko, altuera eta pisua neurtzeko, eta bidaian osasun-arreta emateko; Gobernazio Sailak, pasaporteak, ontziratzeko eta lehorreratzeko datak, helmugako herrialdeetako diru-sarrerak prestatzeko; Ogasun Sailak, behar zen diru-motari eta atera zitekeen kopuruari buruzko jarraibideak emateko.

Lehendakaritzan erabaki zuten Eresoinka abesbatza atera zedin: Aguirreren erabaki pertsonala izan zen haiek bidaltzea, eta bi helburu izan zituen: Euskadiren alde propaganda egitea eta erbestean euskal kultura antolatzea. Eresoinkak Frantzia, Belgika, Britainia Handia eta Holandako hiri nagusietan abestu eta jardun zuen; arrakasta izugarria izan zuen, eta Elai Alai taldearekin eta Euskadiko futbol-selekzioarekin batera, ekarpen handia eta eraginkorra egin zuen, propaganda gisa.

Hainbat herrialdetan sortu ziren harrera, laguntza eta sostengurako batzordeek babesa eskaini zuten atera ziren momentutik.

Izen-emateak, beti borondatezkoak, Gizarte Laguntzaren egoitzan egin ziren, Areiltza Doktorearen kaleko 7. zenbakian. Gero, presaz, talde politikoek, batzokiek eta bestelakoek beren burua eskaini zuten errefuxiatuen aurreneko zerrenda egiteko, herrialde jakin batera joateko borondatez izena ematen zutenak jasota. Euskadiko eskola batzuetan ere zerrendak egin zituzten, arloko agintariek hala eskatuta. Zerrendak Gizarte Laguntzaren kontrolera iristen ziren, eta, hor, errefuxiatuen kopurua, izenak eta helmuga ezartzen zituzten, sarritan izena emanda

LA ORGANIZACIÓN DE LAS EVACUACIONES
(Arrien 1983: 172-176; Arrien 1988: 19-20)

La organización de las evacuaciones estuvo a cargo del Departamento de Asistencia Social; en determinadas funciones culturales y religiosas, como es el caso del nombramiento del personal pedagógico y capellanes, actuó el Departamento de Cultura. Participaron también otros departamentos: el Departamento de Sanidad, para vacunar, tallar y pesar a los niños antes de la salida y prestar atención sanitaria durante el viaje; el Departamento de Gobernación, para el arreglo de pasaportes, fechas de embarque y desembarque, ingresos en los países de destino; el Departamento de Hacienda, para dar instrucciones acerca de la clase de moneda necesaria y la cantidad que se podía sacar.

Fue en Presidencia donde se decidió la salida del coro Eresoinka: su envío, que fue decisión personal de Aguirre, se hizo con el doble propósito de servir de propaganda a la causa de Euskadi y organizar la cultura vasca en el exilio. Eresoinka cantó y actuó en las principales ciudades de Francia, Bélgica, Gran Bretaña y Holanda; su éxito fue enorme en este sentido, y juntamente con la agrupación Elai Alai y la selección de fútbol de Euskadi, su contribución fue real y efectiva a la causa de la propaganda.

Los comités de recepción, ayuda y sostenimiento creados en los diversos países brindaron su apoyo desde el momento mismo de la salida.

Los alistamientos, que siempre eran voluntarios, se efectuaron en la sede de Asistencia Social, situada en la calle Doctor Areilza, 7, aunque después, con la premura de tiempo, los diferentes grupos políticos, batzokis, etc. se prestaron para efectuar una primera lista de refugiados, que voluntariamente se inscribían para ir a un determinado país de destino. También se hicieron listas en algunas de las escuelas de Euskadi, a requerimiento de las autoridades del ramo. Las listas pasan por el

zeuden asko lehorrean utzita, espedizioan tokirik ez zegoelako.

Aukeratutako tokiari dagokionez, gurasoen borondatea errespetatzen zen, haien sinesmen erlijiosoen eta ideologiaren arabera. SESBera bidalitako haurrek, adibidez, berariaz hala eskatu zuten gurasoak zituzten.

Antolaketari dagokionez, ez zen inola ere perfektua izan: sekula ez zen irteeren erabateko kontrolik egon. Gizarte Laguntzako ondorengo txostenetan adierazten den bezala, kontrolik gabeko uneak izan ziren, hainbat faktorerengatik, besteak beste, presagatik, ebakuazioak itsasoz egiteagatik eta hainbat agintarik esku hartzeagatik. Ez da ahaztu behar itsasontzi batzuk zuzenean atera zirela Bermeotik, Ondarroatik, Getariatik..., tropak erretiratu zirela aprobetxatuta.

control de Asistencia Social, donde finalmente se establecía el número, los nombres y el destino de los refugiados, a costa muchas veces de dejar en tierra a muchos inscritos para quienes no había sitio en la expedición.

Respecto al lugar de destino elegido, se respetaba la voluntad de los padres en función de sus creencias religiosas y su ideología. A la URSS, por ejemplo, fueron enviados los niños cuyos padres expresamente lo solicitaron.

En cuanto a la organización, no se debe entender que fue perfecta: nunca existió un control completo de las salidas. Como se señala en los informes posteriores de Asistencia Social se dieron verdaderos momentos de descontrol, debido a diversos factores como la premura del tiempo, el hecho de haberse realizado las evacuaciones por mar y la intervención de diversas autoridades que disponían de refugiados. No hay que olvidar que hubo barcos que salieron directamente de

Haurrak, *Habana* transatlantikoan ontziratuta.

Niños embarcados en el trasatlántico *Habana*

Horren guztiaren ondorioz, ezin izango da jakin zehazki zenbat haur ebakuatu zituzten irteera-unean.

Errefuxiatuak hartzeko beren burua eskaini zuten nazio guztien artean, zalantzarik gabe, Frantzia izan zen mugak ireki zituen lehena, eta eskuzabalena. Frantzia helmugako herrialde gisa hautatzean, eragin handia zuten hurbiltasun geografikoak eta Pirinio Atlantikoetako eta Hego Euskal Herriko tradizio kultural, sozial eta historikoen arteko antzekotasunak eta kidetasunak.

Frantziara eta Britainia Handira egindako espedizioetan, nabarmentzekoa da Pariseko eta Londresko euskal ordezkaritzek errefuxiatuak iritsi aurretik eta ondoren egindako lan handia.

Ebakuazioen beste alderdi nabarmen batzuk hauek dira:

Haurren ebakuazioa nahiko orokortua izan zen, talde ideologiko eta politiko desberdinak (abertzaleak, sozialistak, komunistak eta eskuinaren jarraitzaileak) barnean hartu zituelako.

Gurasoek askatasunez erabaki zuten seme-alabak ateratzea, erakundeak emandako bermeen pean, eta erabaki hori errespetatu zen.

Adinaren betekizuna: haurrek ez zuten 15 urte baino gehiago izan behar; emakume-entzat ez zegoen adin-mugarik, eta gizonek 65 urte baino gehiago izan behar zituzten.

Espedizioak, oro har, heldu askorekin atera ziren, hain zuzen, pedagogo, mediku, erizain, kapilau eta bestelako laguntzaileekin (ordena zaintzen zutenak, administratzaileak, laguntzaileak, sukaldariak...). Irakasleek eta laguntzaileek beren borondatez eman zuten izena. Gonbidapenak oro har egiten ziren, prentsan argitaratutako oharren bidez.

Bermeo, Ondarroa, Getaria..., aprovechando la retirada de las tropas. Todo esto hará que no se pueda saber a ciencia cierta el número exacto de niños evacuados en el momento de salida.

Entre todas las naciones que se ofrecieron para recibir refugiados Francia fue, sin duda, la primera en abrir sus fronteras y la que más generosa se mostró. En la elección de Francia como país de destino influían también mucho la proximidad geográfica y la similitud y afinidad de las tradiciones culturales, sociales e históricas entre los Pirineos Atlánticos y el País Vasco peninsular.

Tanto en el caso de las expediciones realizadas a Francia como Gran Bretaña es justo destacar la intensa labor desarrollada por las delegaciones vascas de París y Londres, antes y después de la llegada de refugiados.

Otros aspectos de las evacuaciones que hay que destacar son:

Fue una evacuación infantil bastante generalizada, en cuanto que comprendía y estaba abierta a los más diversos grupos ideológicos y políticos: nacionalistas, socialistas, comunistas y simpatizantes de la derecha.

Se respetó la libertad de los padres en cuanto a la toma de decisión acerca de la salida de sus hijos, bajo las garantías dadas por la organización.

El requisito de la edad: los niños no debían superar los 15 años; para las mujeres no existía límite de edad y los hombres debían tener más de 65 años.

Las expediciones salieron generalmente, con numeroso acompañamiento de personas adultas en calidad de pedagogos, médicos, enfermeras, capellanes y otro personal auxiliar (cuidadores del orden, administradores, ayudantes, cocineros...). El alistamiento del personal docente y del personal auxiliar fue totalmente voluntario. Las invitaciones se hacían de forma general, a través de notas publicadas en la prensa.

Maisuek, beren betebehar militarrak zirela-eta, gutxiago parte hartu zuten espedizio hauetan; hala ere, maisu batzuk ontziratu ziren, batez ere 1937ko martxoko espedizioan.

Ukaezina da espedizioetan kezka moral eta erlijioso handia zegoela, eta Britainia Handiko, Frantziako eta Belgikako kolonietara bidalitako apaizak eta pedagogoak nabarmendu ziren praktikan jartzen.

Los maestros varones, en razón de sus obligaciones militares, tomaron menos parte en estas expediciones; sin embargo, embarcaron algunos maestros, sobre todo, en la expedición de marzo de 1937.

Es innegable la existencia de una fuerte preocupación moral y religiosa en las expediciones, distinguiéndose en su puesta en práctica tanto los sacerdotes como pedagogos enviados a las colonias de Gran Bretaña, Francia y Bélgica.

Habana transatlantikoan 4.000 haur baino gehiago ebakuatu zituzten (SAF).
A bordo del transatlántico *Habana* fueron evacuados más de 4.000 niños y niñas (FSA).

FRANTZIA, MUGARIK GABEKO HARRERA
(Arrien 1983: 189-207 eta 240-244; Arrien 1988: 21-26 eta Arrien 2014: 65-69; Alonso Carballés 1998: 129)

Euskal herritarren beharrei nazioartean emandako erantzun positiboaren artean, Frantzia eta Britainia Handia izan ziren lehenak erabakitzen. Denbora aldetik, Frantzia izan zen lehena eta ebakuatu gehiena hartu zuena; martxotik urrira bitartean, Frantziako Pauillac, La Pallice, Saint Nazaire, Nantes, Le Verdon... portuetara iritsi ziren espedizioen kopurua benetan handia eta bizia izan zen.

Frantziako itsasaldera iritsi ziren euskal herritar gehienak Pauillaceko portutik sartu ziren lurraldean. Pauillaceko itsas eremutik eta Frantziako beste portu batzuetatik, barnealdera eramaten zituzten ebakuatuak, eta, gero, Frantziako ia eremu geografiko guztietan finkatzen ziren, gutxi gorabehera behin betiko, batez ere Atlantikoaren aldeko eremu zabal batean, eta, horren barruan, Bordelen, Loiran, Landetan eta, batez ere, Pirinio Behereetan. Paris aldean ere jendetza metatu zen.

Frantziako gobernuak herrialdeko mugak ireki, eta, gainera, laguntza ekonomiko garrantzitsua eman zuen. Erakunde ofizialez gain, Frantzian, erakunde eta komite garrantzitsu batzuek jardun zuten, Gizarte Laguntzarekin, Euskal Ordezkaritzarekin eta Espainiako Enbaxadarekin koordinatuta, Espainiari laguntzen.

Harrera eta eskuzabaltasunez betetako giro horretan, berriz, Jean Ibarnégaray euskal-frantziarra azaldu zen, eta Franco jeneralaren kausari laguntza eraginkorra emateko bere jardunak eta propagandak kalte handia egin zien euskal herritarrei. Euskal interesen aurkako propaganda egiteaz gain, geroago Frantziako gobernuan goi-kargu bat bete zuenez, laguntza eman zuen euskal herritar asko Gurseko kontzentrazio-esparruan giltzapetzeko; halaber, haren bidez, Parisko Euskal Ordezkaritza itxi zuten eta *Euzko Deya* astekaria bertan behera geratu zen.

FRANCIA UNA ACOGIDA SIN LÍMITES
(Arrien 1983: 189-207 y 240-244 ; Arrien 1988: 21-26 y Arrien 2014: 65-69; Alonso Carballés 1998: 129)

Dentro de la positiva respuesta internacional a las necesidades de los vascos, Francia y Gran Bretaña fueron las primeras en decidirse. Francia fue la primera en el tiempo y también la que acogió una cifra de evacuados más amplia; el número de expediciones que arribó a los puertos franceses de Pauillac, La Pallice, Saint Nazaire, Nantes, Le Verdon... entre los meses de marzo y octubre fue verdaderamente extenso e intenso.

La mayor parte de los vascos que llegaron a las costas francesas entraron en el territorio vecino a través del puerto de Pauillac. Desde la zona marítima de Pauillac y de otros puertos franceses, los evacuados eran trasladados al interior, asentándose después, de forma más o menos definitiva, en casi todas las zonas geográficas de Francia, principalmente en una amplia franja atlántica, y dentro de la misma en la región de Burdeos, Loira, Las Landas y sobre todo en los Bajos Pirineos. También la zona de París estaba bastante concurrida.

El gobierno francés no se limitó a abrir las fronteras de su país, sino que brindó también una ayuda económica importante. Aparte de los organismos oficiales, en Francia funcionaron, en coordinación con Asistencia Social, La Delegación Vasca y la Embajada de España, una serie de influyentes organismos y comités de ayuda a España.

En medio de este ambiente de acogida y generosidad surge sin embargo la figura del vasco-francés Jean Ibarnégaray cuya actuación y propaganda de apoyo efectivo a la causa del general Franco perjudicó notablemente a los vascos. Aparte de la propaganda contraria a los intereses vascos, al ocupar más tarde un alto cargo en el gobierno francés, facilitó la reclusión de muchos vascos en el campo de concentración de Gurs; por su mediación se clausuraría la Delegación Vasca de París y quedaría suspendido el semanario *Euzko Deya*.

Euskal haurrak Pirinio Atlantikoetako Departamentuan hartu zituzten lekuen mapa (Alonso Carballés 1998: 2. mapa).

Mapa de los lugares donde fueron acogidos los niños vascos en el Departamento de los Pirineos Atlánticos (Alonso Carballés 1998: mapa nº 2).

Haur-kolonien babeslekuak

Frantzian, laguntza-zentro eta kolonia asko antolatu zituzten errefuxiatuak hartzeko. Eusko Jaurlaritzak ezin zien bere baliabideekin arreta eman iritsitako guztiei, eta Frantziako agintariek eta hainbat erakundek —hala nola alderdiek, sindikatuek, harrera-erakundeek eta batzordeek— osatutako ekimen pribatuak ere esku hartu zuen.

Eusko Jaurlaritzak hainbat arlotan egin zuen ahalegina emigratuen alde, eta horien artean nabarmentzekoak dira osasun-lan ugari eta babeslekuak eta haur-koloniak antolatzea.

Osasun-laguntzaren barruan, obrarik garrantzitsuenetako bi La Roseraie ospitalea eta Berck-Plageko sendategi helioterapikoa izan ziren, biak osoak eta garestiak. Aterpe eta kolonia hauetan ere eman ziren zerbitzu medikoak: Baiona, Donibane Lohizune, Saint Chistau, Cadaujac (Gironda), Ortheze, Itsasoan (Getaria), Vouzeron, Jatsu eta Soulac (Gironda). Kanbon, tuberkulosiaren aurkako Osasuna sendategia zegoen.

Frantziako geografia zabalean sortu ziren babesleku eta kolonien artean, aipatzekoak dira Eusko Jaurlaritzak zuzenean edo zeharka sostengatzen zituen koloniak: Donibane Garazi, Jatsu, Arrueta, Armendaritz, Poyanne, Agen, Ortheze, Enghien, eta abar.

Los refugios de colonias de niños

Fueron numerosos los centros de asistencia y colonias organizados en Francia para la acogida de diversas oleadas de refugiados. El Gobierno Vasco no podía atender con sus propios medios a todos los llegados e intervinieron también las autoridades francesas y la iniciativa privada, conformada por diversos organismos, tales como partidos, sindicados, organismos de acogida y comités.

Son varios los campos a los que consagró sus esfuerzos el Gobierno Vasco en bien de los emigrados, destacando entre los mismos, el mantenimiento de una amplia obra sanitaria, así como la organización de refugios y colonias infantiles.

Dentro de la asistencia sanitaria, el hospital de La Roseraie y el sanatorio helioterápico de Berck-Plage eran dos de las obras más importantes, completas y costosas. Los servicios médicos se prestaron también en los refugios y colonias de Baiona, Donibane Garazi (Saint-Jean-Pied-de-Port), Saint Chistau, Cadaujac (Gironda), Orthez, Itsasoan (Getaria-Guéthary), Vouzeron, Jatsu y Soulac (Gironda). En Kanbo funcionaba el sanatorio antituberculoso Osasuna.

Entre la floración de refugios y colonias que surgieron a lo largo y ancho de la geografía francesa son dignas de mención las colonias sostenidas por el Gobierno Vasco de forma más o menos directa: se trata de las colonias de Donibane Lohizune (Saint-Jean-de-Luz), Jatsu, Arraute, Armendaritz, Poyanne, Agen, Orthez, Enghien, etc.

Ilbarritzeko (Bidart) La Roseraie hotel-kasino zaharrean Eusko Jaurlaritzak sortutako ospitale bat egon zen, zauritutako gudariak eta ihes egin behar izan zuten euskal herritar zibilak artatzeko (SAF).

El antiguo hotel-casino de La Roseraie, ubicado en Ilbarritz (Bidart) acogió un hospital creado por el Gobierno Vasco, para atender a los gudaris heridos y a los civiles vascos que se vieron obligados a huir (FSA).

Haur-kolonien antolaketa

Frantziako geografia osoan banaturiko kolonia eta aterpeek antolamendu- eta bizitza-forma desberdinak zituzten, eta beren tipologian, gutxienez, hiru mota edo kategoria zeuden:

1- Koloniak berak: ikastetxe-barnetegi moduko koloniak. Askotan, instalazio konplexuak ziren, haurrak bizi ziren eraikinaren barruan administrazio, osasun, zuzendaritza, irakaskuntza eta erlijioko zerbitzu batzuk ematen baitziren. Zerbitzu hauen antolaketa, funtzionamendua eta sostengua miresgarriak ziren, hala zeukaten konplexutasunagatik, nola dena muntatzeko bizkortasunagatik. Tipologia honetakoak dira Donibane Garazi, Jatsu, Armendaritz, Poyanne, Agen, Arrueta, Ortheze, Enghien... koloniak.
Eusko Jaurlaritzak sostengatutako koloniak ziren gehienak.
Kolonia guztiek antolaketa eta irakaskuntza-plan eta -programa berberak zituzten. Eraikinaren kokapena, egoera fisikoa eta baldintzak ziren bereziak eta bereizgarriak. Horietako batzuk eraikin bikainetan zeuden kokatuta, eta beste batzuk, esaterako Jatsukoa, leku guztiz pintoreskoetan.

2- Tokiko eta departamentuko Comités D´Accueil batzordeek kontrolatutako koloniak: kontzentrazio handiagoak edo txikiagoak ziren, eta beren bereizgarria zen haurrek Frantziako eskoletan ikasten zutela. Herri batzuetan maisu espainiar bat zegoen arreta emateko.

Frantzian, kolonia-mota hau aurrekoa baino ugariagoa izan zen; ezaugarri horiek zituzten hogeita hamar zentro baino gehiago zeuden. Horrez gain, katalogatu ezin diren asko daude, zalantzazkoak.

3- Frantziako hainbat herritan banatutako haurrak, familia-erregimenean bizi zirenak: talderik ugariena zen, eta berrehun herri ingurutan haurrak familiekin bizi ziren.

La organización de las colonias infantiles

Las colonias y refugios, repartidos por toda la geografía de Francia, revisten diversas formas de organización y vida, y su tipología responde, por lo menos a tres clases o categorías:

1- Las colonias propiamente dichas: son colonias tipo colegio-internado. En muchos casos, son unas instalaciones complejas ya que se desarrollan dentro del edificio en que vive la población infantil una serie de servicios administrativos, sanitarios, directivos, docentes y religiosos cuya organización, funcionamiento y sostenimiento es admirable, tanto por la complejidad que conllevan estas instituciones como por la rapidez que se montó todo. En esta tipología se encuentran las colonias de Donibane Garazi (Saint-Jean-Pied-de-Port), Jatsu, Armendaritz, Poyanne, Agen, Arraute, Orthez, Enghien...

Son colonias sostenidas por el Gobierno Vasco, en su inmensa mayoría.

Estas colonias tienen en común los aspectos organizativos y también sus planes y programas de enseñanza; lo original y lo distintivo en las mismas es la ubicación, la situación física y las condiciones que reúne el edificio ocupado. Algunas de ellas funcionan en edificios magníficos y otras están situadas en lugares verdaderamente pintorescos, como sucede en el caso de Jatsu.

2- Las colonias controladas por Comités D´Accueil locales y departamentales: son concentraciones más o menos grandes, pero por sus características los niños estudian en las escuelas francesas. En algunos pueblos existe un maestro español que les atiende.

Es un tipo de colonia más numeroso que el anterior en Francia; se dan más de treinta centros de estas características. Aparte se dan otros muchos de dudoso signo, no catalogable.

3- Los niños distribuidos en diversos pueblos de Francia y que viven en régimen familiar: es el grupo más numeroso, con cerca de doscientos pueblos en donde los niños viven en familias.

Ikastetxe-barnetegi motako koloniak (Arrien 1983: 245).
Colonias de tipo colegio-internado (Arrien 1983: 245).

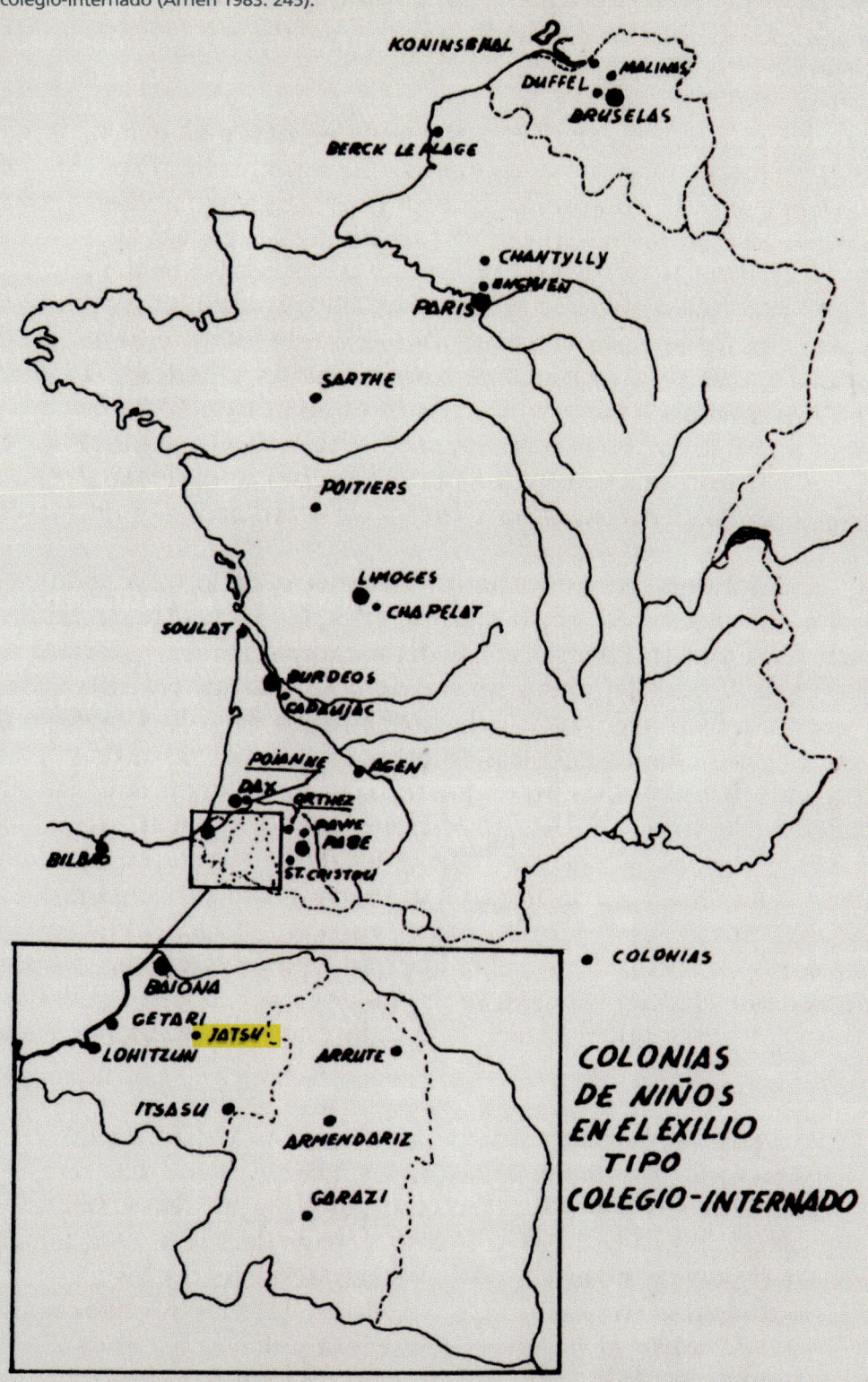

ERBESTEAREN FINANTZIAZIOA ETA LAGUNTZA BATZORDEAK (Arrien 1983: 240-241)

Egia da, euskal herritarrentzako laguntza orokorrei dagokienez, Ameriketatik diru-kopuru handia bidali zutela, batez ere, Venezuelako euskal herritarrek. Era berean, Ogasun Sailak bere baliabideak zituen, bere transakzio komertzialen bidez eta Eusko Jaurlaritzak aurretik erositako salgaien salmentaren bidez lortuak. Baina, hala ere, haurren koloniei eta babeslekuei eusteko eta horiek finantzatzeko laguntzarik handiena tokiko eta nazioko batzordeek eta nazioarteko laguntza-erakundeek eman zuten. Azken batean, laguntza hori guztia Eusko Jaurlaritzaren bidez ere bideratu zen, kasu askotan; Jaurlaritzak benetan eskertu zuen erakunde horiek guztiek eman zuten eta, azkenean, laguntzako lan orokorra sostengatu zuen babes ekonomikoa.

Haur-instalazioei eusteari dagokionez, Gizarte Laguntzan bildutako datuak eztabaidaezinak dira. Honela laburbiltzen dira: Britainia Handian, Basque Children´s Committee-k bildutako haurrak, azken batean, batzorde horrek sostengatu zituen, era batera edo bestera. SESBen, estatu sobietarra arduratu zen herrialde horretan hartutako haurrak sostengatzeaz. Belgikan, haurrak adoptatu zituzten familiek ordaindu zituzten gastu guztiak. Frantzian, haur errefuxiatuen kopurua oso handia zenez, laguntza-batzorde ugari sortu ziren —erakunde sindikalak, politikoak, erlijiosoak...—, eta haien esku geratu zen haurren sostengua.

1938an, egoera nabarmen aldatuta zegoen. 1937ko urrian, Léon Blumen gobernuak errefuxiatuak errefusatzea, kanporatzea (*refoulement*) dekretatu zuen, eta politika hori larriagotu egin zen Édouard Daladierren gobernuekin. Ondorioz, ordura arte errefuxiatuei emandako laguntza garrantzitsua asko murriztu zen, eta, beraz, Eusko Jaurlaritzak gehiago hartu zuen bere gain eta laguntza gehiago eman zituen zuzenean.

Jatsuko Lurdes Euzko Aur-Etxea kolonia kasu berezia da, Manuel de Ynchaustik finantzatu baitzuen.

LA FINANCIACIÓN DEL EXILIO Y LOS COMITÉS DE AYUDA (Arrien 1983: 240-241)

Es cierto que, por lo que respeta a las ayudas generales a los vascos, se había recibido sumas considerables de dinero de América y, sobre todo, de los vascos de Venezuela. A su vez, el Departamento de Hacienda había dispuesto de recursos propios, conseguidos a través de sus transacciones comerciales, y de la venta de las mercancías anteriormente compradas por el Gobierno Vasco. Pero con todo, en el sostenimiento y financiación de las colonias y refugio infantiles fue mayor la ayuda derivada de los Comités locales y nacionales, así como de las organizaciones internacionales de ayuda; en definitiva, toda esta ayuda sería también canalizada a través del Gobierno Vasco, en muchos casos; el apoyo económico que representaron todos estos organismos y que a la postre fue a sostener la obra general de asistencia, fue de veras agradecido por el Gobierno.

Los datos recogidos por Asistencia Social, en cuanto a sostenimiento de las instalaciones infantiles, son concluyentes. Se resumen así: en Gran Bretaña, los niños recogidos por Basque Children´s Committee, fueron, en definitiva, sostenidos por este Comité, de una u otra forma. En la URSS, el Estado soviético se encargó del sostenimiento de los niños acogidos en ese país. En Bélgica las familias que adoptaron a los niños corrieron con todos sus gastos. En Francia, dado que la cifra de niños refugiados era muy grande, surgió una enorme variedad de comités de ayuda —entidades sindicales, políticas, religiosas…—, a cuyo cargo quedó su sostenimiento.

En 1938, la situación había variado considerablemente. Ya el gobierno de Léon Blum en octubre de 1937 decretó el *refoulement* (rechazo, expulsión) de los refugiados y esta política se agravó con los gobiernos de Édouard Daladier. Esto supuso que disminuyeran mucho la prestación de la importante ayuda que se venía dando a los refugiados y, por consiguiente, el Gobierno Vasco se había cargado más y daba directamente más ayudas.

La colonia Lurdes Euzko Aur-Etxea de Jatsu, es un caso especial ya que estaba financiada y sostenida por Manuel de Ynchausti.

II

JATSUKO KOLONIA: LURDES EUZKO AUR-ETXEA.

LA COLONIA DE JATSU: LURDES EUZKO AUR-ETXEA.

Ana Belén Larrauri eta Manuel de Ynchausti (MYA). / Ana Belén Larrauri y Manuel de Ynchausti (AMY).

Ezin da ulertu Jatsuko Lurdes Euzko Aur-Etxea kolonia Manuel de Ynchausti Romero (1900-1961) gabe. Mundu osoan zehar bidaiatu zuen erdi euskaldun erdi filipinarra izan zen Manuel de Ynchausti, hiru kontinentetan bizi izan zen, eta euskal gobernuarekin, herriarekin eta kulturarekin lotutako proiektuak sustatu zituen.

1988. urtean, Jean Claude Larronde historialariak *Manuel de Ynchausti (1900-1961). Etorri handiko mezenas bat* monografia idatzi zuen haren omenez.

Manuel de Ynchaustiren irudia aldarrikatzeko asmoz —ez baita oso ezaguna eta ez baitu merezitako aitortzarik jaso—, biografia labur bat egiten da ondoren. Biografia hau Larrondek berak *About Basque Country* argitalpenerako idatzitako "Manuel Ynchausti un patriota vasco que nació en Filipinas y debemos conocer" artikuluan oinarrituta dago nagusiki, ekarpen txiki batzuen kasuan izan ezik.

Era berean, Manuel de Ynchaustiren emazte Ana Belén Larrauriren datu biografiko batzuk ere jaso dira. Diskrezioz eta bigarren maila batean, senarrarekin batera aritu zen Lurdes Euzko Aur-Etxea kolonia antolatzen.

No se puede entender la colonia Lurdes Euzko Aur-Etxea de Jatsu sin la figura de Manuel de Ynchausti Romero (1900-1961), un vasco-filipino que viajó por todo el mundo, que vivió en tres continentes y que fue impulsor de proyectos relacionados con el gobierno, el pueblo y la cultura vasca.

En el año 1988 el historiador Jean-Claude Larronde le dedicó la monografía titulada *Manuel de Ynchausti (1900-1961). Un mecenas inspirado.*

Con la finalidad de reivindicar la figura de Manuel de Ynchausti —poco conocida y no reconocida como se merece— a continuación se expone una breve biografía basada principalmente —salvo algunas pequeñas aportaciones— en un artículo titulado "Manuel de Ynchausti, el patriota vasco que nació en Filipinas y que debemos conocer", escrito por el mismo Larronde para *About Basque Country*.

También se incluyen unos datos biográficos de Ana Belén Larrauri, esposa de Manuel de Ynchausti, quien con discreción y permaneciendo en un segundo plano colaboró con su marido en la organización de la colonia Lurdes Euzko Aur-Etxea.

MANUEL MARÍA DE YNCHAUSTI ROMERO

Manuel de Ynchausti Romero ezezaguna da askorentzat gaur egun oraindik. Gizon apala eta diskretua zen, eta ez zuen gustuko besteen aurrean nabarmentzea.

Haren bizi-ibilbidea aztertuz gero, Jainkoarenganako fedea, Euskal Herriarenganako maitasuna eta eraikitzeko eta antolatzeko borondatea —gorabeheren ondorioz etsi gabe— izan ziren Manuel de Ynchaustiren nortasunaren oinarriak, eta ideia sortzailez beteriko buruko zurrunbiloa izan zuen akuilu.

Demokrata, katolikoa eta euskalduna izatea dira Manuel de Ynchaustiren bizitzan nabarmendu beharreko hiru ezaugarri.

Jatorria eta euskaldunen erbestea

José Joaquín de Ynchausti, Manuelen aitona, Gipuzkoan jaioa, Filipinetara joan zen 1850. urte inguruan, Manilara. Handik denbora gutxira, itsas merkataritzarekin lotutako sozietate bat sortu zuen. Laster garatu eta dibertsifikatu zen sozietate hura, talde handi bilakatu arte: Ynchausti y Cía; 1854an sortu zen, eta nekazaritzarekin, industriarekin, finantzekin eta garraioarekin lotutako enpresak bildu zituen.

Manuel de Ynchausti Manilan jaio zen 1900. urteko urriaren 19an; bi urte eskas lehenago, Filipinetako artxipelagoa Estatu Batuen mende gelditu zen, 1898ko urriaren 10eko Parisko Itunari jarraiki. Gurasoek espainiar nazionalitateari eutsi zioten arren, Manuel Estatu Batuen subiranotasunaren menpe jaio zen. Erabakigarria izan zen hori haren bizitzan aurrerago jazotako zenbait gertaera ulertzeko.

MANUEL MARÍA DE YNCHAUSTI ROMERO

Manuel de Ynchausti Romero permanece para muchos aún hoy como alguien desconocido. Era un hombre modesto y discreto, y no era amigo de exhibirse o hacerse ver.

Analizando su trayectoria vital, Manuel de Ynchausti aparece como un hombre inspirado por la fe en Dios, por su amor al País Vasco, por su voluntad de construir y de organizar sin dejarse derrumbar por los contratiempos y con una mente que era un torbellino de ideas creativas.

Demócrata, católico y vasco son tres rasgos a destacar en la vida de Manuel de Ynchausti.

Los orígenes y el exilio vasco

Fue José Joaquín de Ynchausti, el abuelo de Manuel, natural de la provincia de Gipuzkoa, quien se instala en Filipinas, en Manila, hacia el año 1850. Poco tiempo después crea una sociedad que, a partir del comercio marítimo, no tarda en desarrollarse y diversificarse hasta el punto de llegar a ser pronto un grupo de dimensiones importantes: Ynchausti y Cía, creada en el año 1854 y que reunió empresas relacionadas con la agricultura, la industria, las finanzas y el transporte.

Cuando Manuel de Ynchausti nace en Manila el 19 de octubre de 1900, hacía menos de dos años que el archipiélago filipino —en virtud del Tratado de París del 10 de octubre de 1898— había pasado bajo la dominación de los Estados Unidos. Aunque sus padres mantuvieron

Manuel de Ynchausti gazte garaian (MYA).
Un joven Manuel de Ynchausti (AMY).

Ynchaustik Filipinen eta Europaren artean eman zituen bizitzako lehen urteak. 6 urte zituen Europara lehen bisita egin zuenean, eta, 1920an, Espainian finkatu zen, derrigorrezko soldadutza egiteko eta Madrilgo Unibertsitate Zentralean Zuzenbidea ikasteko; 1926an lizentziatu zen. Madrilen, soldadutza garaian, Ricardo Leizaola ezagutu zuen, eta, hari esker, euskal nazionalismora hurbildu zen, nahiz eta inoiz ez zen inongo alderditan afiliatu.

Miren de Ynchaustiren arabera —Manuelen alaba— *"gure aitak kontatzen zigun Lekarozko kaputxino nafar batek —oso gaztea zenean bere irakaslea zenak— Ynchausti abizenaren jatorri euskaldunaz hitz egin ziola lehen aldiz, eta horrek euskaldun guztiarekiko jakin-mina piztu zion"* (Elkarrizketa: Miren de Ynchausti, 2025-III-15).

Lizentziatu ondoren, Madril eta Donostia artean bizi izan zen, familiak etxeak alokatuta baitzeuzkan bi hiriburu horietan.

1926ko uztailaren 26an, Ana Belén Larrauri donostiarrarekin ezkondu zen Donostian.

la nacionalidad española, Manuel nació bajo soberanía estadounidense. Esta circunstancia fue crucial para algunos episodios posteriores en su vida.

Los primeros años de la vida de Manuel transcurrieron entre las Filipinas y Europa. Tenía 6 años cuando realizó la primera visita a Europa, y el año 1920 se asentó en España para realizar el servicio militar obligatorio y los estudios de Derecho en la Universidad Central de Madrid, donde se licenció en el año 1926. En Madrid, durante el servicio militar, conoció a Ricardo Leizaola y gracias a él se aproximó al nacionalismo vasco, aunque nunca llegó a afiliarse a ningún partido.

Según Miren de Ynchausti —hija de Manuel—, *"nuestro padre nos contaba que un capuchino navarro de Lekaroz, preceptor suyo cuando era muy jovencito, le habló por primera vez del origen vasco del apellido Ynchausti, lo cual despertó en él la curiosidad por todo lo vasco"* (Entrevista: Miren de Ynchausti, 15-III-2025).

Tras licenciarse su vida transcurre entre Madrid y Donostia-San Sebastián, pues la familia tenía alquiladas casas en cada una de las dos capitales.

Filipinetan Ynchausti & Cia-k nekazaritzarekin, industriarekin, finantzekin eta garraioarekin lotutako enpresak bildu zituen (MYA).
En Filipinas, Ynchausti & Cia reunió empresas relacionadas con la agricultura, la industria, las finanzas y el transporte (AMY).

1926 eta 1933 urteen artean, bikote gaztea Europa eta Filipinen artean ibili zen joan-etorrian, 1933an Donostian ezarri ziren arte; hantxe bizi izan ziren gerra zibila hasi arte. 1936ko uztailaren 26an, Estatu Batuetako Itsas Armadako itsasontzi batek Manuel de Ynchausti —hiritar amerikarra—, haren ama, haurdun zegoen emaztea eta bi seme-alaba txikiak Gipuzkoako hiriburutik atera zituen. Familia osoa Donibane Lohizunen egon zen denbora batez, Uztaritzen finkatu arte. Aurrerantzean, 1939ko abuztura arte, Uztaritze eta Paris artean bizi izan ziren.

Katoliko sutsua, solidarioa eta eskuzabala

Manuel de Ynchausti fede erlijioso handiko gizona zen. Gazte-gaztetatik, oso ondo ulertu zituen bere betebehar kristauak. Harentzat, kristau karitatea justizia sozialaren parekoa zen. Goiburu hau zuen: *"Behar duenari emandako dirua da hobekien erabilitakoa".*

Euskalduntasuna eta katolizismoa izan ziren Manuel de Ynchaustiren bizitza publikoa zehaztu zuten ardatzak, eta bi arlo horietara bideratu zuen bere funtsen zati handi bat, bai Filipinetan, bai Euskadin eta bai Estatu Batuetan. Hala, 1929an, bere amaren laguntzarekin, Patronato de Nuestra Señora de Lourdes Para Enfermos Pobres sortu zuen Malaten, Manila kanpoaldean; patronatu horrek klinika bat zuen, eta doako osasun-arreta eskaintzen zuen. Garai berean, Ynchausti y Cía konpainiak Negros, Panau eta Bricolen zituen laborantzarako lur handiak nekazarien, Eliza Katolikoaren, Aita Kaputxinoen eta beste kongregazio erlijioso batzuen artean banatzea erabaki zuen.

Lotura handia izan zuen erakunde katolikoekin, batez ere Ekintza Katolikoa (Acción Católica) erakundearekin, eta harreman estuak zituen kaputxinoen eta jesuiten kongregazioekin edo Saint-Paul-de-Chartresko lekaime frantsesekin. Espainiako II. Errepublikan jesuitak kanporatu zituztenean, lan handia egin zuen konpainia horren alde.

El 26 de julio de 1926 se casó en Donostia-San Sebastián con la donostiarra Ana Belén Larrauri. Entre los años 1926 y 1933 la vida de la joven pareja fue un continuo ir y venir entre Europa y las Islas Filipinas, hasta que en el año de 1933 la familia se establece en Donostia-San Sebastián donde vivirán hasta que estalle la guerra civil. El 26 de julio de 1936, un barco de la Marina de Estados Unidos evacuó de la capital guipuzcoana a Manuel de Ynchausti —ciudadano americano— a su madre, a su esposa embarazada y a sus dos hijos de corta edad. La familia permanecerá algún tiempo en Donibane Lohizune (Saint-Jean-de-Luz) hasta instalarse en Uztaritze. En adelante, hasta agosto del año 1939 su vida transcurrirá entre Uztaritze y París.

Profundamente católico, solidario y generoso

Manuel de Ynchausti era un hombre con fuertes convicciones religiosas. Desde muy temprano tuvo un alto concepto de sus deberes cristianos. Para él la caridad cristiana iba a la par que la justicia social. Según su lema *"el dinero que se da al que lo necesita es el mejor empleado".*

Vasquismo y catolicismo fueron los ejes que marcaron su vida pública, dedicando una importante parte de sus fondos a diversas obras en ambos campos, tanto en Filipinas, como en Euskadi y en los Estados Unidos. Así en el año 1929 fundó en Malate, a las afueras de Manila, con la ayuda de su madre, el Patronato de Nuestra Señora de Lourdes Para Enfermos Pobres, al que se dota de una clínica que ofrece gratuitamente atención médica. En la misma época decidió también repartir extensas tierras de cultivo que Ynchausti y Cía poseía en Negros, Panau y Bricol, entre los campesinos, la Iglesia Católica, los Padres Capuchinos y otras congregaciones religiosas.

Fue un hombre muy ligado a los medios católicos, sobre todo Acción Católica y mantenía estrechas relaciones con las congregaciones de los capuchinos y los jesuitas o con las religiosas francesas de Saint-Paul-de-Chartres. Al sobrevenir

Manuel de Ynchaustiren eskuzabaltasuna saritzeko, Pio XI.a Aita Santuak San Gregorioren Zaldun izendatu zuen.

1933. urtean, Manuelek Ynchausti & Cía konpainia desegitea erabaki zuen; industria-aktibo gehienak saldu zituen, eta Donostian finkatu zen. Gerra zibila deklaratu ondoren, 1936ko uztailaren 26an ebakuatu egin zuten, familiarekin batera. Mugaren beste aldean finkatu zuen bizilekua, Uztaritzen, Lapurdiko garai bateko hiriburuan, eta Eusko Jaurlaritzaren zerbitzura jarri zen berehala.

Espainiako gerra zibilaren ondorioz erbesteratu behar izan zuen arren, pozik zegoen bere herritik hurbil zegoelako, hautsitako euskal familia horien eta ebakuatutako eta gurasoengandik banandutako haurren ondoan zegoelako, bai eta ahal zuen neurrian gaitz horiek arintzen saiatzen zelako. Ia bi urtez, Lurdes Euzko Aur-Etxea kolonia sortu, finantzatu eta antolatu zuen Jatsun. Kolonia horretan, 34 haur euskaldun hartu zituen, gogo sendoz eta kalitatezko arreta eskainiz. Beste kolonia batzuei zuzendutako diru-ekarpenak ere egin zituen, hala nola Donibane Garazikoari.

Espainiako gerra zibilaren aldi honetan, pertsona asko bizi izan ziren Frantziako lurretan erbesteratuta, eta askok jo zuten laguntza bila Manuelengana; Manuelek, modu diskretuan, ekonomikoki lagundu zien.

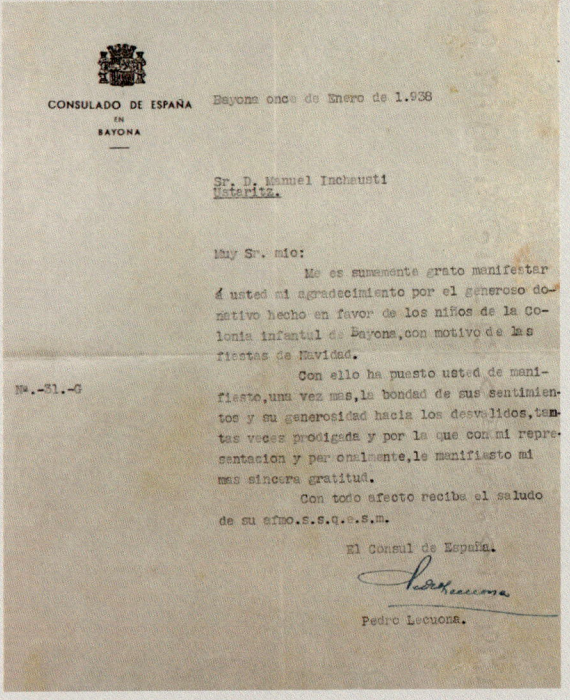

Espainiako kontsularen gutuna, Baionako haurren koloniaren alde egindako dohaintza eskertzeko (EAH, Id. 3363775: 1938-I-5).

Carta del cónsul de España en agradecimiento por el donativo realizado a favor de los niños de la colonia infantil de Baiona (AHE, Id. 3363775: 5-I-1938).

la II República española y acaecer la expulsión de los jesuitas, realizo una intensa labor a favor de la Compañía.

Para recompensar su generosidad fue nombrado Caballero de San Gregorio por el Papa Pío XI.

En 1933, Manuel de Ynchausti decide disolver Ynchausti y Cía, vender una gran parte de los activos industriales y se instala en Donostia-San Sebastián. Una vez declarada la guerra civil, le evacúan con su familia el 26 de julio de 1936. Fija su residencia al otro lado de la muga, en Uztaritze, la antigua capital de la provincia de Lapurdi, e inmediatamente se pone a disposición del Gobierno Vasco.

En la tragedia del exilio, consecuencia de la guerra civil española, está contento de estar al lado de su pueblo, de esas familias vascas rotas, de los niños evacuados y separados de sus padres, y de aliviar los males en la medida de sus posibilidades. Durante casi dos años, en Jatsu, crea, financia y organiza la colonia Lurdes Euzko Aur-Etxea, donde acoge a 34 niños vascos con un sólido entusiasmo y una atención de calidad. También realizó aportaciones de dinero para otras colonias como la de Donibane Garazi (Saint-Jean-Pied-de-Port).

Durante este período de la guerra civil española, son muchas las personas que viven exiliadas en tierras francesas, que acuden a él en petición de ayuda, y Manuel, de forma discreta, les apoya económicamente.

Manuel de Ynchausti Funtsean (EAH) gordetzen diren gutun ugarien artean, laguntza materiala eman zien partikularrek eta erakundeek bidalitako esker oneko gutun asko daude.

Euskaldunen Adiskideen Nazioarteko Liga

Euskaldunen Adiskideen Nazioarteko Liga da Manuel de Ynchaustik sortutako erakunderik garrantzitsuena, eta, bereziki, Frantziako atala: Ynchaustirena da Liga horren inspirazio eta sorreraren meritu guztia.

Ligak euskal errefuxiatuei zuzendutako ekintza zehatz guztiak koordinatu zituen, eta parte-hartze garrantzitsua izan zuen Francok ezarritako erregimena salatzeko garaian. Ospe handiko pertsonak bildu zituen, besteak beste, François Mauriac, Jacques Maritain, Verdier kardinala, Edouard Herriot...

Entre la cuantiosa correspondencia que se conserva en el Fondo Manuel de Ynchausti (AHE), hay numerosas cartas de agradecimiento enviadas por personas particulares y entidades a las que había proporcionado ayuda material.

La Liga Internacional de los Amigos de los Vascos (L.I.A.B)

La L.I.A.B. —la Liga Internacional de los Amigos de los Vascos— constituye de lejos la obra más importante creada por Manuel de Ynchausti, y en particular, su sección francesa: todo el mérito de la inspiración y de la fundación de esta Liga le pertenece.

La Liga va a coordinar todas las acciones concretas hacia los refugiados vascos y va a participar de manera importante en denunciar el régimen instalado por Franco. Reúne en su seno a prestigiosas y diversas personalidades, entre las cuales se encuentra François Mauriac, Jacques Maritain, el cardenal Verdier, Edouard Herriot...

Ernest Pezet diputatu kristau-demokrata eta Adiskideen Nazioarteko Ligaren sustatzaileetako bat Manuel de Ynchaustiren ondoan (SAF).

El diputado democratacristiano Ernest Pezet, uno de los promotores de la LIAB, junto a Manuel de Ynchausti (FSA).

Aro amerikarra

1939ko abuztutik 1947ko urrira, Manuel de Ynchausti eta bere familia Estatu Batuetan bizi izan ziren. Lehenik eta behin, New Yorkeko Croydon hotelean zenbait hilabetez, 86. kaleko 12. zenbakian; gero, New Yorketik hogeita hamar bat kilometrora, White Plainsen, Gedney Park Driveko 44. zenbakian (1940ko ekainaren 21etik aurrera), eta geroago Gedney Park Driveko 39. zenbakian kokatutako etxe batean (1940ko irailaren 5etik aurrera). 1943tik aurrera, Wesport-on-Lake-Champlainen igaroko ditu familiak uda guztiak, Kanadako mugatik oso gertu.

1941eko udazkenean, José Antonio Aguirre laguna eta erbesteko Eusko Jaurlaritzako lehendakaria hartu zuen etxean.

1942tik bihotzeko gaixotasun larri bat —endokarditisa— izan arren, bere zereginarekin aurrera jarraitu zuen. Laguntza materiala eman zion Eusko Jaurlaritzaren New Yorkeko Ordezkaritzari, eta behin eta berriz aldarrikatu zuen euskal herriaren kausa eliz agintari eta intelektual amerikarren aurrean.

Aguirre lehendakariak Goteborgetik Ameriketara egindako bidaia finantzatu zuen Ynchaustik, Estatu Batuetan sartzeko bermea eman zion, irakasle lanpostua lortu zion Columbiako unibertsitatean eta Ameriketako agintari eta pertsona ospetsuekin harremanak izateko sarea eskaini zion. Ynchaustiren babesik gabe, ziur aski Aguirrek eta Eusko Jaurlaritzak ezin izango zioten beren izaera erreferentzialari eutsi, ez bakarrik euskal komunitateari begira, baita Espainiako errepublikanoei edo Europako

El período americano

Desde agosto de 1939 a octubre de 1947, Manuel de Ynchausti y su familia viven en los Estados Unidos. Primeramente, en New York, durante varios meses en el Hotel Croydon, en el n° 12 de la calle 86; luego a unos treinta kilómetros de New York, en White Plains, en el n° 44 de Gedney Park Drive (desde el 21 de junio de 1940), y más tarde en el n° 39 de Gedney Park Drive, en una casa (desde el 5 de septiembre de 1940). A partir de 1943 la familia pasa todos los veranos en Wesport-on-Lake-Champlain, muy cerca de la frontera canadiense.

En el otoño de 1941 tiene la alegría de recibir en su casa a su amigo José Antonio Aguirre, presidente del Gobierno Vasco en el exilio.

A pesar de una grave enfermedad cardiaca —endocarditis— que le afecta desde el año 1942, sigue con su acción. Ayuda materialmente a la Delegación del Gobierno Vasco en Nueva York, y proclama sin cansancio la causa del pueblo vasco a cerca de las autoridades eclesiásticas y de los intelectuales americanos.

Ynchausti financió el viaje del lehendakari Aguirre desde Goteborg a América, avaló su entrada en territorio estadounidense, le consiguió un puesto de profesor en la universidad de Columbia y le facilitó su red de contactos con autoridades y personalidades americanas. Sin el apoyo de Ynchausti muy posiblemente Aguirre y el Gobierno Vasco no hubiesen podido conservar su carácter referencial, no solo para la comunidad vasca, sino también para

Manuel de Ynchausti eta Aguirre lehendakaria, New Yorkeko White Plainsko etxean. 1941eko azaroa. Argazkia: Ynchausti Foundation Archives.

Manuel de Ynchausti con el Lehendakari Aguirre, en su domicilio de White Plains, en New York. Noviembre de 1941. Foto Ynchausti Foundation Archives.

demokrazia kristauari zegokienez ere; eta, horrez gain, ziurrenik ez ziren bizirik aterako Bigarren Mundu Gerrak ekarri zuen zurrunbilotik. Ynchausti, nolanahi ere, bigarren maila batean gelditu zen beti, haren izaera horrelakoa zelako eta, horrez gain, osasun-arazoak izan zituelako etengabe.

Frantziako ereduan oinarrituta, Estatu Batuetan eta Hego Amerikan Euskaldunen Adiskideen Nazioarteko Liga sortzeko lan egin zuen. Estatu Batuetan, bihotzetik ateratzen zaizkion beste bi proiektutan lan egin zuen: Secours Catholique Français-en ernamuintzat har daitekeen Nazioarteko Sorospen Katoliko baten sorreran —munduko edozein lekutan sufritzen duten guztiei laguntzeko helburuarekin, erlijioa, arraza, nazionalitatea edo, gerra eta hondamendietan, ideia politikoak alde batera utzita— eta Euskaldunen Mundu Elkarte baten sorreran.

Ekintza kulturala Ipar Euskal Herrian

Zortzi urte luzez Estatu Batuetan egon ondoren, 1947ko urrian Uztaritzera itzuli zen, eta han bizi izan zen bere bizitzako gainerako zatian. Uztaritzen, Manuel de Ynchaustik berehala berreskuratu zituen Bidasoaren bi aldeetako euskal kulturaren ordezkari nagusienekiko loturak; gehienak lagunak zituen aurretik ere.

1923. urtetik, Eusko Ikaskuntzako kide zen, eta zeregin garrantzitsua bete zuen Eusko Ikaskuntzaren VII. eta VIII. Kongresuen antolaketan (Biarritz, 1948ko iraila eta Baiona, 1954ko uztailetik irailera).

1951ko martxoan, Baionako Euskal Museoko kontseilari izendatu zuten, eta munduan zehar sakabanatutako euskal diasporaren aretoa pentsatu eta sortu zuen.

los republicanos españoles o la democracia cristiana europea, ni probablemente hubiesen sobrevivido a la vorágine que supuso la Segunda Guerra Mundial. Ynchausti, en todo caso, permaneció siempre en un segundo plano, a lo que contribuyó, además de su carácter, sus constantes problemas de salud.

Trabajó para crear, según el modelo francés, la L.I.A.B en los Estados Unidos y en América del Sur. También en Estados Unidos trabaja en dos proyectos que le salen del corazón: la creación de un Socorro Católico Internacional —con el objetivo de ayudar a todos los que sufren en cualquier parte del mundo, sin distinción de religión, raza, nacionalidad, ideas políticas en caso de guerras y catástrofes, que se puede considerar como el germen del futuro Secours Catholique Français— y la creación de una Asociación Mundial de Vascos.

La acción cultural en el País Vasco continental

Tras permanecer ocho largos años en los Estados Unidos, en octubre de 1947 regresó a Uztaritze y aquí vivió el resto de su vida. En Uztaritze, Manuel de Ynchausti renueva rápidamente los lazos con los más eminentes representantes de la cultura vasca de los dos lados del Bidasoa, la mayoría de los cuales son amigos suyos.

Desde el año 1923 era miembro de Eusko Ikaskuntza y jugó un papel importante en la organización del VII y VIII Congresos de la Sociedad de Estudios Vascos —Eusko Ikaskuntza (Biarritz, setiembre 1948 y Baiona, julio a septiembre de 1954).

Nombrado consejero del Museo Vasco de Baiona en marzo de 1951, concibe y realiza la sala de la diáspora vasca por el mundo.

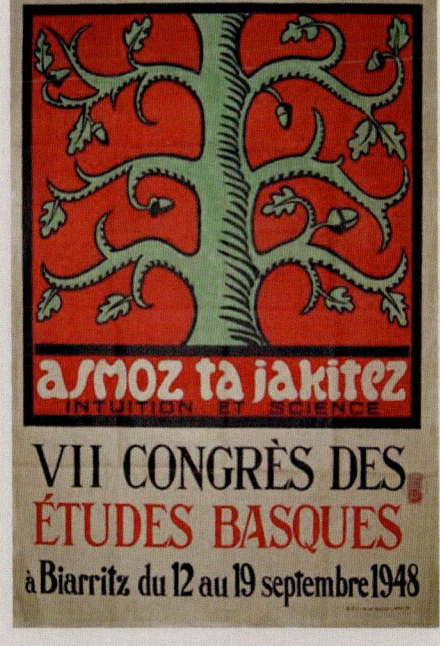

Zinemazalea

Manuel de Ynchaustik zinemarekiko zuen zaletasuna eta pasioa ere nabarmentzekoa da. Oso gaztetan, zinema profesionaleko ekipo bat erosi zuen: 35 milimetroko BELL & HOWELL kamera profesional bat, hiru objektibo eta 26ko proiektorea. Aspalditik maite zuen argazkilaritza, zinemak liluratu egiten

zuen, eta, horregatik, garai hartan oso gutxik eskuratu zezaketen tramankulu hura erosi zuen eta filmaketak egiten hasi zen etxean (Martínez 2015: 372). Egin zituen filmaketen artean, ugariak dira familiako eszenak, bai eta 20ko eta 30eko hamarkadetan hainbat herrialdetara egindako bidaiak ere, baina, batez ere, Euskal Herriko hainbat leku, pertsonaia eta gertaera kulturalen irudiak nabarmendu behar dira.

1918an Eusko Ikaskuntzak Oñatin egindako I. Kongresuko Arte Sailak *"Euskal Herriko hainbat eskualdetan dauden dantzak jasotzen dituzten zinematografia-zintak inprimatzea, haiek aztertzeko eta kontserbatzeko"* eskatuz egindako deiari erantzunez, euskal geografiako hainbat lekutan izan zen, eta, 1923 eta 1928 urteen artean, euskal dantza, ohitura, jolas, kirol eta gizon-emakumeei buruzko 35 mm-ko film kopuru zehaztugabea filmatu zuen (Unsain 1985: 87). Lan horren emaitza da *Eusko Ikusgayak* film laburren saila. Josu Martínezek grabazio dokumental horiei buruz dioenaren ildotik, *"garrantzi historiko eta kultural nabarmena dute; izan ere, euskal zinematografiaren perlarik zaharrenetako bat izateaz gain, egilea, Ynchausti, Euskal Herria irudikatzeko film-tradizio baten aitzindaria izan zen".*

Eusko Ikusgayak ataleko filmak, asmo estetiko eta narratiboek bultzatutako zinemazale batenak baino gehiago, filmazioak euskal kulturarekiko maitasunagatik egiten

Aficionado al cine

Otra faceta de Manuel de Ynchausti fue su afición y pasión por el cine. Ya de muy joven compró un equipo de cine profesional: una cámara profesional BELL & HOWELL de 35 milímetros, tres objetivos y proyector 26. Amante de la fotografía desde hacía tiempo, fascinado por el cine, se hizo con aquel artilugio, al alcance de muy pocos en aquella época, y empezó a hacer rodajes domésticos (Martínez 2015: 372). Entre sus filmaciones abundan las escenas familiares, así como los viajes realizados a varios países durante los años 20 y 30 pero, sobre todo, hay que destacar las imágenes de lugares, personajes y sucesos culturales varios del País Vasco.

Respondiendo al llamamiento de la Sección de Arte del I Congreso de Estudios Vascos celebrado en Oñate en 1918, que propone *"la impresión de cintas cinematográficas en las que se consignen los bailes existentes en varias regiones del País, por el interés que ofrece su estudio y conservación"*, recorrió diversos lugares de la geografía vasca y filmó entre los años 1923 y 1928 un número indeterminado de películas en 35 mm sobre danzas, costumbres, juegos, deportes y tipos vascos (Unsain 1985: 87). Fruto de ese trabajo es la sección de cortometrajes *Eusko Ikusgayak.* Como apunta Josu Martínez sobre estas grabaciones documentales, *"su importancia histórica y cultural es notoria, ya que, además de constituir unas de las perlas más antiguas de la cinematografía vasca, su autor, Ynchausti, fue el precursor de una tradición fílmica de representación de Euskal Herria".*

Las películas de la sección *Eusko Ikusgayak* más que a un cinéfilo movido por pretensiones estético-narrativas, corresponden a un idealista ajeno al oficio que realizaba las filmaciones por

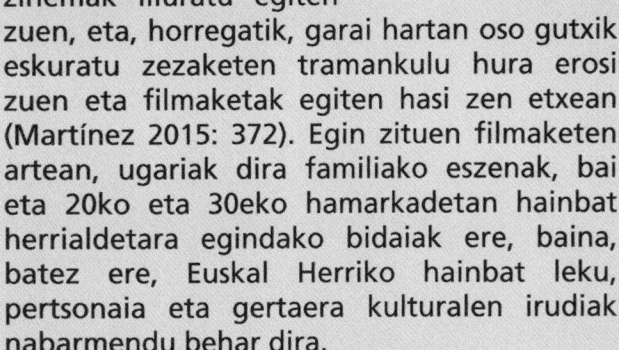

zituen idealista batenak dira (Martínez, 2015: 358). Ynchaustiren filmen zakartasun zinematografikoak ez du haien balio dokumentala gutxiesten, Espainian borondate etnografiko argiarekin egindako lehenak izan baitziren (Unsain 1985: 88).

Manuel jabetzen zen zinemak herrien memoriaren artxibo gisa eskaintzen zituen aukerez.

1980ko hamarkadaren hasieratik, film asko Euskadiko Filmategian daude.

1961eko apirilean, gaixotasunak Manuel de Ynchaustiren bihotz nekatua hartu zuen: ohean zegoen hilaren 8tik beste bronkitis batek harrapatuta; José Miguel de Barandiaránen zaintzapean eta emaztea eta bost seme-alabak ondoan zituela, hilaren 17an hil zen, astelehena, goizeko 10:20an.

Manuel de Ynchaustik Ana Belén Larrauri donostiarra izan zuen ondoan 35 urtez baino gehiagoz.

su amor por la cultura vasca (Martínez, 2015: 358). Pero la tosquedad cinematográfica de las películas de Ynchausti no puede hacer perder de vista su valor documental y su condición de ser las primeras realizadas en España con una clara voluntad etnográfica (Unsain 1985: 88).

Manuel era consciente de las posibilidades que ofrecía el cine como archivo de la memoria de los pueblos.

Desde principios de los 80, muchas de las películas están en la Filmoteca Vasca.

En abril 1961 la enfermedad puede con el cansado corazón de Manuel de Ynchausti: en cama desde el día 8 con una nueva bronquitis, asistido por José Miguel de Barandiarán y rodeado de su mujer y sus cinco hijos, falleció el lunes 17, a las 10:20 horas de la mañana.

Manuel de Ynchausti compartió más de 35 años de su vida con la donostiarra Ana Belén Larrauri.

ANA BELÉN LARRAURI MERCADILLO

Ana Belén Donostian jaio zen, 1905eko urriaren 31n. Etxean, *Nini* esaten zioten. Aitaren aldeko aitona, Gil Miguel Larrauri, Donostiako alkate izan zen 1887tik 1889ra. Aita, Luis Larrauri, donostiarra eta euskalduna zen; ama, Ana Mercadillo, Enkarterrikoa zen jatorriz, eta ez zekien euskaraz. Ana Belének berak ere ez zekien euskaraz, eta bihotzean min ematen zion horrek.

Fede erlijioso handiko familia batean hazia, Ana Belénen heziketa fede katolikoaren printzipioetan oinarritu zen. Jesusen Bihotzaren Lagundiko Ikastetxean ikasi zuen, eta eskerrak ematen zituen behin baino gehiagotan horregatik: *"Eskerrak Jesusen Bihotzaren Lagundian hezi nauten. Jaso dudan heziketaren eta fedearen oinarriak familia eta eskolan jasotako heziketa dira"* (Elkarrizketa: Miren Ynchausti, 2024-XII-3).

ANA BELÉN LARRAURI MERCADILLO

Ana Belén nació en Donostia-San Sebastián el 31 de octubre 1905. En la familia la llamaban *Nini.* Su abuelo paterno, Gil Miguel Larrauri, fue alcalde de Donostia-San Sebastián entre los años 1887 y 1889. Su padre, Luis Larrauri, era donostiarra y vascoparlante; su madre, Ana Mercadillo era originaria de las Encartaciones y no hablaba euskara, Ana Belén tampoco y esta era una espina que llevaba clavada en su corazón.

Criada en una familia con fuertes raíces religiosas, su educación siempre estuvo impregnada por los principios de la fe católica. Estudió en el Colegio del Sagrado Corazón y en más de una ocasión decía *"menos mal que me han educado en el Sagrado Corazón. La base educativa y religiosa que tengo es gracias a la familia y la educación que me dieron en el colegio"* (Entrevista: Miren de Ynchausti, 3-XII-2024).

Ana Belének eta Manuel de Ynchaustik Donostian ezagutu zuten elkar, 1923. urte inguruan, antza denez, aldez aurretik prestatutako hitzordu batean. Miren de Ynchausti alabak dioenez, hauxe esaten zion Ana Beléni bere amak: *"Nini, Manuel oso bihotz oneko gizona da, kasu egiozu"*. Eta Ana Belének hauxe erantzun omen zion: *"Bai, izan beharko du bai, ona, itsusia baino itsusiagoa da eta. Zuk eskatzen didazulako egingo diot kasu"*. Lehen hitzordu hark fruitu eman zuen, eta hiru urte geroago ezkondu ziren, 1926ko uztailaren 26an. Senar-emazteek sei seme-alaba izan zituzten: zaharrena, Miren Lourdes (1929), jaio eta gutxira hil zen; beste bost seme-alabak honako hauek dira: Antonio (Manila, 1931-IX-10), Ana Belén (Donostia, 1933-XII-9), Jokin (Uztaritze, 1936-VIII-30), Miren (Uztaritze, 1938-I-4) eta Arantzazu (White Plains, New York, 1942-IX-18).

1926 eta 1933 urteen artean, bikote gaztea Europa eta Filipinetako uharteen artean ibili zen joan-etorrian. 1933tik aurrera, familia Donostian finkatu zen, 1936an gerra zibila hasi zen arte. Eta gerra hasi zenean, Uztaritzera joan ziren bizi izatera.

Ana Belének senarraren ondoan lan egin zuen Jatsuko koloniaren sorreran. Pedro Gallastegui haurra zela iritsi zen Frantziara; Jatsuko gainerako kideak baino beranduago iritsi zen, eta hitz hauekin gogoratzen zuen gertaera: *"Bordeletik gertuko portu batera iritsi ginenean, Ana Belén de Inchausti andreak hartu ninduen...* (PGA).

Ana Belén Larrauri gaztetan (MYA)
Una joven Ana Belén Larrauri (AMY)

Ana Belén y Manuel se conocieron en Donostia-San Sebastián hacia el año 1923, al parecer, en un encuentro preparado de antemano. Según cuenta su hija Miren de Ynchausti, la madre de Ana Belén le decía *"Nini Manuel es un hombre buenísimo, hazle caso".* Y Ana Belén le contestó "ya puede ser *buenísimo, pero es feísimo. Si le hago caso será por ti".* Ese primer encuentro desembocó en boda tres años más tarde, el 26 de julio de 1926. El matrimonio tuvo seis hijos: la mayor, Miren Lourdes (1929), falleció al de poco de nacer; los otro cinco hijos son: Antonio (Manila, 10-IX-1931), Ana Belén (Donostia-San Sebastián, 9-XII-1933), Jokin (Uztaritze, 30-VIII-1936), Miren (Uztaritze, 4-I-1938) y Arantzazu (White Plains, New York, 18-IX, 1942).

Entre los años 1926 y 1933 la vida de la joven pareja fue un continuo ir y venir entre Europa y las Islas Filipinas. A partir de 1933 la familia se establece en Donostia-San Sebastián hasta el comienzo de la guerra civil en 1936. Al comenzar la guerra, parten hacia Uztaritze.

Ana Belén colaboró con su marido en lo concerniente a la colonia de Jatsu. Pedro Gallastegui, el niño que desembarcó en Francia más tarde que el resto de sus compañeros de Lurdes Euzko Aur-Etxea, recordaba que *"cuando llegamos a un puerto cercano de Burdeos, me recogieron Dª Ana Belén de Inchausti...* (APG).

Ana Belén Larrauri bere alaba Mirenekin, Parisen 1939an (MYA). / Ana Belén Larrauri con su hija Miren. París 1939 (AMY).

Koloniako haurrak *"seme-alabatzat"* hartzen zituen: *"Mutikoak margotzen aritu dira, eta neskak puzzle bat egiten, eta Belén andrea etorri denean ere gustura ibili da, horiek nola egin erakusten"* (EAH, Id. 3365011: 1938-VII-13). (…). Haurrek, berriz, amatzat hartzen zuten, eta ilusioz eta besoak zabalik egoten ziren haren bisiten zain: *"haurrak Ana Belén andrea zoriontzeko gutunak idazten aritu dira"* (EAH, Id. 3365011: 1938-VII-24).

Oso emakume metodikoa zen, eta idatziz jasotzen zuen dena. Ana Belének eguneroko ohar pertsonalak idazten zituen hainbat koaderno gorde ditu familiak.

1997ko irailaren 20an hil zen, 91 urte zituela.

Consideraba a los niños de la colonia como *"mis hijos"*: *"Los niños se han entretenido mucho pintando y las niñas haciendo un puzle y a la misma Dña. Belén le ha gustado cuando ha venido y les ha estado enseñando cómo se hace"* (AHE, Id. 3365011: I3-VII-1938). (…). Por su parte, los niños la consideraban como una madre y esperaban sus visitas con ilusión y con los brazos abiertos: *"los niños y las niñas han estado escribiendo cartas para felicitar a Dña. Ana Belén"* (AHE, Id. 3365011: 24-VII-1938).

Era una mujer muy metódica y anotaba todo. La familia conserva varios cuadernos donde Ana Belén escribía notas del día a día personal.

Falleció el 20 de septiembre de 1997, a los 91 años.

Julio 1.939

Manuel de Ynchausti eta Ana Belén Laurrauri beren sei seme-alabetako laurekin: Antonio, Ana Belén, Jokin eta Miren, 1939ko uztailean. Arantzazu White Plainsen jaio zen, New Yorken, 1942an. Zaharrena, Miren Lourdes, 1929an jaio eta gutxira hil zen (MYA).

Manuel de Ynchausti y Ana Belén Laurrauri con cuatro de sus seis hijos: Antonio, Ana Belén, Jokin y Miren. Julio 1939. La mayor, Miren Lourdes, falleció al poco de nacer, en el año 1929. Arantzazu nació en White Plains, New York, en el año 1942 (AMY).

LURDES EUZKO AUR-ETXEA KOLONIA
LA COLONIA LURDES EUZKO AUR-ETXEA

LURDES EUZKO AUR-ETXEA KOLONIAREN JATORRIA ETA ESPIRITUA

Hitz hauekin azaldu zion Lurdes Euzko Aur-Etxea koloniaren jatorria Manuel de Ynchaustik berak Jesus Mª Leizaolari, Eusko Jaurlaritzako Justizia eta Kultura sailburuari, 1939ko apirilaren 16an igorritako gutun batean: *"Badakizu, 1937an Euzkadiko ebakuazioa hasi zenean, euskal agintariei eta, batez ere, Doroteo Ciaurriz doktoreari, Euzkadi-Buru-Batzarreko lehendakariari, adierazi niola prest nengoela erbestean ebakuazio horretatik iritsitako hogeita hamar bat haur (bi sexuetakoak) hartzeko eta artatzeko.*

Horrela, 1937ko udan, "LURDES EUZKO-AUR-ETXEA" haurren kolonia antolatu nuen Jatxoun (Behe Pirinioak), zuk ezagutzen duzuna, eta 34 haur hartu nituen han..." (EAH, Id. 3363773: 1939-IV-16).

Manuel de Ynchaustik Jesús Mª Leizaolari igorri zion beste gutun batean jasotzen da kolonia hori sortu zueneko espiritua, kolonia martxan jarri eta bi egunera: *"Ideala koloniak Ipar Euskal Herrian sortzea litzateke, haurrak oso modu onean artatzeko, irakasle eta kapilauekin. Ideia horrekin, bi mila umeri ostatu emateko adina lokal lortu nituen. Lokal horiek egokitu egin behar dira, baina horiek egokitzeko gastuez ez zenukete arduratu behar. Bai, ordea, haurren biziraupenarekin lotutako gastuez; izan ere, oheak, arropak eta jangelako gainerako zerbitzuak ekarri beharko lituzkete. Eta horixe da arazoa, Frantziako gobernuak ez baititu diruz laguntzen Behe Pirinioetan ezartzen diren koloniak. Nolanahi ere, oztopo hori gainditzeko lanean ari gara.*

Jakingo duzunez, nik kolonia xume bat antolatu dut, ezdeusa ia, begien bistan dugun

EL ORIGEN Y EL ESPÍRITU DE LA COLONIA LURDES EUZKO AUR-ETXEA

El origen de la colonia Lurdes Euzko Aur-Etxea se lo explica el propio Manuel de Ynchausti a Jesús Mª Leizaola, Consejero de Justicia y Cultura del Gobierno Vasco, en una carta remitida el 16 de abril de 1939: *"Usted sabe, cómo, cuando se inició la evacuación de Euzkadi en el año 1937, manifesté a las autoridades vascas y más particularmente al Doctor Doroteo Ciaurriz, Presidente del Euzkadi-Buru-Batzar, que estaba dispuesto a recibir y atender en el exilio a una treintena de niños (de ambos sexos) euskaldunes procedentes de dicha evacuación.*

Así en el verano de 1937, organicé la Colonia infantil "LURDES EUZKO-AUR-ETXEA" en Jatxou (Bajos Pirineos) que usted conoce y en la que he acogido 34 niños..." (AHE, Id. 3363773: 16-IV-1939).

El espíritu con el que creó esta colonia se refleja en otra carta que Manuel de Inchausti remitió también a Jesús Mª Leizaola, un par de días después de ponerla en funcionamiento: *"El ideal sería lograr la formación de colonias en el País Vasco francés, en donde los niños podrían quedar atendidos admirablemente con sus profesores y capellanes. Con esta idea logré locales suficientes para alojar a dos mil niños. Hay que acondicionar estos locales, pero de los gastos de acondicionamiento no tendrían Vds. que preocuparse. Pero sí de la subsistencia de los niños, que deberían venir con sus equipos de camas, ropas y servicios de comedor. Y este es el problema, pues el gobierno francés no subvenciona las colonias que se establezcan en la zona de los Bajos Pirineos. De todos modos, se está trabajando para evitar este obstáculo.*

tragediaren aurrean. Baina eredu gisa balio dezan egin dut, beste kolonia batzuk sortzeko moduan dauden beste partikular edo erakunde batzuen ekimena bultzatzeko asmoz. Argi dago bide egokiena koloniak muntatu ahal izateko baliabide nahikoak izatea litzatekeela, inoren laguntzarik gabe, hau da, inolako elementu ofizialen laguntzarik gabe, independentzia osoz" (EAH, Id. 3363773: 1937-VI-9).

Horretarako, munduko hainbat lekutako, baina, batez ere, Estatu Batuetako, Hego Amerikako, Filipinetako eta Europako hainbat herrialdetako katolikoen artean kanpaina bat egitea proposatu zuen, *"garai hauetan euskaldun herria bizitzen ari den tragediaren"* berri emateko. Helburua koloniak finantzatzeko dirua biltzea izango litzateke, *"munduan zehar sakabanatuta dauden eliza guztietako igande bateko mezetan"*. Eta sentsibilizazio-kanpaina horretan parte hartuko luketen pertsona batzuk proposatu zituen.

Ya sabrá Vd. cómo yo he montado una colonia "miniatura" por el número de acogidos, ridículo si se quiere ante la tragedia que tenemos a la vista. Pero yo lo he hecho más bien con la idea de que sirva de modelo y para despertar la iniciativa de otros particulares o entidades que estén en condición de poder montar otras colonias. Pero está visto que lo único práctico sería el contar con medios suficientes para poder montar las colonias, sin ayuda de nadie, quiero decir sin ayuda de ningún elemento oficial, con absoluta independencia" (AHE, Id. 3363773: 9-VI-1937).

Para ello propone realizar una campaña entre los católicos de diversas partes del mundo, pero sobre todo de Estados Unidos, América del Sur, Filipinas y varios países de Europa informando sobre *"la tragedia que estos días está viviendo el pueblo euskaldun"*. El objetivo sería recaudar dinero para financiar las colonias *"en las misas de un domingo en todas las iglesias esparcidas por el mundo"*. Y propone una serie de personas que participarían en esa campaña de sensibilización.

Jatsuko Lurdes Euzko Aur-Etxea koloniako sarrera (MYA).

Puerta de entrada a la colonia Lurdes Eusko-Aur Etxea de Jatsu (AMY).

DENISENIA (DENIS-ENEA) ERAIKINA: EGOERA ETA BALDINTZAK

Lurdes Euzko Aur-Etxea kolonia Lapurdiko Jatsu herrian zegoen, Uztaritzetik hiru bat kilometrora eta Baionatik hamabost batera.

Ricardo Leizaola lanean aritu zen kolonian, eta honela deskribatzen du Jatsu udalerriaren kokapena: *"Kantauriko lainoetaraino erabat irekita dagoen zerumugaren erdian, eta, hegoaldean, Larhun, Ibanteli, Baigura, Urtsuia… eta Pirinioetako beste mendi puska batzuek ebakia; belardiak, artasoroak, hariztiak eta sastraka; hortxe dago kokatuta Jatxou"* (MYA, lekukotasuna: Antonio de Ynchausti).

EL EDIFICIO DENISENIA (DENIS-ENEA): SU SITUACIÓN Y CONDICIONES

La colonia Lurdes Euzko Aur-Etxea estaba ubicada en la localidad labortana de Jatsu, que dista unos tres kilómetros de Uztaritze, y unos quince de Baiona.

Ricardo Leizaola, uno de los miembros del personal empleado en la colonia, describe de esta forma la ubicación del municipio de Jatsu: *"En el centro de un horizonte completamente abierto al norte hasta las brumas del Cantábrico y cortándose al sur en las moles pirenaicas del Larrun, de Ibantelli, de Baigura, de Urtsuia…; rodeada de prados, maizales, robles y jaros se encuentra Jatxou"* (AMY, testimonio: Antonio de Ynchausti).

Jatsu, 1938ko urtarrilean (MYA). / Jatsu. Enero de 1938 (AMY).

Kolonia hura eredugarria zen, hainbat arrazoigatik, eraikinaren egoeragatik eta barrualdearen ezaugarriengatik, besteak beste. *Informe de la Oficina del Censo y Estadística de Expatriados de Euzkadi en Bayona* txostenean (SAF, DP-388-5), 1938ko otsailaren 14an idatzitakoan, honela deskribatzen da eraikina: *"Herriko tokirik pintoreskoenean kokatutako eraikin hau lursail zabalek inguratzen dute, eta, berorietan, barazkiak landatzen dira, koloniaren euskarri.*

Bi solairu ditu eraikinak: behekoan, askotariko zerbitzuak daude, hala nola sukaldea, biltegiak, komunak, eskolako aretoa agertokiarekin, musikako gela, haurrentzako jantokia eta andereñoena, aparte. Solairu horretan bertan, eraikinari atxikita, beste eraikin estali bat dago, jolastorduetarako.

Lehen solairuan, haurren logelak, laguntzaileenak eta jostundegi gisa erabiltzen den gela daude."

Ynchaustik Denisenia (Denis-Enea) izena zuen etxetzarra —*chateau*— eta ukuilu eta aletegitarako eraikina herriko alkateari alokatu zizkion (Larronde, 1998: 89). Ukuilu eta aletegi moduan erabiltzen zen eraikina egokitu egin zuen, kolonia gisa erabiltzeko.

La colonia era ejemplar por muchos conceptos y también por la situación del edificio y sus condiciones interiores. En el *Informe de la Oficina del Censo y Estadística de Expatriados de Euzkadi en Bayona* (FSA, DP-388-5) escrito el 14 de febrero de 1938, se hace la siguiente descripción del edificio: *"El edificio enclavado en el lugar más pintoresco del pueblo, se halla rodeado de grandes terrenos donde se cultivan las verduras para el sostenimiento de la colonia.*

Consta de dos plantas, en la baja están instalados los servicios de cocina, almacenes, servicios sanitarios, salón de escuela con escenario, saloncito de música, amplio comedor para los niños e independiente de las señoritas. En esta misma planta y adosado al edificio existe un cuerpo cubierto destinado a recreos.

El piso primero es destinado a dormitorio de niños, niñas, personal auxiliar y cuarto de costura".

Este edificio, una casona —*chateau*— denominada Denisenia (Denis-Enea), no era propiedad de Ynchausti, sino que lo arrendó al alcalde del pueblo (Larronde, 1998: 89). Alquiló tanto la casa como el edificio destinado establos y granero, que lo acondicionó para que fuera utilizado como colonia.

Denisenia (Denis-Enea), Lourdes Euzko Aur-Etxea hartu zuen eraikina (EKE).
Denisenia (Denis-Enea), el edifico que albergó la colonia Lourdes Euzko Aur-Etxea (ICB).

1937ko maiatzaren 17an Azkainetik bidalitako gutun batean, Maritxu Barriolak Manuel de Ynchaustiri adierazi zion haurren babesleku bat zuzendu behar zuela jakin zuela: *"haur euskaldunentzako aterpe bat zuzentzekoa zara Saran (sic)"*; haren zerbitzura jarri zen gutunean, (...)*"niretzat egokia izan daitekeen posturik baduzu ere. Jarduna naiz, erizain titulu ofiziala dut, eta zuzen hitz egin eta idazten dut euskaraz, gaztelaniaz eta frantsesez"* (EAH, Id. 3364644: 1937-V-17).

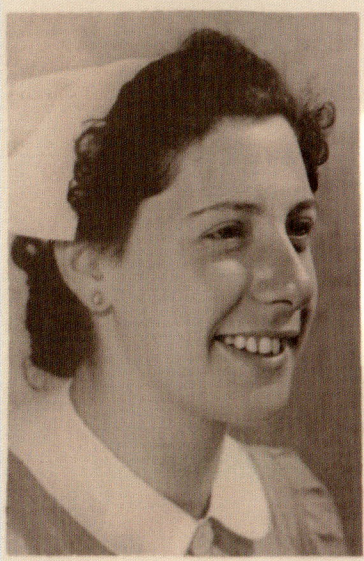
Maritxu Barriola (MYA / AMY).

Onartu egin zioten eskaera, eta Maritxu Barriolak parte hartu zuen hasieratik kolonia antolatzen. Antonio de Ynchaustik —Manuelen semeak— jaso zituen *Deia* egunkariari 1979. urtean Maritxu Barriolak egindako adierazpenak: *"hasierako eraikina berritu behar izan zen, ez baitzeukan urik ere. Eta* azpimarratzen du *"zenbat lagundu zioten aitak, Ricardo Leizaola jaunak eta Pablo Zabalo arkitektoak"* (MYA, lekukotasuna: Antonio de Ynchausti).

Pierre Dumas kazetariak, euskal kausaren jarraitzaile leialak, honela deskribatu zuen kolonia: *"Jo dezagun orain Behe Pirinioetara, Yatsouko lurretan hirurogeiren bat (sic) haur hartu eta adoptatu dituen euskaldun amerikar baten karitate hunkigarriren berri izateko.*

Eredugarria da… eta udako oporretan udalekuak antolatzen dituen gure erakundea hona etortzea nahi nuke, hemen zenbait euskaldunek ukuilu eta aletegi bateko lau hormatzarren artean erbesteratuentzat aterpe goxo bat nola sortu duten ikus dezaten. O! Euskadiko emakumeen trebetasun miresgarria. Han ari dira Bilboko hiru alaba indartsu eta osasuntsu, hirurogei amaren lekua betez, ukuilu bat bainugela distiratsu bihurtuz, aletegi bat (hara igotzeko eskailera ikustekoa da) logela, eta kotxeetarako estalpe bat ikasgela.

En una carta enviada el 17 de mayo de 1937 desde Azkaine, Maritxu Barriola, le comenta a Manuel de Ynchausti que se ha enterado de que *"va a llevar la dirección de un refugio de niños euskaldunes en Sara (sic)"*, le ofrece sus servicios *"por si pudiera haber alguna colocación para mí. Tengo práctica y mi título oficial de enfermera y hablo y escribo correctamente en euskara castellano y francés"* (AHE, Id. 3364644: 17-V-1937).

La solicitud fue aceptada y Maritxu Barriola participó desde un principio en la organización de la colonia. Antonio Ynchausti —hijo de Manuel— se hace eco de unas declaraciones de Maritxu Barriola realizadas al diario *Deia* en el año 1979, comentando que *"hubo que reformar el edificio primitivo que ni siquiera tenía agua"*. Y destaca *"cuánto les ayudaron tanto Aita como Don Ricardo Leizaola y el arquitecto Pablo Zabalo"* (AMY, testimonio: Antonio de Ynchausti).

El periodista Pierre Dumas —incondicional partidario de la causa vasca— realiza la siguiente descripción de la colonia: *"Pasemos ahora a los Bajos Pirineos para ver la conmovedora caridad de un vasco americano que ha reconocido y adoptado, en una propiedad de Yatsou, a unos sesenta niños (sic).*

Es modélico… y quisiera que nuestra organización de colonias de vacaciones vinieran a ver cómo aquí unos vascos han creado entre los cuatro muros de un establo y de un granero un asilo acogedor para exiliados. Oh! La admirable habilidad de las mujeres de Euskadi. Allí están tres vigorosas y saludables hijas de Bilbao que, sencillamente, sustituyen a sesenta mamás, transformando un establo en lavabos relucientes, convirtiendo un granero (la escalera para subir allí es un poema) en dormitorio… y un cobertizo para coches en aula.

Ez da ezer albora uzten, ez hezkuntzari eta instrukzioari dagokienez eta ez lanbide-prestakuntzari dagokionez ere. Auzoko etxe batean, sotoan, heliograbatu, argazkigintza eta inprimaketa tipografikoko oinarri-oinarrizko lantegi bat ezarri da, eta, bien bitartean, marrazketa eta pintura ikasten dute neskek.

Horrelaxe bizi dira Yatsoun zenbait dozena haur euskaldun; hiru "ama" nekaezinek babesten dituzte, eta dirudun aita batek, Manuel Intxaustik, elikatzen eta janzten ditu, eta bere seme-alabak balira bezala maite ditu (herri honen eskuzabaltasuna ez da hitz hutsala)" (Dumas 1939: 57).

Manuel de Ynchaustik berak egina da kolonietarako araudia, eta hauxe jasotzen da sarreran: " *'Lurdes Ezko Aur-Etxea' kolonia, Jatxoun 1937ko maiatzean ezarria"*. Beraz, esan daiteke 1937ko maiatz amaierarako haurrak hartzeko prest zeukatela eraikina.

Lurdes Euzko Aur-Etxea izendapenak *"gure aitak Lourdeseko Ama Birjinari zion debozio handia adierazten du, eta debozio horri eutsi zion azken arnasara arte"* (MYA, lekukotasuna: Antonio de Ynchausti).

Eusko Jaurlaritzako Gizarte Laguntza Sailak landutako *Relación del número y situación de refugiados Vascos en Francia y otros Países y estudio comparativo. París-Marzo-1938* dokumentuan (EAH, Id. 3446188), honako deskribapena jaso da Jatsuko koloniaz:

Nada se descuida, tanto en lo referente a la educación e instrucción como a la formación profesional. En el sótano de una casa vecina, se ha instalado un rudimentario taller de heliograbado, fotografía y de imprenta tipográfica, mientras que las chicas aprenden dibujo y pintura.

Así viven en Yatsou varias docenas de pequeños vascos a los que tres "madres" protegen incansablemente y a los que un padre adinerado, el señor Manuel Intxausti, alimenta, viste y quiere como si fueran sus propios hijos (la generosidad de este pueblo no es una palabra vacía)" (Dumas 1939: 57).

En la introducción del reglamento de la colonia elaborado por el propio Manuel de Ynchausti se dice *"la Colonia Lurdes Ezko Aur-Etxea establecida en Jatxou en mayo de 1937"*. Por lo tanto, se puede deducir que para finales de mayo de 1937 el edificio estaba preparado para acoger a los niños.

La denominación Lurdes Euzko Aur-Etxea *"reflejaba fielmente la gran devoción que tenía nuestro padre a Nuestra Señora de Lourdes, devoción que conservó hasta su último suspiro"* (AMY, testimonio: Antonio de Ynchausti).

En el documento elaborado por el Departamento de Asistencia Social del Gobierno vasco, titulado *Relación del número y situación de refugiados Vascos en Francia y otros Países y estudio comparativo. París-Marzo-1938* (AHE, Id. 3446188), se hace la siguiente descripción de la colonia de Jatsu:

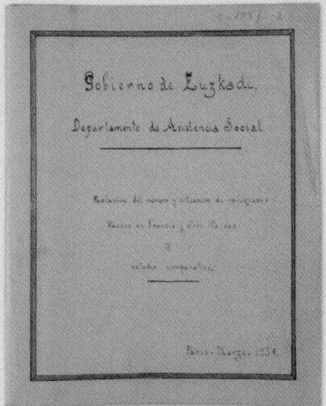

Kolonia edo herria / Colonia o pueblo: **Jatxou (BP)**

Zenbakia / Número: **34**

Sustatzailea / Sostenida por: **Inchausti jauna / Sr. Inchausti.**

Langileak / Personal empleado: **Juliana Aguirre, Concepción Barriola, Eulogia Eresuma, Isidro Inchausti, Guadalupe Urquiola.**

Ikuskapenak (1937ko abendua): bi solairuko eraikina, loategi handiarekin, inprimategia, lantegiak, ikasgelak, etab.

Inspecciones (diciembre 1937): edificio de dos plantas con gran jardín, imprenta, talleres, clases, etc.

Telleri eraikinera aldatzeko proiektua

Kolonia ezarri zen Denisenia eraikina alokatua bazen ere, Manuel de Ynchaustik beste bat erosi zuen handik gertu, Telleri izenekoa, nahiz eta aurri-egoeran zegoen. Hura egokitzea pentsatu zuen, haurren bizi-baldintzak hobetzeko xedez; baina, lehenago, Lurdes Euzko Aur-Etxean lanean ari zirenekin kontsultatu zuen, eta proiektua aurkeztu zien: *"Gaur erantzun diogu on Manueli, etxez aldatzeko proiektuari buruzko gure iritzia helaraziz"* (EAH, Id. 3365011: 1938-IX-3). *"Tellerin kokatzeko on Manuelek bidali digun proiektua aztertzen eman dugu gaurko egunaren zatirik handiena helduok"* (EAH, Id. 3365011: 1938-IX-12).

Proyecto de traslado al edificio Telleri

Si el edificio Denisenia donde se estableció la colonia estaba alquilado, Manuel de Ynchausti sí compró otro próximo denominado Telleri, que se encontraba en situación de ruina. Pensó rehabilitarlo, con el objeto de mejorar las condiciones de vida de los niños; pero previamente consultó y presentó el proyecto al personal empleado en Lurdes Euzko Aur-Etxea: *"Hoy hemos contestado a D. Manuel enviándole nuestra opinión sobre el proyecto de cambio de casa"* (AHE, Id. 3365011: 3-IX-1938). *"Las personas mayores hemos dedicado la mayor parte del día a estudiar el proyecto que nos ha enviado D. Manuel para instalarnos en Telleri"* (AHE, Id. 3365011: 12-IX-38).

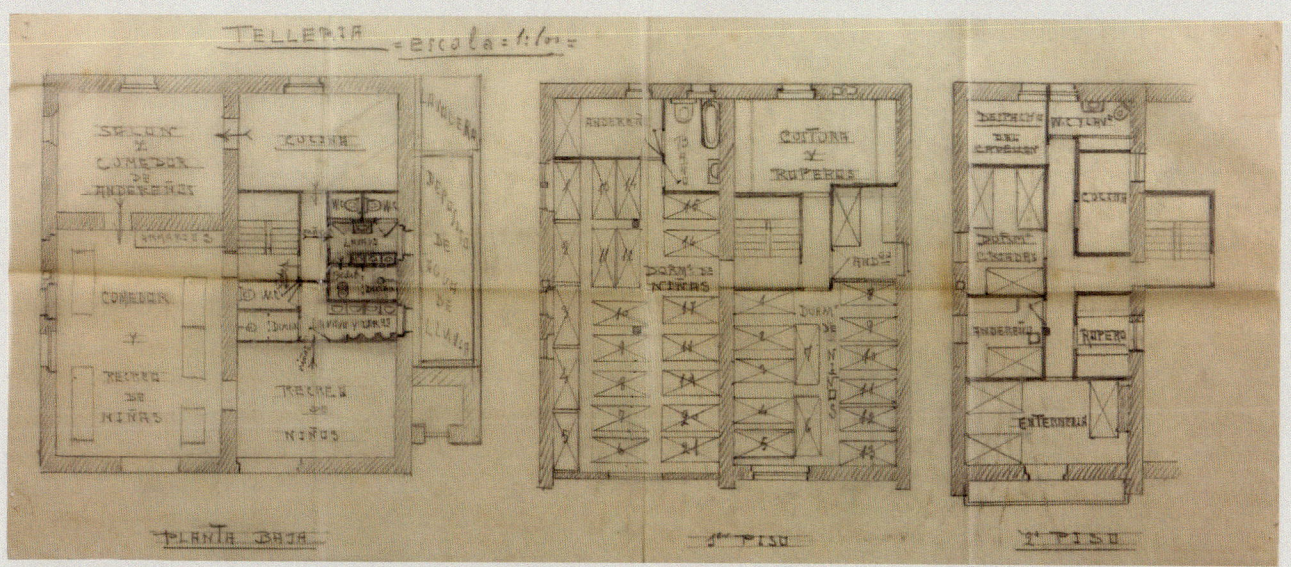

Telleriko instalazioen proiektuaren planoa, Adrián de Lasquibarrek Manuel de Ynchaustiri bidalia (EAH, Id. 3363657: 1938-IX-21).

Plano del proyecto de las instalaciones de Telleri enviado por Adrián de Lasquibar a Manuel de Ynchausti (AHE, Id. 3363657: 21-IX-1938).

Lekualdaketaren zain zeuden bitartean, zeuden eraikinean beharrezkoak ziren obrak egin zituzten langileek: *"Etxe berria on Manuelek eta guztiok nahi izango genukeen bezala oraindik prestatu ezin digutenez, erabaki dugu gaur egungo honetan ezinbestekoenak diren konponketak egingo ditugula"* (EAH, Id. 3365011: 1938-XI-22). Behin eta berriz bisitatzen zuen Ynchaustik Telleri; esate baterako, 1938ko abenduaren 30ean: *"(...) Tellerira joan da, hura ondo*

Mientras esperaban el traslado, el personal realizaba las obras necesarias en el edificio que ocupaban: *"Como todavía no nos pueden preparar como sería deseo tanto de D. Manuel como de todos, la nueva casa, hemos decidido hacer en la actual los arreglos más indispensables"* (AHE, Id. 3365011: 22-XI-38). Ynchausti realizaba continuas visitas a Telleri; por ejemplo, el 30 de diciembre de 1938: *"(...) ha pasado a Telleri para ver la manera de poner aquello en condiciones de poder*

jartzeko zer aukera dauden ikusteko eta, hala, ahalik eta azkarren joan gaitezen hara" (EAH, Id. 3365011: 1938-XII-30). Ez ziren inoiz etxe hartara aldatu, etxea berritu aurretik hasi baitziren haurrak aberriratzen.

1940ko martxo amaieran, egokitze-lanak amaitu ondoren, Ricardo Leizaola, haren ama, haren emaztea eta seme-alabak Denisenia etxetik Telleri etxera joan ziren: 1940ko martxoan, hauxe adierazi zion Ricardok Manuel de Ynchaustiri: *"Tellerin, gure bizimodua askoz ere goxoagoa da Denisenian baino, negu partean batez ere"* (EAH, Id. 3363776: 1940-III-27).

Apiril amaieran, Ricardo Leizaola Venezuelara abiatu zen itsasontziz, familia Jatsun utzita.

FINANTZAKETA

Lurdes Euzko Aur-Etxeari Manuel de Ynchaustik eutsi zion, eta hark finantzatu zuen. Ynchaustik berak honako kalkulu hauek egin zituen, esaterako, 1938an koloniari eusteko erabilitako diruari zegokionez: *"Mantenu-gastuak eta kolonia hornitzekoak, langileen soldatak kontuan hartu gabe, 111.547,30 libera izan dira 1938an, hau da, 10.000 libera hileko batez beste, gehi 2.450 libera langileen atalean, eta guztira, beraz, 12.450 libera hileko"* (EAH, Id. 3365011). Esan daiteke 12.500 libera bideratzen zituela batez beste hilean koloniari eusteko gastuetara.

Hileko batez besteko gastuen zenbateko hori handiagoa izaten zen zenbait hilabetetan, hala adierazi zion, behintzat, Manuelek Gelasio Aramburu zuzendariari: *"egiaz handitu egin dira hilabete honetan koloniaren gastuak, langileen gastu eta guzti 15.000 liberatik gorakoak izan baitira. Hau da, beste hilabete batzuetan baino BOST MILA LIBERA inguru gehiago"* (EAH, Id. 3363773: 1938-VIII-19).

Gelasiori gastuak kontrolatzeko eskatu arren, ez zuen nahi horrek haurren ongizatean eraginik izaterik: *"Koloniaren gastuak murriztuari dagokionez, zuk kontuan izatea nahi nuke nire nahia ez dela elikadura gaietan aurrezten saiatzea, eta are horretan hobetzen*

trasladarnos lo antes posible" (AHE, Id. 3365011: 30-XII-1938). El traslado no se hizo realidad, ya que antes de rehabilitar la casa comenzaron las repatriaciones.

A finales del mes de marzo de 1940, una vez acabadas las obras de acondicionamiento, Ricardo Leizaola, su madre, su mujer y sus hijos se trasladaron de Denisenia a Telleri: En marzo de 1940, Ricardo le comunica a Manuel de Ynchausti que *"nuestra vida en Telleri es muchísimo más agradable que en Denisenia, especialmente la parte del invierno"* (AHE, Id. 3363776: 27-III-1940).

A finales de abril Ricardo Leizaola embarca hacia Venezuela, dejando a su familia en Jatsu.

LA FINANCIACIÓN

Lurdes Euzko Aur-Etxea estaba sostenida y financiada por Manuel de Ynchausti. El propio Ynchausti hace los siguientes cálculos del dinero empleado en el mantenimiento de la colonia en el año 1938: *"Los gastos de manutención y sostenimiento de la colonia, sin contar los sueldos del personal durante el año 1938, han sumado 111.547,30 francos o sea un promedio de 10.000 francos mensuales, más 2.450 francos del personal, para hacer un total de 12.450 francos al mes"* (AHE, Id. 3365011). Por lo tanto, se podría decir que, de media, al mes dedicaba unos 12.500 francos al mantenimiento de la colonia.

Esta media de gastos mensuales se veía superada en algún que otro mes, como se lo comunica Manuel al director Gelasio Aramburu: *"verdaderamente que han subido los gastos de la Colonia este mes, pues con personal y todo pasan de los 15.000 francos. O sea, unos CINCO MIL FRANCOS más que otros meses"* (AHE, Id. 3363773: 19-VIII-1938).

Aunque le pide a Gelasio un control de los gastos, no quiere que ello repercuta en el bienestar de los niños: *"Respecto a lo de frenar los gastos de la Colonia, quiero que tenga usted presente que mi deseo es que no se haga ninguna economía en cuestión de alimentación, que vería con agrado que incluso*

bada ere gustura nintzateke, gaueko menuari dagokionez batez ere" (AHE, Id. 3363773: 1938-VIII-31).

Zuzendariak, koloniaren egunez egunekoaren berri emateaz gain, hileko gastuak ere jakinarazten zizkion, eta Manuel de Ynchaustik hilabete bakoitzeko zenbatekoa ordaintzen zuen, 10.000 liberatik 15.000 liberara bitartekoa normalean, aparteko gasturik baden edo ez aintzat hartuta.

Hileko gastuei koloniako haurrak hartu zituzten eraikina egokitzeko egindako inbertsioa gehitu beharko litzaieke.

Manuel de Ynchaustiren lagun ziren inguruko familia batzuek elikagaiak ematen zizuzten koloniarekin lankidetzan jarduteko xedez; eta Hirigoyen familia zen horietako bat: *"Gaur, Hirigoyen jaun-andreek arrautzak bidali dituzte gaixoarentzat, eta baita zaku bete irin ere"* (EAH, Id. 3365011: 1938-I-19). *"(…) Gaur arratsaldean, Hirigoyen jaun-andreek zaku bete irin eta zortzi dozena arrautza bidali dituzte San Jose eguneako deserta egiteko. Eskertzekoa da jaun-andre horiek gurekin duten arreta* (EAH, Id. 3365011: 1939-III-17).

se mejore, sobre todo en el menú de la noche" (AHE, Id. 3363773: 31-VIII-1938).

El Director, Gelasio Aramburu, además del día a día de la colonia le informa de los gastos mensuales, y Manuel de Ynchausti hace efectiva la cantidad correspondiente a cada mes, que normalmente ronda entre 10.000 y 15.000 francos, dependiendo de que haya algún gasto extraordinario.

A los gastos mensuales habría que añadir, la inversión realizada para acondicionar el edificio que albergó a los niños y niñas de la colonia.

Algunas familias del entorno, amigas de Manuel de Ynchausti donaban alimentos para colaborar con la colonia; un ejemplo de esta práctica era la familia Hirigoyen: *"Hoy los Sres. de Hirigoyen han mandado huevos para el enfermito y un saco de harina"* (AHE, Id. 3365011: 19-I-1938). *"(…) Esta tarde los Sres. de Hirigoyen han enviado de regalo un saco de harina y ocho docenas de huevos, para hacer un postre el día de San José. Es de agradecer las atenciones que con nosotros tienen estos señores* (AHE, Id. 3365011: 17-III-1939).

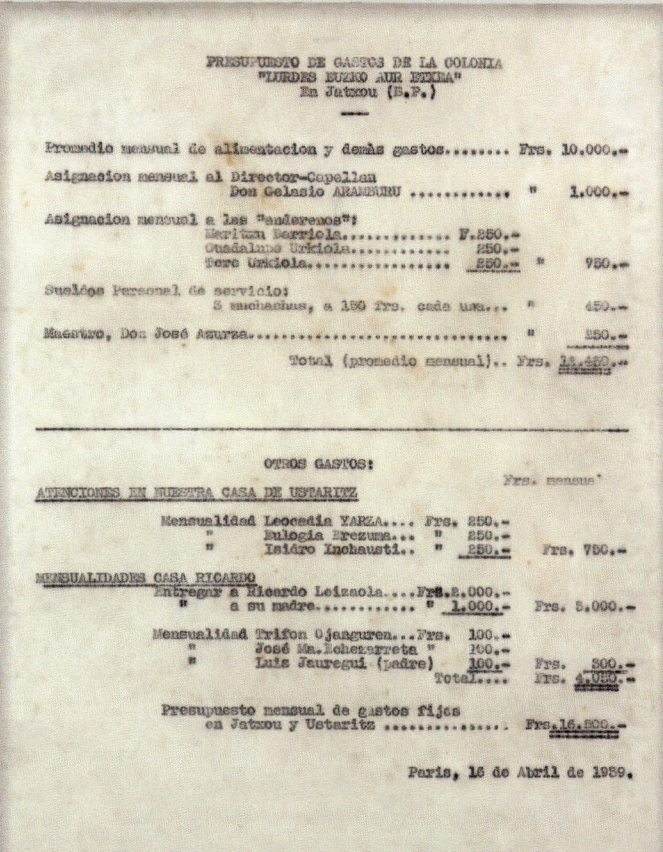

Lurdes Euzko Aur-Etxea koloniaren hileko gastuen kalkulua (EAH, Id. 3363773: 1939-IV-16).

Cálculo de los gastos mensuales de la colonia Lurdes Euzko Aur-Etxea (AHE, Id. 3363773: 16-IV-1939).

HAURRAK, ETA JATSURA IRITSI ZIRENEKOA

Lurdes Euzko Aur-Etxean, sei urtetik hamahirura bitarteko 34 neska-mutil artatu ziren, 21 neska eta 13 mutil. 11 gipuzkoarrak ziren, eta 23 bizkaitarrak.

Ebakuatutako pertsonen zerrenda ofizialetan, ez da Jatsuko koloniara eraman ziren 34 haur horien izenik aurkitu, ez eta Iñaki Egañak zuzendutako *1936: La guerra civil en Euskal Herria* laneko VIII. liburukian ageri den zerrendan ere, azken liburuki horretan, zehazki, soldadu frankistak Bilbon sartu aurreko asteetan Bizkaitik ebakuatu zituzten 21.572 haurren izenak ageri arren; ez da ageri haien izenik, ezta ere, Alonso Caballésen *1937. Los niños evacuados a Francia y Bélgica* liburuan, Frantzian eta Belgikan babestu ziren 15.000 haur iheslari baino gehiagoren zerrendan.

1937ko ekainaren 5eko *Euzkadi* egunkarian, Euzko Alderdi Jeltzaleak 30 haurren familiei dei egin zien, Euzko Laguntza erakundearen bulegoetara azaldu zitezen (Bilboko Kale Nagusiko 41. zenbakiko 2.ean zuen egoitza): urtebete eta hamar hilabetez Jatsun egon ziren 34 haurretatik 30 ziren.

1937ko ekainaren 6ko goizaldean abiatu ziren Santurtziko portutik, *Habana* transatlantikoan, eta ekainaren 7an iritsi ziren La Pallice portura. *Foxbount*

LOS NIÑOS Y SU LLEGADA A JATSU

Lurdes Euzko Aur-Etxea atendió a 34 niños de ambos sexos —21 niñas y 13 niños—, con edades comprendidas entre los seis y los trece años. 11 eran guipuzcoanos y 23 vizcaínos.

En los listados oficiales de evacuados no se han encontrado los nombres de los 34 niños de la colonia de Jatsu; ni en el listado que se recoge en el tomo VIII de la obra *1936: La guerra civil en Euskal Herria* dirigida por Iñaki Egaña, donde aparecen los nombres de 21.572 niños y niñas evacuados desde Bizkaia en las semanas precedentes a la entrada de las tropas franquistas en Bilbao; tampoco en el listado de más de 15.000 niños refugiados en Francia y Bélgica incluido en el libro de Alonso Carballés titulado *1937. Los niños evacuados a Francia y Bélgica*.

En el diario *Euzkadi* del día 5 de junio de 1937 el Partido Nacionalista Vasco hace un llamamiento a las familias de 30 niños para presentarse en las oficinas de Euzko Laguntza, sitas en Gran Vía 41, 2º: son 30 de los 34 niños que permanecerán en Jatsu durante un año y diez meses.

Partieron del puerto de Santurtzi la madrugada del 6 de junio de 1937 en el trasatlántico *Habana* y arribaron al puerto de La Pallice el día 7. El barco, escoltado por el torpedero inglés *Foxbount*,

Euzkadi egunkaria, 1937ko ekainaren 5ekoa; besteak beste, Jatsura bidaiatuko duten 30 haurren familiei dei egiten zaie.

Diario *Euzkadi* del 5 de junio de 1937, donde, entre otros, se hace un llamamiento a las familias de 30 niños que viajarán a Jatsu.

torpedo-ontzi ingelesak eskoltatutako itsasontzi hark 4.202 iheslari inguru zeramatzan, eta hainbat departamendu eta herritan banatu ziren guztiak (Arrien 2018: 79).

Jatsura zihoazen 30 umeak elkarrekin joan ziren dirudienez Manuel de Ynchaustik erreserbatu zuen kamarote batean. Gogoan zuen Karmele Lopateguik zeharkaldia: *"hotz egiten zuen, negar egiten genuen batzuek, zorabiatuta zihoazen beste batzuk…"*. Iritsi zirenean, osasun-azterketa egin zieten, txertoak jarri zizkieten, eta jaten eman zieten. Isabel Urquiola andereñoa eta Iñaki Azpiazu apaiza zain zituzten han, haurren ardura bi lagun horiek hartu baitzuten orduan. Edurne Eguinok, 6 urteko neba Iñakirekin bidaiatu zuenak, gogoan du honako hau: *"iritsi ginenean, txertoak jarri zizkiguten; gero, jatetxe batera eraman gintuzten, eta patea eman ziguten. Orduan dastatu nuen lehen aldiz patea. Bai ederra!"* (MYA, lekukotasuna: Edurne Eguino). Karmele Lopateguik esan zuen, gainera, hauek ere eman zizkietela: *"ogi zuria, eta baso handi bat esnez beteta"* (EKE, lekukotasuna: Karmele Lopategui).

transportaba a unos 4.202 refugiados, que fueron distribuidos por diversos departamentos y poblaciones (Arrien 2018: 79).

Los 30 niños con destino a Jatsu viajaron juntos en un camarote, que, según parece, había reservado Manuel de Ynchausti. Karmele Lopategui recordaba que durante la travesía *"hacía frío, algunos llorábamos, otros se mareaban…"*. A la llegada les hicieron un reconocimiento médico, fueron vacunados y les dieron de comer. Allí les esperaba la andereño Isabel Urquiola y el sacerdote Iñaki Azpiazu, que se hicieron cargo de ellos y, como manifestaba Edurne Eguino —viajó junto con su hermano Iñaki de 6 años—, *"al llegar nos administraron las vacunas y después nos llevaron a un restaurante y nos dieron paté. Era la primera vez que probaba el paté. ¡Qué bueno estaba!"* (AMY, testimonio: Edurne Eguino). Karmele Lopategui añade que además de paté les dieron *"pan blanco y un vaso grande de leche"* (ICB, testimonio: Karmele Lopategui).

Habana baporearen espedizioa, 1937ko ekainaren 6an egina (Alonso Carballés 1993: 116).
Expedición del vapor *Habana* llevada a cabo el 6 de junio de 1937 (Alonso Carballés 1993: 116).

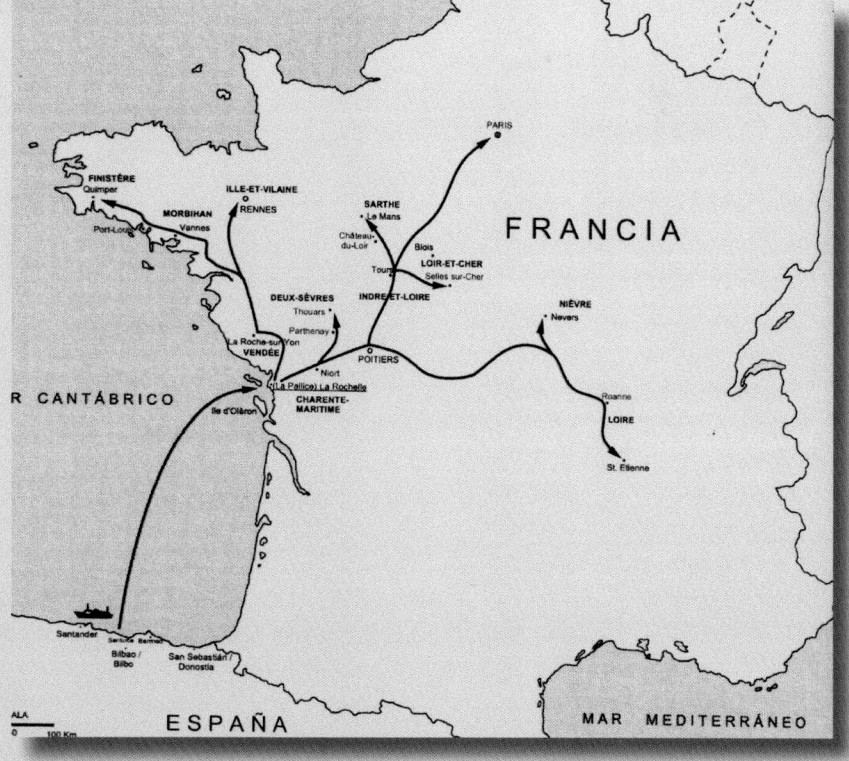

Indarrak berritu ondoren, Jatsuko koloniara eraman zituzten autobusez. Han, Maritxu Barriola andereñoak eta sukaldeko hiru arduradunek, Juli Aguirrek, Nati Bengoecheak eta Julene Echebarriak, egin zieten harrera. *"Iluntasuna zen nagusi etxean. Ez zeukan argindarrik artean, eta kandelen argia baino ez zegoen. Maritxu andereñoak tankera tristea hartuko zigun, nekatuta eta atsekabetuta baikentozen, eta gu animatzen saiatu zen"* (EKE, lekukotasuna: Karmele Lopategui). Afaria eman zieten; Dolores Olondok hauxe ekarri zuen gogora: *"uste ez bagenuen ere bapo afaldu ondoren, ogi zati batzuk bildu nituen, hurrengo egunerako gordetzeko asmoz, eta Maritxu andereñoak esan zidan ez nuela halakorik egin beharrik"* (MYA, lekukotasuna: Dolores Olondo).

Afaldu ondoren, zenbaki bat eman zioten bakoitzari, eta logelara igo ziren; haurrei esleitutako zenbakiak zituzten oheek. Bi gunetan zegoen bereizita logela: alde batean, neskak zeuden, eta bestean, berriz, mutilak, eta bien artean zegoen Maritxu andereñoaren gela.

Horrela oroitu da etxe hartara sartu zeneko uneaz Andoni Lecumberri: *"ilunsentian iritsi ginen, ez zegoen argirik; ondo geunden, baina zer gertatuko ote zitzaigun generabilen buruan. Logelara eraman gintuzten, oheak prest baitzeuden ordurako, eta lotara"* (MYA, lekukotasuna: Andoni Lecumberri).

Luisa Juanbeltzek gogoan du hasierako egunetan negar egiten zutela haur txikienek, beren gurasoen falta sumatuta; baina laster ohitu ziren bizimodu berrira, euren behar material guztiak aseta zituzten, eta zaintzaileek haien gurasoak balira bezala zaintzen zituzten (Elkarrizketa: Luisa Juanbeltz. Donostia, 2025-II-15).

Koloniako logela (EKE)
El dormitorio de la colonia (ICB).

Tras reponer fuerzas, les trasladaron en autobús a la colonia de Jatsu. Fueron recibidos por la andereño Maritxu Barriola y las tres encargadas de la cocina, Juli Aguirre, Nati Bengoechea y Julene Echebarria. *"En la casa reinaba la oscuridad. Todavía no tenía luz eléctrica, la única luz era la de las velas. A andereño Maritxu le causamos una triste impresión, ya que veníamos cansados y afligidos, e intentó animarnos"* (ICB, testimonio: Karmele Lopategui). Les dieron de cenar; Dolores Olondo comentaba que *"después de la cena, inesperadamente abundante, recogí unos trozos de pan con la intención de reservarlos para el día siguiente, por lo que la andereño Maritxu se dirigió a mí y me dijo que no me haría falta"* (AMY, testimonio: Dolores Olondo).

Tras la cena, les adjudicaron un número a cada uno y subieron al dormitorio, donde estaban las camas numeradas con el mismo número dado a cada niño. El dormitorio estaba dividido en dos partes separadas: las chicas en una parte, los chicos en otra, y en medio, la habitación de andereño Maritxu.

Andoni Lecumberri evoca su llegada de esta forma: *"llegamos anocheciendo, no había luz, estábamos bien, pero pensando qué pasará, pero ya nos llevaron al dormitorio, que ya estaban preparadas las camas y a dormir"* (AMY, testimonio: Andoni Lecumberri).

Luisa Juanbeltz recuerda que los primeros días los niños más pequeños lloraban echando de menos a sus padres, pero pronto se acostumbraron a la nueva vida en la que tenían cubiertas sus necesidades materiales y sus cuidadores les trataban como si fueran sus padres (Entrevista: Luisa Juanbeltz. Donostia-San Sebastián, 15-II-2025).

Horrelaxe pasatu zuten beren lehen gaua Lurdes Euzko Aur-Etxean Santurtziko portuan *Habana* transatlantikoak ontziratu ziren 30 haurrek.

Talde horretan azken sartu ziren beste lau umeak beranduago etorri ziren: Pedro Gallastegui eta hiru neskato, Zudupe ahizpak.

Pedro Gallastegui larriki zauritua izan zen 1936ko apirilaren 26an, abiazio alemanak Munitibarren egindako bonbardaketan; Gernikatik gertu izan zen, hiribildu hura bonbardatu baino ordu batzuk lehentxoago: *"hankak apurtuta neuzkan belaun parean, eta haragia orkatila inguruan bildu zitzaidan, galtzerdiak bezala (…), eta lagunak, egoera zertan zen ikusita, laguntza bila joatea erabaki zuen, eta kamioneta batekin lanean ari ziren bi osasun-langilerekin itzuli zen. Gogoan dut Bilbora bidean batak besteari 'nola doa mutila' galdetzen ziola, eta artean bizi nintzela eta bizkor ibiltzeko erantzuten zuela besteak. San Luis ospitalera eraman ninduten, lehen jaunartzea egina al nintzen galdetu zidaten, eta oliadura eman zidaten"* (PGA, lekukotasuna: Pedro Gallastegui). Bilboko San Luis Gonzaga ospitalean, izterrezurra ebaki zioten; gerora, ekinaren 18an, Balmasedara eraman zuten, eta handik Liérganesera, eta hala dio han gertatuaz: *"ebakuntza-gelara eraman ninduten, eta izterrezur zati handi samarra atera zidaten hankaondotik"* (PGA, lekukotasuna: Pedro Gallastegui). Liérganesen, bisita egin zion Peli Ugaldek: *"arrasatear bat, galdutako haurrak biltzeko agindua jaso zuena Eusko Jaurlaritzaren aldetik"*; Pedro Santandertik Frantziara eramateko lanez arduratu zen gizon hau. Gogoan du

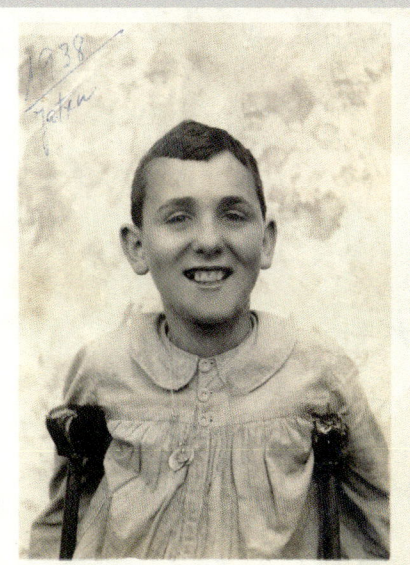

Pedro Gallastegui, makuluekin (PGA).
Pedro Gallastegui apoyado en las muletas (APG).

Peli Ugalde (PGA / APG).

Así fue la primera noche en Lurdes Euzko-Aur-Etxea de los 30 niños que embarcaron en el puerto de Santurtzi en el trasatlántico *Habana.*

Los otros cuatro niños que completarán el grupo llegaron más tarde, fueron Pedro Gallastegui y las tres hermanas Zudupe.

Pedro Gallastegui había sido gravemente herido por el bombardeo de la aviación alemana el día 26 de abril de 1936 en Munitibar, en las cercanías de Gernika —horas antes del bombardeo de la villa foral—: *"tenía lo huesos del pie rotos a la altura de la rodilla y la carne recogida en el tobillo como si fuera un calcetín (…) al ver el compañero el cariz que tenía el ambiente, toma la decisión de ir en busca de ayuda y volvió con dos sanitarios que trabajaban con una camioneta, recuerdo que en el viaje hacia Bilbao se preguntaban, cómo va el chaval y decían que todavía vive, corre. Me llevaron al hospital San Luis, me preguntaron si tenía hecha la primera comunión y me dieron la extremaunción"* (APG, testimonio: Pedro Gallastegui). En el hospital San Luis Gonzaga de Bilbao le amputaron el fémur; posteriormente, el 18 de junio, fue trasladado a Balmaseda, y más tarde a Liérganes, donde *"me llevaron al quirófano y del muñón me sacaron un pedazo bastante grande del hueso fémur"* (APG, testimonio: Pedro Gallastegui). En Liérganes le visitó Peli Ugalde *"un vecino de Mondragón que el Gobierno Vasco le había encomendado la recogida de niños perdidos"* y realizó las gestiones para evacuarle a Francia

Pedrok: *"handik gertuko Bordeleko portura iritsi ginenean, Ana Belén de Inchaustik hartu gintuen (...). Trenez joan ginen Bordeletik Baionara. (...) Baionara, klinikara, iritsi ginenean (...) bi aldiz egin zidaten ebakia, infekzioa jaisteko lehenengo, eta, bigarren aldian, hanka zati handia moztu zidaten berriro, eta izterrezur osoa kendu zidaten ia. (...) Ezin esan dezaket zehazki zer egunetan izan zen ebakuntza, baina badakit astelehena zela, eta egun horretan on José Miguel de Barandiarán etorri zitzaidan bisitan..."* (MYA, lekukotasuna: Pedro Gallastegui). Pedrok makulu batzuekin ibili beharko du.

Zudupe ahizpak ere, Arantzazu, Iziar eta Edurne, beranduago joan ziren koloniara, irailean, haien aitak, Luis Zudupek —Parisko Euskadiko Ordezkaritzan lan egiten zuen— Manuel de Ynchaustiri haiek hartu zitzaten egindako eskariari erantzunez: *"(...) arren eta mesedez, nire bi neskato zaharrenak berorrek abiarazitako aterpe batean hartu ditzan eskatu nahi nioke"* (EAH, Id. 3365366: 1937-IX-03). Azkenean, lehen aipatu ditugun hiru alabak hartu zituzten, eta bazen bereizgarri bat ere: Arantzazuk 16 urte zituen, eta, beraz, kolonietan hartzeko adina (15 urte) igaroa zuen; Iziarrek eta Edurnek, berriz, 13 eta 8 urte zituzten, hurrenez hurren. Barruko fitxetan —1938ko irailaren 11n egin ziren, urtebete geroago—, honako adin hauekin ageri dira izena emanda: Arantzazu, 15 urte; Iziar, 12 urte, eta Edurne, 7 urte (EAH, Id. 3365011: 1938-IX-11).

Jarraian, 1937ko ekainaren 7an Lurdes Euzko Aur-Etxera iritsi ziren 30 haurren izenen zerrenda azaltzen da, koloniako langileek egina (EAH, Id 3365011: 1937-VI-07).

desde Santander. El propio Pedro recuerda que *"cuando llegamos a un puerto cercano de Burdeos, me recogieron Dª Ana Belén de Inchausti (...). De Burdeos a Bayona fuimos en tren (...). Cuando llegamos a Bayona, a la clínica (...) me sajaron dos veces, la primera para bajar la infección y la segunda vez me cortaron bastante el muñón, quitándome casi todo el hueso fémur. (...) No puedo indicar la fecha de esta operación, pero recuerdo que fue un lunes y ese día vino a visitarme Don José Miguel de Barandiarán..."* (AMY, testimonio: Pedro Gallastegui). Pedro tendrá que caminar ayudado de unas muletas.

Las hermanas Zudupe, Arantzazu, Iziar y Edurne, se incorporaron también más tarde, en el mes de septiembre, tras una solicitud de acogida realizada por su padre Luis Zudupe —trabajaba en la Delegación de Euzkadi en París— a Manuel de Ynchausti: *"(...) le ruego, por lo que más quiera, si puede Vd. acogerme a las dos niñas mayores en algún refugio que tiene V. instalado"* (AHE, Id. 3365366: 3-IX-1937). Finalmente fueron acogidas las tres hijas anteriormente citadas, con la particularidad de que Arantzazu tenía 16 años, por lo que sobrepasaba la edad de admisión en las colonias —era de 15 años—, e Iziar y Edurne tenían 13 y 8 años respectivamente. En las fichas internas elaboradas el 11 de septiembre de 1938 —un año más tarde— aparecen inscritas con las siguientes edades: Arantzazu, 15 años; Iziar, 12 y Edurne, 7 años (AHE, Id. 3365011: 11-IX-1938).

A continuación se adjunta el listado —elaborado por el personal de la colonia— de los 30 niños que llegaron a Lurdes Euzko Aur-Etxea el 7 de junio de 1937 (AHE, Id. 3365011:7-VI-1937).

Relación de los niños refugiados en "Lourdes" Euzko Aur-etxea de Jatxu -, llegados el 7 de Junio de 1937 al puerto de La Palice.

1.-	Hranceta	Arregui	J. Luis -	13 años	x	natural de Elgueta
2.-	Arzabalaga	Segaristi	Josu	11 "	x	" " Zumaya
3.-	Arqueta	Agire	Donato	8 "	x	" " Mundaca
4.-	Arqueta	Agire	Antonia	13 "	x	" " "
5.-	Arqueta	Agire	Mª Carmen	10 "	x	" " "
6.-	Arqueta	Agire	Juliana	8 "	x	" " "
7.-	Baranaika	Agire	Maria	10 "	x	" " "
8.-	Egiño	Lizarazu	Iñaki	7 "	x	" " Bilbao
9.-	Egiño	Lizarazu	Edurne	9 "	x	" " "
10.-	Elgezabal	Araluce	Xabier	11 "	x	" " "
11.-	Elgezabal	Araluce	Mª Carmen	13 "	x	" " "
12.-	Goikoetxea	Uriarte	Mikel	12 "	x	" " Jeanuri
13.-	Goikoetxea	Uriarte	Arantzazu	10 "	x	" " "
14.-	Goikoetxea	Uriarte	Elisabete	8 "	x	" " "
15.-	Juanbeltz	Sarasola	Maria	12 "	x	" " Eranderi
16.-	Juanbeltz	Sarasola	Francisco	10 "	x	" " "
17.-	Juanbeltz	Sarasola	Luisa	8 "	x	" " "
18.-	Lekunberri	Cilauren	Eukene	9 "	x	" " Asua
19.-	Lekunberri	Cilauren	Andoni	11 "	x	" " "
20.-	Lopategi	Saugirika	Mª Rosa -	12 "	x	" " Muxica
21.-	Lopategi	Saugirika	Dominica	11 "	x	" " "
22.-	Lopategi	Saugirika	Mª Carmen -	8 "	x	" " "
23.-	Mendibil	Uriarte	Alexander	13 "	x	" " Jeanuri
24.-	Naberan	Garcia	Iñaki	13 "	x	" " Ondaroa
25.-	Naberan	Garcia	Teresa	9 "	x	" " "

sigue en la página siguiente

26.-	Olondo	Uradi	Carmen	11 años	x	natural de Bermeo
27.-	Olondo	Uradi	Dolores	8 "	x	" " "
28.-	Olondo	Uradi	Gregorio	8 "	x	" " "
29.-	Olondo	Uradi	Juan Nño	6 "	x	" " "
30.-	Irueta	Eguren	Mª Pilar	11 "	x	" " Eibar

1937ko ekainaren 7an Lurdes Euzko Aur-Etxera iritsi ziren lehen 30 haurrak (EAH, Id. 3365011).

Los 30 primeros niños que llegaron a Lurdes Euzko Aur-Etxea el 7 de junio de 1937 (AHE, Id. 3365011).

LURDES EUZKO AUR-ETXEAN HARTUTAKO 34 HAURRAK

Ebakuatutako hogeita hamarren bat neska-mutil hartu eta artatzeko eskaini zuen bere burua Manuel de Ynchaustik. Eta, egin zituen eskarien artean, haurrek elkarren artean ahaidetasun-harremanak izatea lehenetsi zuen. Ia erabat bete zen eskakizun hori, hamar kasutan anai-arrebak baitzeuden: lau Arqueta anai-arreba, lau Olondo anai-arreba, hiru Goicoechea anai-arreba, hiru Lopategui ahizpa, hiru Juanbeltz anai-arreba, hiru Zudupe ahizpa, bi Eguino anai-arreba, bi Elguezabal anai-arreba, bi Lecumberri anai-arreba eta bi Naberan anai-arreba.

Horrez gain, Arqueta familiakoen lehengusina zen María Barandica, eta Alexander Mendibil, berriz, Goicoechea familiakoen lehengusua.

Egonaldiko lehen asteetan kolonian bertan egindako fitxa eta erregistroetan, ez dira ageri ez Pedro Gallastegui ez Zudupe ahizpak, lehen ere azaldu ditugun arrazoiengatik.

Bestalde, bazegoen beste haur bat ere, kolonian onartua izateko eskatzen zen adinaren baldintza betetzen ez zuena eta inoiz ere ageri ez dena Jatsuko zerrendetan, nahiz eta ez den ezaguna zehatz-mehatz noiztik egon zen han; 1938ko irailaren erdialdetik edo amaieratik, ziurrenez. Luis Jaureguiren semea zen, aitaren izen berekoa, eta Lurdes Euzko Aur-Etxe hartako langilea edo kolaboratzailea zen; baina ez da ageri enplegatuen "zerrenda ofizialean" ere, eta Solano familiaren txoferra izan zen: *"Jaureguiren semearena konpondu dut, Solanori Euskadiko Ordezkaritzarekin harremanetan jartzeko eskatuz; hala, mutiko hori Jatxoura aldatzera joko dute berehala, nire kontura. Beldur naiz, mutiko ona bada ere, ez ote dagoen garatuegi Koloniako kide izateko. Hori ezinezkoa bada, aitarekin eta Koloniako beste gizonekin batera Jatxoun bizi dadin lortuko dut, eskoletan eta lantegian parte harraraziz"* (EAH, Id. 3363773: 1938-IX-10).

LOS 34 NIÑOS ACOGIDOS EN LURDES EUZKO AUR-ETXEA

Manuel de Ynchausti se ofreció a recibir y atender a una treintena de niños euskaldunes evacuados de ambos sexos. Una de las peticiones que realizó era que, si fuera posible, entre los niños hubiera lazos de parentesco. Esta petición se cumplió casi en su totalidad, ya que se dieron diez casos en los que los niños eran hermanos: los cuatro hermanos Arqueta, los cuatro hermanos Olondo, los tres hermanos Goicoechea, las tres hermanas Lopategui, los tres hermanos Juanbeltz, las tres hermanas Zudupe, los dos hermanos Eguino, los dos hermanos Elguezabal, los dos hermanos Lecumberri y los dos hermanos Naberán.

A su vez, María Barandica es prima de los Arqueta y Alexander Mendibil es primo de los Goicoechea.

En las fichas y registros confeccionados en la misma colonia durante las primeras semanas de la estancia no aparecen ni Pedro Gallastegui ni las hermanas Zudupe, por razones ya indicadas con anterioridad.

Por otra parte, aunque no se conoce con exactitud desde qué fecha —probablemente desde mediados o finales del mes de septiembre de 1938—, hay otro niño que no cumplía los requisitos de edad exigidos para ser admitido en la colonia y que nunca aparece en el listado de Jatsu. Se trata del hijo de Luis Jauregui, del mismo nombre que su padre, que era trabajador o colaborador de Lurdes Euzko Aur-Etxea, pero que tampoco aparece en la "lista oficial" de empleados y fue chófer de la familia Solano: *"Lo del chico de Jauregui, lo he resuelto pidiendo a Solano se comunique con la Delegación de Euzkadi en donde, para que inmediatamente procedan, de mi cuenta al traslado de este muchacho a Jatxou. Me temo que es un chico, aunque muy bueno, demasiado desarrollado para que pueda formar parte de la Colonia. Si no es posible haré que viva en Jatxou con su padre y los otros hombres de la Colonia haciéndole participar quizás de las clases y el taller"* (AHE, Id. 3363773: 10-IX-1938).

Haur hau kolonian egon zen azken unera arte, Manuel de Ynchaustik Jesús Mª Leizaolari adierazi zionez: *"Kolonia honetan hartu da Luis Jaureguiren semea ere, hark bezala Luis izena daramana. Jada handia denez, beste haurrengandik bereizi egin da"* (EAH, Id. 3363528: 1939-IV-16).

Este niño permanecerá acogido en la colonia hasta el último momento ya que como manifiesta Manuel de Ynchausti a Jesús Mª Leizaola: *"También se halla acogido a esta Colonia el hijo de Luis Jauregui, llamado también Luis. Por ser ya mayor se le tiene separado de los niños"* (AHE, Id. 3363528: 16-IV-1939).

Lurdes Esusko Aur-Etxea-ko 34 haurrak Jatsuko Denisenia etxearen atarian (EKE).
Los 34 niños y niñas de la colonia Lurdes Euzko Aur-Etxea frente a la puerta de entrada de Denisenia, en Jatsu (ICB).

Tokiko biztanleen harrera

Hasiera batean, bertako biztanleek Jatsun errefuxiatutako haurrei eman zieten harrera mesfidatia izan zen. Inguru hartan —ideologikoki oso kontserbadorea— sakon ereindako propaganda antieuskaldunaren ondorioz, errefuxiatuak "gorritzat" jotzen zituzten. Baina haurrak mezetara joaten zirela ikusi zuten, eta laster adiskidetasuna eta begikotasuna nagusitu zitzaizkien. Karmele eta Mª Rosa Lopateguik, eta Arantza Goicoecheak gogoratzen zutenez, *"Jatsuko haur batzuek —batez ere Michel eta Gastonek— 'Francok irabazi, Mola bizi, España kokotero, Franco bueno...' oihukatzen ziguten. Horrek gure mutilak haserretzen zituen, piztu egiten ziren eta andereñoek lasaitu egin behar zituzten. Hasiera batean alkateak ere jarrera mesfidatia erakutsi zuen, baina denborarekin aldatu egin zen"* (EKE, testigantza: 2013-IX-28).

Koloniaren eguneroko parteak herriko haur batzuen jarrera zital horren berri ematen du: *"Arratsaldean arrosariora joan gara, eta beste egun askotan bezala haserretu egin behar izan dugu, herriko mutilak gureak beldurtzen entretenitzen direlako, eta kalean argirik ez dagoenez, oso desatsegina da"* (AHE, Id. 3365011: 1938-X-21).

Karmele Lopateguik dio: *"Helduak ginela, Jatsura itzuli ginenean, gure mutilek Michel eta Gastonekin besarkatzen ziren topo egin zutenean, zenbat amorrarazi zituzten gogoraratuz"* (EKE, testigantza: 22013-IX-28).

34 neska-mutilak

Jarraian, Lurdes Euzko Aur-Etxean elkarrekin bizi izan ziren 34 haurrak datoz zerrenda batean, honako datu hauekin: koloniara zenbat urterekin iritsi ziren, zer herritatik zetozen, hainbat garaitako pisua eta garaiera, kolonia barnean egindako azterketa batean erregistratutako jokabide-ezaugarriak, eta Eusko Jaurlaritzako Osasun Sailak 1937ko ekainaren 16an egindako osasun-fitxak (EAH, Id. 3365011).

La acogida de la población local

La acogida de los niños y niñas refugiados en Jatsu por parte de la población local, en un principio fue recelosa. Como consecuencia de los efectos de la propaganda antivasca que se había sembrado profundamente en aquella zona —ideológicamente muy conservadora—, consideraban a los refugiados como "rojos". Pero vieron que los niños asistían a misa y pronto se granjearon su amistad y simpatía. Karmele y Mª Rosa Lopategui, y Arantza Goicoechea recordaban que *"algunos niños de Jatsu —sobre todo Michel y Gaston— nos azuzaban gritando 'Francok irabazi, Mola bizi, España kokotero, Franco bueno...' Esto enfadaba a nuestros chicos, que se les encaraban y las andereños tenían que calmarlos. En un principio el alcalde también mostraba una actitud recelosa que con el tiempo cambió"* (ICB, testimonio:28-IX-2013).

El parte diario de la colonia se hace eco de esa actitud cizañera de algunos niños del pueblo: *"A la tarde hemos ido al rosario y como otros muchos días hemos tenido que enfadarnos porque los chicos del pueblo se entretienen en asustar a los nuestros y como no hay ninguna luz resulta muy desagradable"* (AHE, Id. 3365011: 21-X-1938).

Karmele Lopategui manifiesta que *"Ya adultos, cuando volvimos a Jatsu nos reencontramos con Michel y Gaston que se abrazaban con nuestros chicos, recordándoles cuánto les hicieron rabiar"* (ICB, testimonio: 28-IX-2013).

Los 34 niños y niñas

Seguidamente se citan los 34 niños que convivieron en Lurdes Euzko Aur-Etxea, detallando su edad cuando llegaron a la colonia, la localidad de procedencia, el peso y la altura en diferentes momentos, las características de conducta registradas en una de las revisiones realizadas a nivel interno en la colonia, y las fichas sanitarias confeccionadas por el Departamento de Sanidad del Gobierno Vasco el 16 de junio de 1937 (AHE, Id. 3365011).

EUZKADIKO JAURLARITZA

REFUGIADOS DE EUZKADI
Refugies Insulies

DEPARTAMENTO DE SANIDAD
Service de Santé

FICHA SANITARIA (Provisional)
Fiche sanitaire (Provisoire)

Apellidos *Aranzeta Aregi* Nombre *Jose Luis* Edad *12 años*
Noms *Prenom* *Age*

Sexo *m* Dispensario o Refugio *Jatsun* Localidad *B.V.*
Sexe *Dispensaire ou Refuge* *Localite*

Procedencia *Elgeta*
Lieu de naissance

Padre *Julian* Profesion *carmen* Madre *Jollenta* Profesion
Père *Profession* *Mere* *Profession*

ANTECEDENTES FAMILIARES
Antécédents de la famille

Padre *sano* Hermanos *2 sans* Observaciones
Peres *Freres* *Observations*
made Jollenta
de tuberculosis ?

ANTECEDENTES PERSONALES
Antécédents personnels

Sarampion. — Escarlatina. — Viruela. — Coqueluche — Difteria. — Parotiditis. — Tifoidea. — Bronquitis. — Neumo-
Rougeole *Scarlatine* *Varicelle* *Coqueluche* *Diphterie* *Oreillons* *Typhoide* *Bronchite* *Pneumonie*
nia. — etc

ESTADO ACTUAL
Etat actuel

Viveza *normal* Aspecto *sano* Nutricion *deficiente*
Vivacité *Aspect* *Nutrition*

EXAMEN MEDICO
Examen médical

Aspecto general Esqueleto
Aspect général *Squelette*

Nariz y Garganta Oidos
Nez et Gorge *Oreilles (Ouie)*

Vista
Vue

Piel Cuero cabelludo
Peau *Cuir chevelu*

Ganglios Trastornos de palabra
Ganglions *Troubles de la parole*

Corazon Pulmones *observacion*
Cœur *Poumons*

Estado intelectual Rayos X
Etat intellectuel *Rayons X*

EXAMEN PERIODICO
Examen périodique

Fecha *Date*	Peso *Poids*	Talla *Taille*	Observaciones *Observations*
17-VI-1937,	34.200		

Jatsun a *15* de *junio* de 1937.

El Medico, La Enfermera,
Le Médecin. *L'Infirmière.*

ARANCETA ARREGUI, JOSÉ LUIS
Adina/Edad: 12 urte/años.

Jatorrizko herria
Localidad de procedencia:
Elgeta.
Pisua/Peso:
34,200 kg (1937-VI-17).
35,500 kg (1937-VIII-1).
35,500 kg (1937-IX-1).
36,550 kg (1937-X-1).

Altuera/Altura:
140 cm (1937-VIII-1).
140 cm (1937-IX-1).
140 cm (1937-X-1).

Andereñoek egindako
fitxa(1938-IX-11):
13 urte; oso osasun ona,
iritsi zenetik 6 kilo
gizendu da. Otzana eta
esanekoa da. Lanerako eta
baratzeko lanak egiteko oso
jarrera ona. Marrazketarako
gaitasun ona.
Ficha elaborada por las
andereños (11-IX-1938):
13 años; muy buena salud,
ha ganado 6 kilos desde que
llegó. Dócil y obediente.
Muy buena disposición para
el trabajo y la huerta.
Buena aptitud para el
dibujo.

EUZKADIKO JAURLARITZA

REFUGIADOS DE EUZKADI
Refugiés basques
DEPARTAMENTO DE SANIDAD
Service de Santé

FICHA SANITARIA (Provisional)
Fiche sanitaire (Provisoire)

Apellidos *Arketa Agirre* — Nombre *Antonia* — Edad *13 ans*

Sexo *f* — Dispensario o Refugio *Jatsun* — Localidad *B.P.*

Procedencia *Mundaka*

Padre *Pedro José M.ª* — Profesion *marino* — Madre *Mónica* — Profesion *s.l.*

ANTECEDENTES FAMILIARES
Antécédents de la famille

Padres *sans* — Hermanos *4 sans* — Observaciones *físicas*

ANTECEDENTES PERSONALES
Antécédents personnels
Sarampion. — Escarlatina. — Viruela. — Coqueluche — Difteria. — Parotiditis. — Tifoidea. — Bronquitis — Neumonia. — etc

ESTADO ACTUAL
Etat actuel
Viveza *normal* — Aspecto *sano* — Nutricion *deficiente*

EXAMEN MEDICO
Examen médical
Aspecto general
Nariz y Garganta
Piel
Ganglios
Corazon
Estado intelectual
Esqueleto
Oidos
Vista
Cuero cabelludo
Trastornos de palabra
Pulmones
Rayos X

EXAMEN PERIODICO
Examen périodique

Fecha	Peso	Talla	Observaciones

Jatsun 16 de Junio de 1937.

El Medico, / La Enfermera,

ARQUETA AGUIRRE, ANTONIA
Adina/Edad: 13 urte/años.

Jatorrizko herria
Localidad de procedencia:
Mundaka.

Pisua/Peso:
36,500 kg (1937-VI-17).
40,500 kg (1937-VIII-1).
42 kg (1937-IX-1).
45,500 kg (1937-X-1).

Altuera/Altura:
149 cm (1937-VIII-1).
149 cm (1937-IX-1).
149 cm (1937-X-1).

Andereñoek egindako
fitxa(1938-IX-11):
15 urte. Osasun ona, iritsi
zenetik 14 kilo gizendu da.
Apala eta etxeko lanetarako
oso prestua.

Ficha elaborada por las
andereños (11-IX-1938):
15 años. Buena salud, ha
ganado 14 kilos. Humilde
y muy dispuesta para las
labores de casa.

Argipen-oharra: Mundakako Andra Mari parrokiako bataio liburuetan egindako kontsultaren arabera, bigarren abizena Aguirresarobe da. Gauza bera gertatzen da neba-arreben eta lehengusina María Barandicaren kasuan.

Nota aclaratoria: según consulta realizada en los libros bautismales de la parroquia de Santa María de Mundaka, el segundo apellido es Aguirresarobe. Igual sucede en el caso de sus hermanos y de su prima María Barandica.

EUZKADIKO JAURLARITZA

REFUGIADOS DE EUZKADI
Refugiés basques
DEPARTAMENTO DE SANIDAD
Service de Santé

FICHA SANITARIA (Provisional)
Fiche sanitaire (Provisoire)

Apellidos *Arketa Agirre* — Nombre *Donato* — Edad *8 años*
Noms — Nom — Âge

Sexo *m* — Dispensario o Refugio *Jatsun* — Localidad
Sexe — Dispensaire ou tu fuge — Localité

Procedencia *Las chimas (Mundaka)*
Lieu de naissance

Padre *Pedro José* (†) — Profesion *pescador* — Madre *Alfonsa* — Profesion *s.l.*
Père — Profession — Mère — Profession

ANTECEDENTES FAMILIARES
Antécédents de la famille

Padres *sanos* — Hermanos *9 sanos* — Observaciones *"Proviene en la zona fascista"*
Pères — Frères — Observations

ANTECEDENTES PERSONALES
Antécédents personnels

Sarampion. — Escarlatina. — Viruela. — Coqueluche — Difteria. — Parotiditis. — Tifoidea. — Bronquitis.—Neumo-
Rougeole — Scarlatine — Varicelle — Coqueluche — Diphterie — Oreillons — Typhoïde — Bronchite — Pneumonie
nia. — etc

ESTADO ACTUAL
État actuel

Viveza *buena* — Aspecto *sano* — Nutricion *deficiente*
Vivacité — Aspect — Nutrition

EXAMEN MEDICO
Examen médical

Aspecto general — Esqueleto *malformación deficiente*
Aspect général — Squelette
Nariz y Garganta — Oidos
Nez et Gorge — Oreilles (Ouïe)
— Vista
Vue
Piel *normal* — Cuero cabelludo
Peau — Cuir chevelu
Ganglios — Trastornos de palabra
Ganglions — Troubles de la parole
Corazon — Pulmones *normal*
Cœur — Poumons
Estado intelectual — Rayos X
État intellectuel — Rayons X

EXAMEN PERIODICO
Examen périodique

Fecha	Peso	Talla	Observaciones
Date	Poids	Taille	Observations

Jatsun a *16* de *Junio* de 1937.

El Medico. — La Enfermera.
Le Médecin. — L'Infirmière.

ARQUETA AGUIRRE, DONATO

Adina/Edad: 8 urte/años.

**Jatorrizko herria
Localidad de procedencia:** Mundaka.

Pisua/Peso:
18 kg (1937-VI-17).
19,250 kg (1937-VIII-1).
19 kg (1937-IX-1).
20 kg (1937-X-1).

Altuera/Altura:
112 cm (1937-VIII-1).
112 cm (1937-IX-1).
113 cm (1937-X-1).

Andereñoek egindako fitxa(1938-IX-11):
9 urte. Osasun eskasa, pixkanaka hobetuz. 4 kilo gizendu da. Egungo izaera, ez hain sumingarria. Ahaleginik ez, landareekiko eta animaliekiko interes bizia.

Ficha elaborada por las andereños (11-IX-1938):
9 años. Salud deficiente, mejorando lentamente. Ha ganado 4 kilos. Carácter actual, menos irascible. Aplicación nula, interés vivísimo por las plantas y animales.

EUZKADIKO JAURLARITZA

REFUGIADOS DE EUZKADI
Refugiés basques
DEPARTAMENTO DE SANIDAD
Service de Santé

FICHA SANITARIA (Provisional)
Fiche sanitaire (Provisoire)

Apellidos *Arketa Aguirre*   Nombre *Juliana*   Edad *8 años*
Noms   Prénom   Age

Sexo *F*   Dispensario o Refugio *Jatsu*   Localidad *B.V.*
Sexe   Dispensaire ou Refuge   Localité

Procedencia *Mundaka*
Lieu de naissance

Padre *F.H.*   Profesion _____   Madre _____   Profesion _____
Père   Profession   Mère   Profession

ANTECEDENTES FAMILIARES *F.H.*
Antécédents de la famille

Padres _____   Hermanos _____   Observaciones _____
Pères   Frères   Observations

ANTECEDENTES PERSONALES
Antécédents personnels
Sarampion. — Escarlatina. — Viruela. — Coqueluche — Difteria. — Parotiditis. — Tifoidea. — Bronquitis. — Neumo-
Rougeole   Scarlatine   Varicelle   Coqueluche   Diphtérie   Oreillons   Typhoïde   Bronchite   Pneumonie
nia. — etc

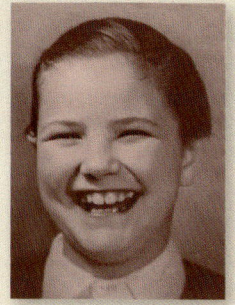

ARQUETA AGUIRRE, JULIANA

Adina/Edad: 8 urte/años.

Jatorrizko herria
Localidad de procedencia:
Mundaka.

Pisua/Peso:
20,100 kg (1937-VI-17).
22,500 kg (1937-VIII-1).
23 kg (1937-IX-1).
24,260 kg (1937-X-1).

Altuera/Altura:
121 cm (1937-VIII-1).
121 cm (1937-IX-1).
121 cm (1937-X-1).

Andereñoek egindako
fitxa(1938-IX-11):
9 urte. Osasun normala, 8
kilo hobetu da. Maitekorra
eta jostalaria. Apetatsua.

Ficha elaborada por las
andereños (11-IX-1938):
9 años. Salud mediana, ha
mejorado 8 kilos. Cariñosa
y juguetona. Caprichosa.

ESTADO ACTUAL
État actuel
Viveza *normal*   Aspecto *sano*   Nutricion *deficiente*
Vivacité   Aspect   Nutrition

EXAMEN MEDICO
Examen médical
Aspecto general _____   Esqueleto *malapaiso y deficiente*
Aspect général   Squelette

Nariz y Garganta _____   Oidos *normal*
Nez et Gorge   Oreilles (Ouïe)

Vista _____
Vue

Piel _____   Cuero cabelludo *normal*
Peau   Cuir chevelu

Ganglios _____   Trastornos de palabra _____
Ganglions   Troubles de la parole

Corazon _____   Pulmones _____
Cœur   Poumons

Estado intelectual _____   Rayos X _____
État intellectuel   Rayons X

EXAMEN PERIODICO
Examen périodique

Fecha / Date	Peso / Poids	Talla / Taille	Observaciones / Observations
17-VI-1937	21'1.		

Jatsu a *16* de *Junio* de 1937.

El Medico,   La Enfermera,
Le Médecin,   L'Infirmière,

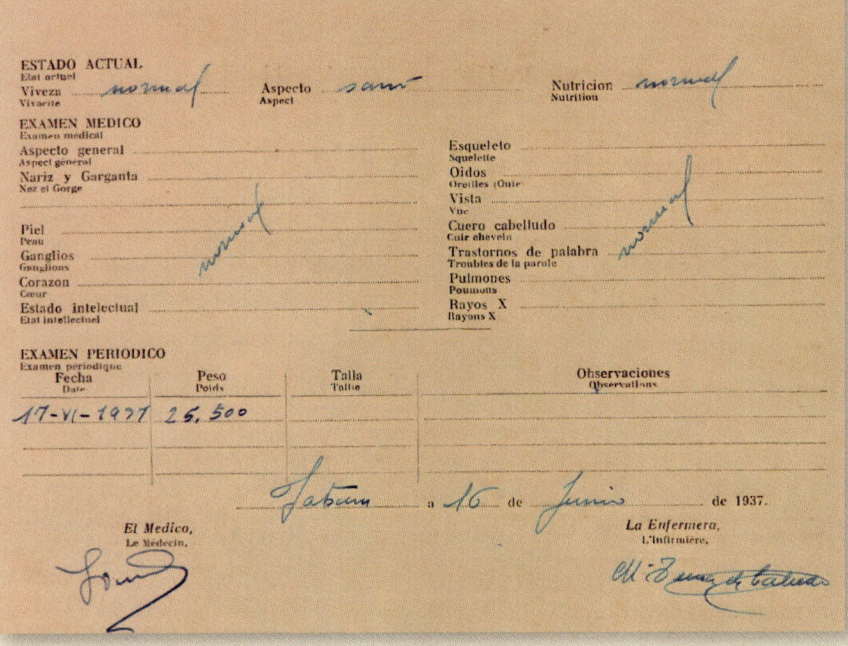

ARQUETA AGUIRRE, MARÍA CARMEN

Adina/Edad: 10 urte/años.

**Jatorrizko herria
Localidad de procedencia:** Mundaka.

Pisua/Peso:
25,500 kg (1937-VI-17).
28,250 kg (1937-VIII-1).
28,500 kg (1937-IX-1).
29,500 kg (1937-X-1).

Altuera/Altura:
124 cm (1937-VIII-1).
125 cm (1937-IX-1).
126 cm (1937-X-1).

Andereñoek egindako fitxa (1938-IX-11):
11 urte. 9 kilo gizendu da. Josteko zaletasun eta prestutasun handia. Pixka bat erantzunkorra.

Ficha elaborada por las andereños (11-IX-1938):
11 años. Ha ganado 9 kilos. Mucha afición y disposición para la costura. Un poco respondona.

ARRIZABALAGA LEGARIZTI, JOSU

Adina/Edad: 11 urte/años.

Jatorrizko herria
Localidad de procedencia: Zumaia.

Pisua/Peso:
32,500 kg (1937-VI-17).
35 kg (1937-VIII-1).
36 kg (1937-IX-1).
37,250 kg (1937-X-1).

Altuera/Altura:
142 cm (1937-VIII-1).
142 cm (1937-IX-1).
143 cm (1937-XO-1).

Andereñoek egindako fitxa (1938-IX-11):

13 urte. Osasun ona, iritsi zenetik 9 kilo gizendu da. Oso ernea eta behatzailea. Ez oso atsegina eta langilea. Maltzur samarra.

Ficha elaborada por las andereños (11-IX-1938):

13 años. Buena salud, ha ganado 9 kilos. Muy despejado y observador. Poco complaciente y trabajador. Un poco malicioso.

EUZKADIKO JAURLARITZA

REFUGIADOS DE EUZKADI
Refugiés basques
DEPARTAMENTO DE SANIDAD
Service de Santé

FICHA SANITARIA (Provisional)
Fiche sanitaire (Provisoire)

Apellidos *Barandika Aguirre*   Nombre *María*   Edad *10 años*
Noms   Prénom   Age

Sexo *f*   Dispensario o Refugio *Jatsun*   Localidad *P. A.*
Sexe   Dispensaire ou Refuge   Localité

Procedencia *Mundaka*
Lieu de naissance

Padre *fallecido*   Profesion   Madre *fallecida*   Profesion
Père   Profession   Mère   Profession

ANTECEDENTES FAMILIARES
Antécédents de la famille

Padres   Hermanos   Observaciones
Pères   Frères   Observations

ANTECEDENTES PERSONALES
Antécédents personnels
Sarampion. — Escarlatina. — Viruela. — Coqueluche — Difteria. — Parotiditis. — Tifoidea. — Bronquitis. — Neumonia. — etc
Rougeole   Scarlatine   Varicelle   Coqueluche   Diphterie   Oreillons   Typhoïde   Bronchite   Pneumonie

ESTADO ACTUAL
Etat actuel

Viveza *normal*   Aspecto *débil*   Nutricion *deficiente*
Vivacité   Aspect   Nutrition

EXAMEN MEDICO
Examen médical

Aspecto general   Esqueleto
Aspect général   Squelette

Nariz y Garganta   Oidos
Nez et Gorge   Oreilles (Ouïe)

      Vista
      Vue

Piel   Cuero cabelludo
Peau   Cuir chevelu

normal   *normal*

Ganglios   Trastornos de palabra
Ganglions   Troubles de la parole

Corazon   Pulmones
Cœur   Poumons

Estado intelectual   Rayos X
Etat intellectuel   Rayons X

EXAMEN PERIODICO
Examen périodique

| Fecha | Peso | Talla | Observaciones |
Date	Poids	Taille	Observations

Jatsun a *16* de *Junio* de 1937.

El Medico,   La Enfermera,
Le Médecin,   L'Infirmière.

BARANDICA AGUIRRE, MARÍA

Adina/Edad: 10 urte/años.

Jatorrizko herria
Localidad de procedencia:
Mundaka.

Pisua/Peso:
22 kg (1937-VI-17).
24,750 kg (1937-VIII-1).
25 kg (1937-IX-1).
26 kg (1937-X-1).

Altuera/Altura:
124 cm (1937-VIII-1).
125 cm (1937-IX-1).
126 cm (1937-X-1) .

Andereñoek egindako fitxa (1938-IX-11):
11 urte. 9 kilo hobetu da, baina ahul jarraitzen du. Izaera independentea. Izaera urduria. Oso ordenatua eta saiatua.

Ficha elaborada por las andereños (11-IX-1938):
11 años. Ha mejorado 9 kilos, pero sigue débil. Carácter independiente. Temperamento nervioso. Muy ordenada y aplicada.

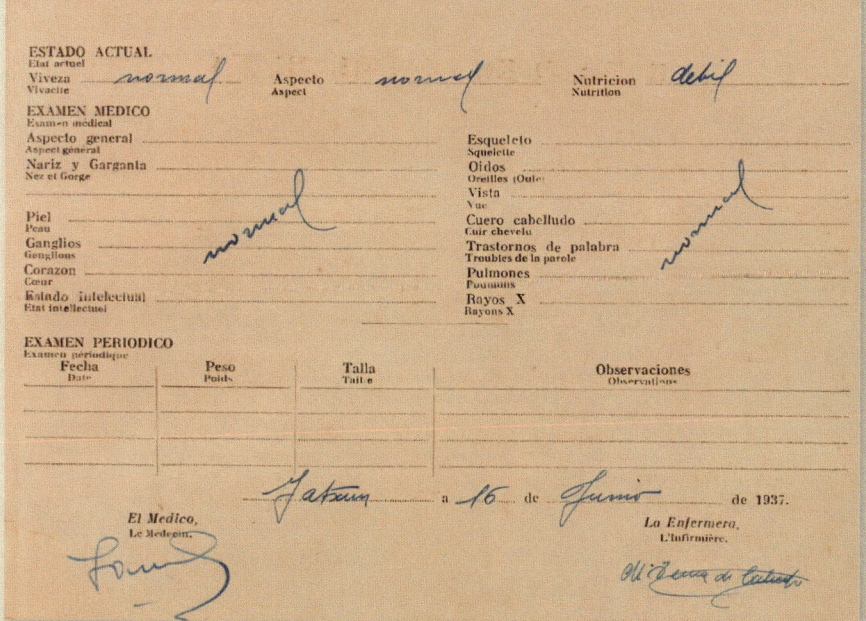

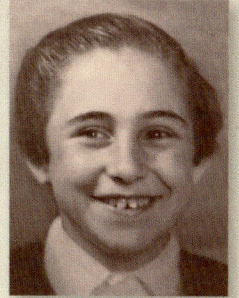

EGUINO LIZARAZU, EDURNE

Adina/Edad: 9 urte/años.

Jatorrizko herria
Localidad de procedencia:
Bilbao.

Pisua/Peso:
27 kg (1937-VI-17).
28,500 kg (1937-VIII-1).
29 kg (1937-IX-1).
31 kg (1937-X-1).

Altuera/Altura:
129 cm (1937-VIII-1).
129 cm (1937-IX-1).
129 cm (1937-X-1).

Andereñoek egindako fitxa (1938-IX-11):
10 urte. Osasun ona, 6 kilo gizendu da. Oso maitekorra. Ez oso saiatua eta desordenatua.

Ficha elaborada por las andereños (11-IX-1938):
10 años. Buena salud, ha ganado 6 kilos. Muy cariñosa. Poco aplicada y desordenada.

Argipen-oharra:
Edurne eta Iñaki Eguino Bilbon jaio ziren, lan kontuengatik gurasoak Zumaiatik Bizkaiko hiriburura bizitzera joan baitziren. Gerra zibilaren amaieran, ama, alarguna, Zumaiara itzuli zen, eta Edurne eta Iñaki aberriratu zituztenean udalerri horretan elkartu ziren amarekin. Edurnek eta Iñakik zumaiartzat izan dute beti beraien burua.

Nota aclaratoria:
Edurne e Iñaki Eguino nacieron en Bilbo, ya que sus padres, por motivos laborales, se trasladaron desde Zumaia a la capital vizcaína. Al finalizar la guerra civil, su madre, viuda, volvió a Zumaia, municipio al que fueron repatriados Edurne e Iñaki, que de siempre se han considerado zumaiarras.

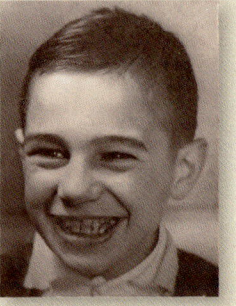

EUZKADIKO JAURLARITZA

REFUGIADOS DE EUZKADI
Refugiés basques
DEPARTAMENTO DE SANIDAD
Service de Santé

FICHA SANITARIA (Provisional)
Fiche sanitaire (Provisoire)

Apellidos _Eguino Lizarazu_ Nombre _Iñaki_ Edad _7 años_
Noms   Prénom   Âge

Sexo _m_ Dispensario o Refugio _Jatsun_ Localidad _B.V._
Sexe   Dispensaire ou Refuge   Localité

Procedencia _Bilbao_
Lieu de naissance

Padre _fallecido_ Profesion _____ Madre _____ Profesion _____
Père   Profession   Mère   Profession

ANTECEDENTES FAMILIARES
Antécédents de la famille

Padres _____ Hermanos _2 sanos_ Observaciones _____
Pères   Frères _1 fallecido_   Observations

ANTECEDENTES PERSONALES
Antécédents personnels

Sarampion. – Escarlatina. – Viruela. – Coqueluche – Difteria. – Parotiditis. – Tifoidea. – Bronquitis. – Neumo-
Rougeole   Scarlatine   Variolle Coqueluche   Diphtérie   Oreillons   Typhoïde   Bronchite   Pneumonie
nia. – etc

ESTADO ACTUAL
État actuel

Viveza _normal_ Aspecto _sano_ Nutricion _normal_
Vivacité   Aspect   Nutrition

EXAMEN MEDICO
Examen médical

Aspecto general _____ Esqueleto _____
Aspect général   Squelette

Nariz y Garganta _____ Oidos _____
Nez et Gorge   Oreilles

Vista _____
Vue

Piel _____ Cuero cabelludo _____
Peau   Cuir chevelu

Ganglios _normal_ Trastornos de palabra _normal_
Ganglions   Troubles de la parole

Corazon _____ Pulmones _____
Cœur   Poumons

Estado intelectual _____ Rayos X _____
État intellectuel   Rayons X

EXAMEN PERIODICO
Examen périodique

Fecha / Date	Peso / Poids	Talla / Taille	Observaciones / Observations

Jatsun a _16_ de _junio_ de 1937.

El Medico,   La Enfermera,
Le Médecin.   L'Infirmière.

EGUINO LIZARAZU, IÑAKI

Adina/Edad: 7 urte/años.

Jatorrizko herria
Localidad de procedencia: Bilbao.

Pisua/Peso:
24,100 kg (1937-VI-17).
25,250 kg (1937-VIII-1).
26 kg 1937-IX-1).
27 kg (1937-X-1).

Altuera/Altura:
119 cm (1937-VIII-1).
119 cm (1937-IX-1).
120 cm (1937-X-1).

Andereñoek egindako fitxa (1938-IX-11):
8 urte. Osasun ona, 9 kilo gizendu da. Bihurria eta desordenatua. Oso maitekorra bere ahizparekin.

Ficha elaborada por las andereños (11-IX-1938):
8 años. Bien de salud mediana, ha ganado 9 kilos. Díscolo y desordenado. Muy cariñoso con su hermana.

Argipen-oharra:

Iñaki eta Edurne Eguino Bilbon jaio ziren, lan kontuengatik gurasoak Zumaiatik Bizkaiko hiriburura bizitzera joan baitziren. Gerra zibilaren amaieran, ama, alarguna, Zumaiara itzuli zen, eta Edurne eta Iñaki aberriratu zituztenean udalerri horretan elkartu ziren amarekin. Edurnek eta Iñakik zumaiartzat izan dute beti beraien burua.

Nota aclaratoria:

Iñaki y Edurne Eguino nacieron en Bilbo, ya que sus padres, por motivos laborales, se trasladaron desde Zumaia a la capital vizcaína. Al finalizar la guerra civil, su madre, viuda, volvió a Zumaia, municipio al que fueron repatriados Edurne e Iñaki, que de siempre se han considerado zumaiarras.

EUZKADIKO JAURLARITZA

REFUGIADOS DE EUZKADI
Refugies basques
DEPARTAMENTO DE SANIDAD
Service de Sante

FICHA SANITARIA (Provisional)
Fiche sanitaire (Provisoire)

Apellidos / Noms *Elgezabal Araluze*
Nombre / Prenum *M.ª Carmen* Edad *13 años*

Sexo / Sexe *f*
Dispensario o Refugio / Dispensaire ou Refuge *Jatsun*
Localidad / Localité *R. T.*

Procedencia / Lieu de naissance *Bilbao*

Padre / Père *Esteban* Profesion / Profession
Madre / Mère *fallecida* Profesion / Profession

ANTECEDENTES FAMILIARES
Antecedents de la famille

Padres / Peres *cancero?*
Hermanos / Freres *6 bien / era fusilado*
Observaciones / Observations

madre fallecida de tuberculosis?

ANTECEDENTES PERSONALES
Antecedents personnels

Sarampion. — Escarlatina. — Viruela. — Coqueluche. — Difteria. — Parotiditis. — Tifoidea. — Bronquitis. — Neumo-nia. — etc.
Rougeole — Scarlatine — Variccile — Coqueluche — Diphterie — Oreillons — Typhoide — Bronchite — Pneumonie

---

ESTADO ACTUAL
Etat actuel

Viveza / Vivacité *normal*
Aspecto / Aspect *débil*
Nutricion / Nutrition *deficiente*

EXAMEN MEDICO
Examen médical

Aspecto general / Aspect general *normal*
Nariz y Garganta / Nez et Gorge *"*
Piel / Peau
Ganglios / Ganglions *sub-maxilares*
Corazon / Cœur *normal*
Estado intelectual / Etat intellectuel

Esqueleto / Squelette
Oidos / Oreilles (Ouie)
Vista / Vue
Cuero cabelludo / Cuir chevelu
Trastornos de palabra / Troubles de la parole
Pulmones / Poumons
Rayos X / Rayons X

EXAMEN PERIODICO
Examen périodique

Fecha / Date	Peso / Poids	Talla / Taille	Observaciones / Observations

Jatsun a 16 de Junio de 1937.

El Medico, / Le Médecin,
La Enfermera, / L'Infirmière,

ELGUEZABAL ARALUCE, MARÍA CARMEN

Adina/Edad: 13 urte/años.

Jatorrizko herria
Localidad de procedencia:
Bilbao.

Pisua/Peso:
44,20 kg (1937-VI-17).
48 kg (1937-VIII-1).
50 kg (1937-IX-1).
50,500 kg (1937-X-1).

Altuera/Altura:
158 cm (1937-VIII-1).
159 cm (1937-IX-1)
162 cm (1937-X-1).

Andereñoek egindako fitxa (1938-IX-11):
15 urte. Osasun eskasa. Ahula. 8 kg gizendu eta 7 cm hazi da. Arduragabea eta harroputz samarra. Eskuzko lanetarako saiatua eta antolatua.

Ficha elaborada por las andereños (11-IX-1938):
15 años. Poca salud. Débil. Ha ganado 8 y crecido 7 centímetros. Displicente y un poco vanidosa. Aplicada y con disposiciones para labores manuales.

EUZKADIKO JAURLARITZA

REFUGIADOS DE EUZKADI
Refegiés basques
DEPARTAMENTO DE SANIDAD
Service de Santé

FICHA SANITARIA (Provisional)
Fiche sanitaire (Provisoire)

Apellidos / Noms: *Elguezabal Araluze*   Nombre / Prénom: *Javier*   Edad / Age: *11 años*

Sexo / Sexe: *m*   Dispensario o Refugio / Dispensaire ou Refuge: *Jatsun*   Localidad / Localité: *B. V.*

Procedencia / Lieu de naissance: *Bilbao*

Padre / Père: *Esteban*   Profesion / Profession: Madre / Mère: *fallecida*   Profesion / Profession:

ANTECEDENTES FAMILIARES
Antécedents de la famille

Padres / Pères: *sanos ?*   Hermanos / Frères: *7 sanos y uno fusilado*   Observaciones / Observations:

madre fallecida de tuberculosis ?

ANTECEDENTES PERSONALES
Antécedents personnels

Sarampion. — Escarlatina. — Viruela. — Coqueluche — Difteria. — Parotiditis. — Tifoidea — Bronquitis. — Neumo-
Rougeole   Scarlatine   Varicelle   Coqueluche   Diphterie   Oreillons   Typhoide   Bronchite   nia. — etc *catarros gripe*

ESTADO ACTUAL.
Etat actuel

Viveza / Vivacité: *normal*   Aspecto / Aspect: *anémico*   Nutricion / Nutrition: *deficiente*

EXAMEN MEDICO
Examen medical

Aspecto general / Aspect général: *normal*
Nariz y Garganta / Nez et Gorge:

Piel / Peau:
Ganglios / Ganglions:
Corazon / Cœur:
Estado intelectual / Etat intellectuel:

Esqueleto / Squelette: *recalcificación deficiente*
Oidos / Oreilles (Ouïe):
Vista / Vue:
Cuero cabelludo / Cuir chevelu: *normal*
Trastornos de palabra / Troubles de la parole:
Pulmones / Poumons:
Rayos X / Rayons X:

EXAMEN PERIODICO
Examen periodique

Fecha / Date	Peso / Poids	Talla / Taille	Observaciones / Observations

Jatsun a *16* de *junio* de 1937.

El Medico, / Le Médecin,

La Enfermera, / L'Infirmière,

ELGUEZABAL ARALUCE, JAVIER

Adina/Edad: 11 urte/años.

Jatorrizko herria
Localidad de procedencia:
Bilbao.

Pisua/Peso:
31 kg (1937-VI-17).
32,500 kg (1937-VIII-1).
32,500 kg (1937-IX-1).
34 kg (1937-X-1).

Altuera/Altura:
142 cm (1937-VIII-1).
142 cm (1937-IX-1).
142 cm (1937-X-1).

Andereñoek egindako fitxa
(1938-IX-11):
13 urte. 4 kilo baino ez
da gizendu. Suminkorra eta
lankideekin bateraezina.
Arreta ez oso konstantea.
Azkarra eta langilea.

Ficha elaborada por las
andereños (11-IX-1938):
13 años. No ha ganado
más que 4 kilos.
Irascible e incompatible
con los compañeros.
Atención poco constante.
Inteligente y trabajador.

EUZKADIKO JAURLARITZA

REFUGIADOS DE EUZKADI
Refugies basques
DEPARTAMENTO DE SANIDAD
Service de Sante

FICHA SANITARIA (Provisional)
Fiche sanitaire (Provisoire)

Apellidos ___ *Noms* ___ Nombre ___ *Prenom* ___ Edad ___ *Age* ___

Sexo ___ *Sexe* ___ Dispensario o Refugio ___ *Dispensaire ou Refuge* ___ Localidad ___ *Localite* ___

Procedencia ___ *Lieu de naissance* ___

Padre ___ *Père* ___ Profesion ___ *Profession* ___ Madre ___ *Mere* ___ Profesion ___ *Profession* ___

ANTECEDENTES FAMILIARES
Antécédents de la famille
Padres ___ *Peres* ___ Hermanos ___ *Freres* ___ Observaciones ___ *Observations* ___

ANTECEDENTES PERSONALES
Antécédents personnels
Sarampion. — Escarlatina. — Viruela. — Coqueluche — Difteria. — Parotiditis. — Tifoidea. — Bronquitis. — Neumonia. — etc
Rougeole — Scarlatine — Variceile — Coqueluche — Diphterie — Oreillons — Typhoide — Bronchite — Pneumonie

ESTADO ACTUAL
Etat actuel
Viveza ___ *Vivacite* ___ Aspecto ___ *Aspect* ___ Nutricion ___ *Nutrition* ___

EXAMEN MEDICO
Examen médical
Aspecto general ___ *Aspect général* ___
Nariz y Garganta ___ *Nez et Gorge* ___

Esqueleto ___ *Squelette* ___
Oidos ___ *Oreilles (Ouie* ___
Vista ___ *Vue* ___

Piel ___ *Peau* ___
Ganglios ___ *Ganglions* ___
Corazon ___ *Coeur* ___
Estado intelectual ___ *Etat intellectuel* ___

Cuero cabelludo ___ *Cuir chevelu* ___
Trastornos de palabra ___ *Troubles de la parole* ___
Pulmones ___ *Poumons* ___
Rayos X ___ *Rayons X* ___

EXAMEN PERIODICO
Examen périodique

Fecha *Date*	Peso *Poids*	Talla *Taille*	Observaciones *Observations*

Jatsun a 16 de Junio de 1937.

El Medico, *Le Médecin,*

La Enfermera, *L'Infirmière,*

GOICOECHEA URIARTE, ARANTZAZU

Adina/Edad: 10 urte/años.

**Jatorrizko herria
Localidad de procedencia:** Zeanuri.

Pisua/Peso:
27,500 kg (1937-VI-17).
29 kg (1937-VIII-1).
29,750 kg (1937-IX-1).
31 kg (1937-X-1).

Altuera/Altura:
130 cm (1937-VIII-1).
130 cm (1937-IX-1).
131 cm (1937-X-1).

Andereñoek egindako fitxa (1938-IX-11):
11 urte. Osasun ona, nahiz eta 5 kilo baino ez den gizendu. Ahalmen adimendun ahulak. Oso maitekorra, fina eta langilea. Oso zuzena.

Ficha elaborada por las andereños (11-IX-1938):
11 años. Buena salud a pesar de no haber engordado más que 5 kilos. Facultades inteligentes atenuadas. Muy cariñosa, fina y laboriosa. Muy correcta.

EUZKADIKO JAURLARITZA

REFUGIADOS DE EUZKADI
Refugiés basques
DEPARTAMENTO DE SANIDAD
Service de Santé

FICHA SANITARIA (Provisional)
Fiche sanitaire (Provisoire)

Apellidos *Nom* _Goikoechea Uriarte_ Nombre *Prénom* _Mikel_ Edad *Age* _12 años_

Sexo *Sexe* _m_ Dispensario o Refugio *Dispensaire ou Refuge* _Jatsun_ Localidad *Localité* _____

Procedencia *Lieu de naissance* _Zeanuri_

Padre *Père* _Eleuterio_ Profesión *Profession* _empleado_ Madre *Mère* _Guillerma_ Profesión *Profession* _s.l._

ANTECEDENTES FAMILIARES
Antécédents de la famille
Padres *Pères* _sanos_ Hermanos *Frères* _1 sano, 1 fallecido de 2 años_ Observaciones *Observations* _____

ANTECEDENTES PERSONALES
Antécédents personnels
Sarampión. — Escarlatina. — Viruela. — Coqueluche — Difteria. — Parotiditis. — Tifoidea. — Bronquitis. — Neumo-
Rougeole   Scarlatine   Varicelle   Coqueluche   Diphtérie   Oreillons   Typhoïde   Bronchite   Pneumonie
nia. — etc

ESTADO ACTUAL
Etat actuel
Viveza *Vivacité* _normal_ Asperto *Aspect* _sano_ Nutrición *Nutrition* _normal_

EXAMEN MEDICO
Examen médical
Aspecto general *Aspect général* _____
Nariz y Garganta *Nez et Gorge* _____
Piel *Peau* _normal_
Ganglios *Ganglions* _____
Corazón *Coeur* _____
Estado intelectual *Etat intellectuel* _____

Esqueleto *Squelette* _____
Oídos *Oreilles (Ouïe)* _____
Vista *Vue* _____
Cuero cabelludo *Cuir chevelu* _____
Trastornos de palabra *Troubles de la parole* _____
Pulmones *Poumons* _normal_
Rayos X *Rayons X* _____

EXAMEN PERIODICO
Examen périodique

Fecha *Date*	Peso *Poids*	Talla *Taille*	Observaciones *Observations*

Jatsun a _16_ de _Junio_ de 1937.

El Médico, *Le Médecin:*

La Enfermera, *L'Infirmière.*

GOICOECHEA URIARTE, MIKEL
Adina/Edad: 12 urte/años.

Jatorrizko herria
Localidad de procedencia:
Zeanuri.

Pisua/Peso:
39 kg (1937-VI-17).
43, 250 kg (1937-VIII-1).
44,500 kg (1937-IX-1).
46 kg (1937-X-1).

Altuera/Altura:
152 cm (1937-VIII-1).
152 cm (1937-IX-1).
153 cm (1937-X-1).

Andereñoek egindako fitxa
(1938-IX-11):
14 urte. Oso osasun ona, 11
cm hazi eta 15 kilo gizendu
da. Oso gogogabea eta alfer
samarra. Oso txukuna eta
esanekoa.

Ficha elaborada por las
andereños (11-IX-1938):
14 años. Muy buena
salud; ha crecido 11
centímetros y engordado
15 kilos. Muy apático
y un poco holgazán. Muy
pulcro y obediente.

EUZKADIKO JAURLARITZA

REFUGIADOS DE EUZKADI
Refugiés inscrits
DEPARTAMENTO DE SANIDAD
Service de Santé

FICHA SANITARIA (Provisional)
Fiche sanitaire (Provisoire)

Apellidos _Goikoetxea Uriarte_ Nombre _Elixabete_ Edad _8 años_
Noms · Prénom · Age
Sexo _f_ Dispensario o Refugio _Jatsu_ Localidad _B.P._
Sexe · Dispensaire ou Refuge · Localité
Procedencia _Zeanuri_
Lieu de naissance
Padre _F. A._ Profesion _____ Madre _____ Profesion _____
Père · Profession · Mère · Profession

ANTECEDENTES FAMILIARES _F. A._
Antécédents de la famille
Padres _____ Hermanos _____ Observaciones _____
Pères · Freres · Observations

ANTECEDENTES PERSONALES
Antécédents personnels
Sarampion. — Escarlatina. — Viruela. — Coqueluche — Difteria. — Parotiditis. — Tifoidea. — Bronquitis. — Neumo-
Rougeole · Scarlatine · Variole · Coqueluche · Diphterie · Oreillons · Typhoïde · Bronchite · nía. — etc · Pneumonie

---

ESTADO ACTUAL
Etat actuel
Viveza _normal_ Aspecto _sano_ Nutricion _deficiente_
Vivacité · Aspect · Nutrition

EXAMEN MEDICO
Examen médical
Aspecto general _____ Esqueleto _____
Aspect général · Squelette
Nariz y Garganta _____ Oidos _____
Nez et Gorge · Oreilles (Ouie)
_____ Vista _____
· Vue
Piel _normal_ Cuero cabelludo _normal_
Peau · Cuir chevelu
Ganglios _____ Trastornos de palabra _____
Ganglions · Troubles de la parole
Corazon _____ Pulmones _____
Coeur · Poumons
Estado intelectual _____ Rayos X _____
Etat intellectuel · Rayons X

EXAMEN PERIODICO
Examen périodique

Fecha / Date	Peso / Poids	Talla / Taille	Observaciones / Observations

Jatsu a _6_ de _junio_ de 1937.

El Medico,   La Enfermera,
Le Médecin,   L'Infirmière,

GOICOECHEA URIARTE, MIREN ELIXABETE

Adina/Edad: 8 urte/años.

Jatorrizko herria
Localidad de procedencia: Zeanuri.

Pisua/Peso:
22 kg (1937-VI-17).
24 kg (1937-VIII-1).
24 kg (1937-IX-1).
25 kg (1937-X-1).

Altuera/Altura:
122 cm (1937-VIII-1).
123 cm (1937-IX-1).
124 cm (1937-X-1).

Andereñoek egindako fitxa (1938-IX-11):
9 urte. Osasun ona, baina ahul samarra. Maitekorra eta bizia. Ez oso saiatua eta lausengaria.

Ficha elaborada por las andereños (11-IX-1938):
9 años. Buena salud, aunque un poco débil. Cariñosa y vivaracha. Poco aplicada y halagadora.

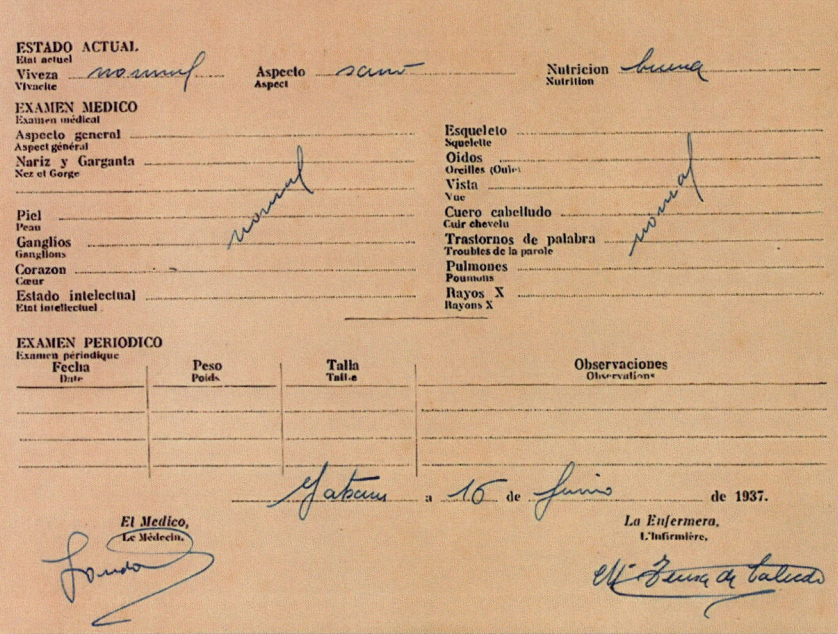

JUANBELTZ SARASOLA, FRANCISCO

Adina/Edad: 10 urte/años.

Jatorrizko herria
Localidad de procedencia:
Errenteria.

Pisua/Peso:
29 kg (1937-VI-17).
31 kg (1937-VIII-1).
32 kg (1937-IX-1).
32,500 kg (1937-X-1).

Altuera/Altura:
130 cm (1937-VIII-1).
131 cm (1937-IX-1).
131 cm (1937-X-1).

Andereñoek egindako fitxa
(1938-IX-11):
12 urte. Oso osasun ona,
7 kilo gizendu da. Oso
ordenatua, garbia eta
esanekoa. Agindutakoa
betetzen du. Ikasteko
interes gutxi.

Ficha elaborada por las
andereños (11-IX-1938):
12 años. Muy buena
salud; ha ganado 7
kilos. Muy ordenado,
limpio y obediente.
Cumple bien. Poco
interés para el
estudio.

EUZKADIKO JAURLARITZA

REFUGIADOS DE EUZKADI
Refugiés basques
DEPARTAMENTO DE SANIDAD
Service de Santé

FICHA SANITARIA (Provisional)
Fiche sanitaire (Provisoire)

Apellidos _Juanbeltz Sarasola_ Nombre _Luisa_ Edad _8 años_

Sexo _f_ Dispensario o Refugio _Jatsu_ Localidad _D.P._

Procedencia _Renteria_

Padre _J. Manuel_ Profesion _carpintero_ Madre _Maria_ Profesion _costurera_

ANTECEDENTES FAMILIARES _F.N._

Padres ____ Hermanos ____ Observaciones ____

ANTECEDENTES PERSONALES
Sarampion. – Escarlatina. – Viruela. – Coqueluche – Difteria. – Parotiditis. – Tifoidea. – Bronquitis. – Neumonia. – etc

JUANBELTZ SARASOLA, LUISA

Adina/Edad: 8 urte/años.

**Jatorrizko herria
Localidad de procedencia:** Errenteria.

Pisua/Peso:
25 kg (1937-VI-17).
26,900 kg (1937-VIII-1).
27 kg (1937-IX-1).
28,500 kg (1937-X-1).

Altuera/Altura:
123 cm (1937-VIII-1).
124 cm (1937-IX-1).
124 cm (1937-X-1).

**Andereñoek egindako fitxa
(1938-IX-11):**
9 urte. Oso osasun ona,
6 kilo gizendu da. Bihurria
eta jostalaria. Ez oso
saiatua, esanekoa.

**Ficha elaborada por las
andereños (11-IX-1938):**
9 años. Muy buena salud;
ha ganado 6 kilos.
Traviesa y juguetona.
Poco aplicada;
obediente.

ESTADO ACTUAL
Etat actuel
Viveza _normal_ Aspecto _sano_ Nutricion _buena_
Vivacité

EXAMEN MEDICO
Examen medical

Aspecto general ____ Esqueleto ____
Nariz y Garganta _normal_ Oidos ____
Vista ____
Piel ____ Cuero cabelludo ____
Ganglios ____ Trastornos de palabra ____
Corazon ____ Pulmones _normal_
Estado intelectual ____ Rayos X ____

EXAMEN PERIODICO
Examen périodique

Fecha	Peso	Talla	Observaciones

Jatsu a _16_ de _Junio_ de 1937.

El Medico, Le Médecin,

La Enfermera, L'Infirmière.

EUZKADIKO JAURLARITZA

REFUGIADOS DE EUZKADI
Refugies basques

DEPARTAMENTO DE SANIDAD
Service de Sante

FICHA SANITARIA (Provisional)
Fiche sanitaire (Provisoire)

Apellidos *Venbeltz Sarasola*   Nombre *María*   Edad *12 años*

Sexo *f*   Dispensario o Refugio *Jatsun*   Localidad *B. P.*

Procedencia *Rentería*
Lieu de naissance

Padre *Manuel*   Profesion *carpintero*   Madre   Profesion *sus labores*

ANTECEDENTES FAMILIARES
Antecedents de la famille

Padres   Hermanos   Observaciones
Peres   Freres   Observations

ANTECEDENTES PERSONALES
Antecedents personnels

Sarampion. — Escarlatina. — Viruela. — Coqueluche — Difteria. — Parotiditis. — Tifoidea. — Bronquitis. — Neumonia. — etc

---

ESTADO ACTUAL
Etat actuel

Viveza *normal*   Aspecto *sano*   Nutricion *deficiente*

EXAMEN MEDICO
Examen médical

Aspecto general *adenoideo*

Nariz y Garganta *amigdalitis ?*   Esqueleto   Oidos   Vista

Piel *quemaduras en la espalda*   Cuero cabelludo

Ganglios *normal*   Trastornos de palabra

Corazon *"*   Pulmones *observación*

Estado intelectual *"*   Rayos X

EXAMEN PERIODICO
Examen périodique

Fecha	Peso	Talla	Observaciones

Jatsun a *16* de *Junio* de 1937.

El Medico,   La Enfermera,
Le Médecin,   L'Infirmière,

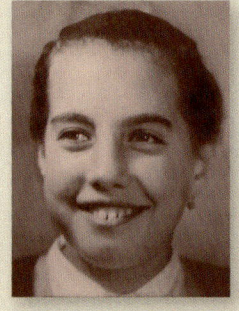

JUANBELTZ SARASOLA,
MARÍA

Adina/Edad: 12 urte/años.

**Jatorrizko herria
Localidad de procedencia:**
Errenteria.

Pisua/Peso:
31 kg (1937-VI-17).
34,250 kg (1937-VIII-1).
34,250 kg (1937-IX-1).
37 kg (1937-X-1).

Altuera/Altura:
142 cm (1937-VIII-1).
142 cm (1937-IX-1).
142 cm (1937-X-1).

**Andereñoek egindako fitxa
(1938-IX-11):**
14 urte. Oso osasun ona,
14 kilo gizendu da.
Esanekoa, errespetuzkoa
eta fina. Ondo betetzen
ditu bere eginbeharrak.

**Ficha elaborada por las
andereños (11-IX-1938):**
14 años. Muy buena salud;
ha ganado 14 kilos.
Obediente, respetuosa y
fina. Cumple bien con sus
deberes.

EUZKADIKO JAURLARITZA

REFUGIADOS DE EUZKADI
Refugiés basques
DEPARTAMENTO DE SANIDAD
Service de Santé

FICHA SANITARIA (Provisional)
Fiche sanitaire (Provisoire)

Apellidos _Lecumberri Cilaurren_ Nombre _Andoni_ Edad _11 años_
Noms   Prénom
Sexo _m._ Dispensario o Refugio _Jatsun_ Localidad _B.P._
Sexe   Dispensaire ou Refuge   Localité
Procedencia _Asua_
Lieu de naissance
Padre _Luis_ Profesion _jornalero_ Madre _Eugenia_ Profesion _s.l._
Père   Profession   Mère   Profession

ANTECEDENTES FAMILIARES
Antécédents de la famille
Padres _sanos_ Hermanos _5 sanos_ Observaciones
Pères   Frères   Observations

ANTECEDENTES PERSONALES
Antécédents personnels
Sarampion. — Escarlatina. — Viruela. — Coqueluche — Difteria. — Parotiditis. — Tifoidea. — Bronquitis, — Neumo-
Rougeole   Scarlatine   Variole   Coqueluche   Diphterie   Oreillons   Typhoïde   Bronchite   Pneumonie
nia. — etc _anginas catarros_

ESTADO ACTUAL
Etat actuel
Viveza _normal_ Aspecto _sano_ Nutricion _buena_
Vivacité   Aspect   Nutrition

EXAMEN MEDICO
Examen médical
Aspecto general _normal_   Esqueleto _"_
Aspect général   Squelette
Nariz y Garganta _"_   Oidos _"_
Nez et Gorge   Oreilles (Ouïe)
                               Vista _"_
                               Vue
Piel _Pediculosis_   Cuero cabelludo _normal_
Peau   Cuir chevelu
Ganglios _normal_   Trastornos de palabra _"_
Ganglions   Troubles de la parole
Corazon _"_   Pulmones _"_
Cœur   Poumons
Estado intelectual _"_   Rayos X
Etat intellectuel   Rayons X

EXAMEN PERIODICO
Examen périodique

Fecha Date	Peso Poids	Talla Taille	Observaciones Observations
17-VI-1937	32.900		

Jatsu a _16_ de _Junio_ de 1937.

El Medico,   La Enfermera,
Le Médecin,   L'Infirmière,

LECUMBERRI CILAURREN, ANDONI

Adina/Edad: 11 urte/años.

Jatorrizko herria
Localidad de procedencia:
Asua.

Pisua/Peso:
32,900 kg (1937-VI-17).
34,250 kg (1937-VIII-1).
34 kg (1937-IX-1).
35,520 kg (1937-X-1).

Altuera/Altura:
139 cm (1937-VIII-1).
139 cm (1937-IX-1).
140 cm (1937-X-1).

Andereñoek egindako fitxa
(1938-IX-11):
13 urte. Oso indartsua,
10 kilo gizendu da. Izaera
urduria eta presatsua.
Adimenduna eta saiatua.
Desobedientea eta zakarra.

Ficha elaborada por las
andereños (11-IX-1938):
13 años. Muy fuerte;
ha ganado 10 kilos.
Temperamento nervioso y
precipitado. Inteligente
y aplicado. Desobediente
y grosero.

EUZKADIKO JAURLARITZA

REFUGIADOS DE EUZKADI
Refugiés inscrits
DEPARTAMENTO DE SANIDAD
Service de Santé

FICHA SANITARIA (Provisional)
Fiche sanitaire (Provisoire)

Apellidos _Lecumberri Cilaurren_   Nombre _Eukene_   Edad _9 años_
Noms / Age

Sexo _f_   Dispensario o Refugio _Jatsu_   Localidad
Sexe / Dispensaire ou Refuge / Localité

Procedencia _Asua_
Lieu de naissance

Padre _Luis_   Profesion _jornalero_   Madre _Eugenia_   Profesion _s.l._
Père / Profession / Mère / Profession

ANTECEDENTES FAMILIARES
Antécédents de la famille

Padres _sanos_   Hermanos _5 sanos_   Observaciones
Pères / Frères / Observations

ANTECEDENTES PERSONALES
Antécédents personnels

Sarampión. – Escarlatina. – Viruela. – Coqueluche – Difteria. – Parotiditis. – Tifoidea. – Bronquitis. – Neumonía. – etc
Rougeole / Scarlatine / Varicelle / Coqueluche / Diphtérie / Oreillons / Typhoïde / Bronchite / Pneumonie

varicela catarro

ESTADO ACTUAL
Etat actuel

Viveza _normal_   Aspecto _sano_   Nutricion _normal_
Vivacité / Aspect / Nutrition

EXAMEN MEDICO
Examen médical

Aspecto general   Esqueleto
Aspect général / Squelette

Nariz y Garganta   Oidos
Nez et Gorge / Oreilles (Ouïe)

Vista
Vue

Piel   Cuero cabelludo
Peau / Cuir chevelu

Ganglios   _normal_   Trastornos de palabra   _normal_
Ganglions / Troubles de la parole

Corazon   Pulmones
Coeur / Poumons

Estado intelectual   Rayos X
Etat intellectuel / Rayons X

EXAMEN PERIODICO
Examen périodique

Fecha / Date	Peso / Poids	Talla / Taille	Observaciones / Observations

Jatsu a _16_ de _Junio_ de 1937.

El Medico,   La Enfermera,
Le Médecin,   L'Infirmière,

LECUMBERRI CILAURREN, EUKENE

Adina/Edad: 9 urte/años.

**Jatorrizko herria
Localidad de procedencia:** Asua.

Pisua/Peso:
30,800 kg (1937-VI-17).
29,250 kg (1937-VIII-1).
30 kg (1937-IX-1).
31 kg (1937-X-1).

Altuera/Altura:
134 cm (1937-VIII-1).
134 cm (1937-IX-1).
135 cm (1937-X-1).

Andereñoek egindako fitxa (1938-IX-11):
11 urte. Osasun ona,
8 kilo gizendu da. Adimen
ertaina. Saiatua eta harroa.
Desordenatua.

Ficha elaborada por las andereños (11-IX-1938):
11 años. Buena salud;
ha engordado 8 kilos.
Inteligencia media.
Aplicada y pundonorosa.
Un poco desordenada.

EUZKADIKO JAURLARITZA

REFUGIADOS DE EUZKADI
Refugiés basques
DEPARTAMENTO DE SANIDAD
Service de Santé

FICHA SANITARIA (Provisional)
Fiche sanitaire (Provisoire)

Apellidos / Noms _Lopategui Laucirica_ Nombre / Prénom _Mª Carmen_ Edad / Age _7 años_

Sexo / Sexe _f_ Dispensario o Refugio / Dispensaire ou Refuge _Jatsun_ Localidad / Localité _B.P._

Procedencia / Lieu de naissance _el Muxika_

Padre / Père _F.A._ Profesion / Profession _____ Madre / Mère _____ Profesion / Profession _____

ANTECEDENTES FAMILIARES (F.A.)
Antecédents de la famille

Padres / Pères _____ Hermanos / Frères _____ Observaciones / Observations _____

ANTECEDENTES PERSONALES
Antécédents personnels

Sarampion. — Escarlatina. — Viruela. — Coqueluche — Difteria. — Parotiditis. — Tifoidea. — Bronquitis. — Neumonia. — etc
Rougeole — Scarlatine — Varicelle — Coqueluche — Diphterie — Oreillons — Typhoïde — Bronchite — Pneumonie

ESTADO ACTUAL
Etat actuel

Viveza / Vivacité _poca_ Aspecto / Aspect _debil_ Nutricion / Nutrition _deficiente_

EXAMEN MEDICO
Examen médical

Aspecto general / Aspect général _____ Esqueleto / Squelette _escoliosis_
Nariz y Garganta / Nez et Gorge _____ Oidos / Oreilles (Ouïe) _____
_____ Vista / Vue _____
Piel / Peau _normal_ Cuero cabelludo / Cuir chevelu _____
Ganglios / Ganglions _____ Trastornos de palabra / Troubles de la parole _normal_
Corazón / Cœur _____ Pulmones / Poumons _____
Estado intelectual / Etat intellectuel _____ Rayos X / Rayons X _____

EXAMEN PERIODICO
Examen périodique

Fecha / Date	Peso / Poids	Talla / Taille	Observaciones / Observations

Jatsun a _16_ de _junio_ de 1937.

El Medico, / Le Médecin, _____ La Enfermera, / L'Infirmière, _____

LOPATEGUI LAUCIRICA, MARÍA CARMEN

Adina/Edad: 8 urte/años.

Jatorrizko herria Localidad de procedencia: Muxika.

Pisua/Peso:
25,500 kg (1937-VI-17).
27 kg (1937-VIII-1).
27,500 kg (1937-IX-1).
27,500 (1937-X-1).

Altuera/Altura:
119 cm (1937-VIII-1).
119 cm (1937-IX-1).
120 cm (1937-X-1).

Andereñoek egindako fitxa (1938-IX-11):
10 urte. Osasun eskasa (bronkioak); 6 kilo gizendu da. Oso jostalaria, ez oso esanekoa, baina oso saiatua.

Ficha elaborada por las andereños (11-IX-1938):
10 años. Poca salud (bronquios); ha engordado 6 kilos. Muy juguetona, poco obediente, pero muy aplicada.

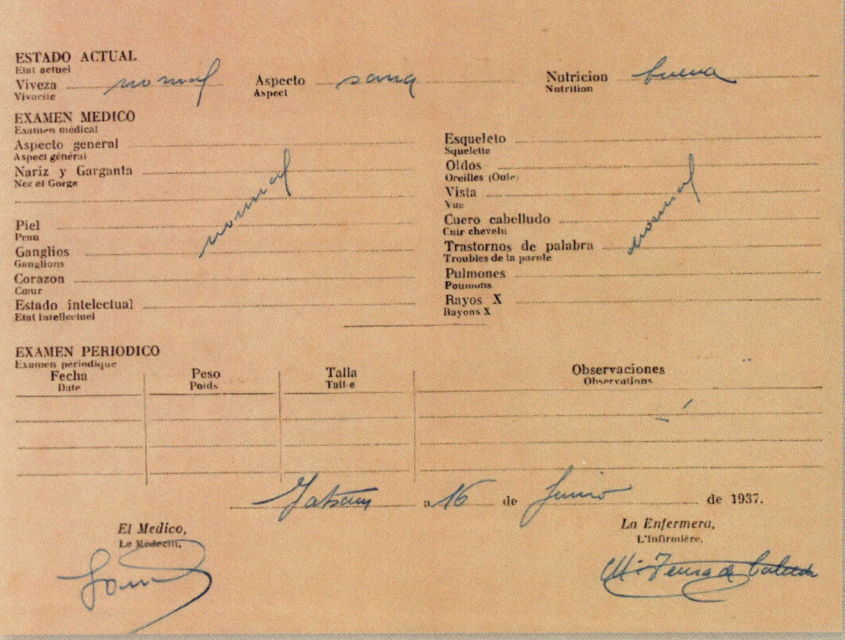

EUZKADIKO JAURLARITZA

REFUGIADOS DE EUZKADI
Refugiés basques
DEPARTAMENTO DE SANIDAD
Service de Sante

FICHA SANITARIA (Provisional)
Fiche sanitaire (Provisoire)

Apellidos *Lopategi Laucirica* / Noms

Nombre *Mª Rosa* / Prenom

Edad *12 ans* / Age

Sexo *f* / Sexe

Dispensario o Refugio *Jatsun* / Dispensaire ou Refuge

Localidad *B.P.* / Localite

Procedencia *Muxika* / Lieu de naissance

Padre *Juan* / Père

Profesion *labrador* / Profession

Madre *Santa* / Mère

Profesion / Profession

ANTECEDENTES FAMILIARES
Antécédents de la famille

Padres *sanos* / Pères

Hermanos *7 sanos* / Freres

Observaciones / Observations

madre según dice padece tuberculosis de vientre

ANTECEDENTES PERSONALES
Antécédents personnels

Sarampion. — Escarlatina. — Viruela. — Coqueluche — Difteria. — Parotiditis. — Tifoidea. — Bronquitis. — Neumonia. — etc
Rougeole *Scarlatine* *Variole* *Coqueluche* *Diphterie* *Oreillons* *Typhoide* *Bronchite* *Pneumonie*

ESTADO ACTUAL
Etat actuel

Viveza *normal* / Vivacite

Aspecto *sano* / Aspect

Nutricion *buena* / Nutrition

EXAMEN MEDICO
Examen medical

Aspecto general / Aspect général

Nariz y Garganta / Nez et Gorge

Piel / Peau

Ganglios / Ganglions

Corazon / Cœur

Estado intelectual / Etat intellectuel

normal

Esqueleto / Squelette

Oidos / Oreilles (Oie)

Vista / Vue

Cuero cabelludo / Cuir chevelu

Trastornos de palabra / Troubles de la parole

Pulmones / Poumons

Rayos X / Rayons X

normal

EXAMEN PERIODICO
Examen periodique

Fecha / Date	Peso / Poids	Talla / Taille	Observaciones / Observations

Jatsun a *16* de *Junio* de 1937.

El Medico, / *Le Médecin,*

La Enfermera, / *L'Infirmière,*

LOPATEGUI LAUCIRICA, MARÍA ROSA

Adina/Edad: 12 urte/años.

Jatorrizko herria
Localidad de procedencia:
Muxika.

Pisua/Peso:
37,500 kg (1937-VI-17).
41,500 kg (1937-VIII-1).
41 kg (1937-IX-1).
43 kg (1937-X-1).

Altuera/Altura:
141 cm (1937-VIII-1).
142 cm (1937-IX-1).
142 cm (1937-X-1).

Andereñoek egindako fitxa (1938-IX-11):
14 urte. Oso osasun ona, 10 kilo gizendu da. Azkarra, saiatua eta langilea. Oso jarrera ona matematika eta ikasketetarako, baita mekanografiarako ere.

Ficha elaborada por las andereños (11-IX-1938):
14 años. Muy buena salud; ha ganado 10 kilos. Inteligente, aplicada y laboriosa. Muy buenas disposiciones para matemáticas y estudios, así como mecanografía.

EUZKADIKO JAURLARITZA

REFUGIADOS DE EUZKADI
Refugies basques
DEPARTAMENTO DE SANIDAD
Service de Santé

FICHA SANITARIA (Provisional)
Fiche sanitaire (Provisoire)

Apellidos / Noms: *Lopategui Laucirica*
Nombre / Prénom: *Sinuria* Edad / Age: *11 años*
Sexo / Sexe:
Dispensario o Refugio / Dispensaire ou Refuge: *Jatsu* Localidad / Localité:
Procedencia / Lieu de naissance: *Bilbao (Muxika)*
Padre / Père: *Juan* Profesion / Profession: *labrador* Madre / Mère: *Paula* Profesion / Profession: *s.l.*

ANTECEDENTES FAMILIARES
Antécédents de la famille
Padres / Pères: *sanos, madre* Hermanos / Frères: *Isaura* Observaciones / Observations:
ha estado enferma
hoy Salvador 2 meses
actualmente débil

ANTECEDENTES PERSONALES
Antécédents personnels
Sarampion. — Escarlatina. — Viruela. — Coqueluche. — Difteria. — Parotiditis. — Tifoidea. — Bronquitis. — Neumo-
Rougeole.   Scarlatine.   Variole.   Coqueluche.   Diphterie.   Oreillons.   Typhoide.   bronchite.   nie. — etc. *catarros*

ESTADO ACTUAL
Etat actuel
Viveza / Vivacité: *normal* Aspecto / Aspect: *sana* Nutricion / Nutrition: *buena*

EXAMEN MEDICO
Examen médical
Aspecto general / Aspect général:
Nariz y Garganta / Nez et Gorge: *normal*
Piel / Peau:
Ganglios / Ganglions:
Corazon / Cœur:
Estado intelectual / Etat intellectuel:

Esqueleto / Squelette:
Oidos / Oreilles (Ouïe):
Vista / Vue:
Cuero cabelludo / Cuir chevelu:
Trastornos de palabra / Troubles de la parole: *normal*
Pulmones / Poumons:
Rayos X / Rayons X:

EXAMEN PERIODICO
Examen périodique

Fecha / Date	Peso / Poids	Talla / Taille	Observaciones / Observations

Jatsu 16 de *Junio* de 1937.

El Medico, / Le Médecin,

La Enfermera, / L'Infirmière,

LOPATEGUI LAUCIRICA, DOMINICA:

Adina/Edad: 11 urte/años.

Jatorrizko herria
Localidad de procedencia:
Muxika.

Pisua/Peso:
33,500 kg (1937-VI-17).
37 kg (1937-VIII-1).
38,500 kg (1937-IX-1).
40 kg (1937-X-1).

Altuera/Altura:
140 cm (1937-VIII-1).
140 cm (1937-IX-1).
141 cm (1937-X-1).

Andereñoek egindako fitxa
(1938-IX-11):
12 urte. Oso osasun ona,
13 kilo gizendu da.
Adimen ertaina; ez oso
saiatua; ordenatua eta
esanekoa.

Ficha elaborada por las
andereños (11-IX-1938):
Muy buena salud, ha
ganado 13 kilos.
Inteligencia media; poco
aplicada; ordenada y
obediente.

EUZKADIKO JAURLARITZA

REFUGIADOS DE EUZKADI
Refugies basques
DEPARTAMENTO DE SANIDAD
Service de Santé

FICHA SANITARIA (Provisional)
Fiche sanitaire (Provisoire)

Apellidos *Mendibil Uriarte* — Nombre *Alexander* — Edad *13 años*
Noms — Prénom — Age

Sexo *m.* — Dispensario o Refugio *Jatsu* — Localidad *B.P.*
Sexe — Dispensaire ou Refuge — Localité

Procedencia *Zeanuri*
Lieu de naissance

Padre *Adolfo* — Profesion *mecánico* — Madre *Eulogia* — Profesion *s.l.*
Père — Profession — Mère — Profession

ANTECEDENTES FAMILIARES
Antécédents de la famille

Padres *sana* — Hermanos *2 sanos* — Observaciones _____
Pères — Frères *1 fallecido* — Observations
tuberculosis?

ANTECEDENTES PERSONALES
Antécédents personnels

Sarampion. — Escarlatina. — Viruela. — Coqueluche — Difteria. — Parotiditis. — Tifoidea. — Bronquitis. — Neumo-
Rougeole — Scarlatine — Varicelle — Coqueluche — Diphterie — Oreillons — Typhoïde — Bronchite — Pneumonie
nia. — etc

ESTADO ACTUAL
État actuel

Viveza *normal* — Aspecto *sano* — Nutricion *normal*
Vivacité — Aspect — Nutrition

EXAMEN MEDICO
Examen médical

Aspecto general — Esqueleto
Aspect général — Squelette

Nariz y Garganta — Oidos
Nez et Gorge — Oreilles (Ouïe)

Vista
Vue

Cuero cabelludo
Cuir chevelu

Piel *normal* — Trastornos de palabra *normal*
Peau — Troubles de la parole

Ganglios — Pulmones
Ganglions — Poumons

Corazon — Rayos X
Cœur — Rayons X

Estado intelectual
État intellectuel

EXAMEN PERIODICO
Examen périodique

Fecha Date	Peso Poids	Talla Taille	Observaciones Observations

Jatsu a *16* de *Junio* de 1937.

El Medico, — La Enfermera,
Le Médecin, — L'Infirmière.

MENDIBIL URIARTE, ALEXANDER

Adina/Edad: 13 urte/años.

Jatorrizko herria
Localidad de procedencia:
Zeanuri.

Pisua/Peso:
40,500 kg (1937-VI-17).
43 kg (1937-VIII-1).
43 kg (1937-IX-1).
45 kg (1937-X-1).

Altuera/Altura:
153 cm (1937-VIII-1).
153,50 cm (1937-IX-1).
155 cm (1937-X-1).

**Andereñoek egindako fitxa
(1938-IX-11):**
14 urte. Oso osasun ona,
10 kilo gizendu eta 12
cm hazi da. Esanekoa
eta oso atsegina. Oso
langilea. Adimen urria.

**Ficha elaborada por las
andereños (11-IX-1938):**
14 años. Muy buena
salud; ha engordado
10 kilos y crecido 12
centímetros. Obediente
y muy complaciente. Muy
trabajador. Inteligencia
corta.

EUZKADIKO JAURLARITZA

REFUGIADOS DE EUZKADI
Refugiés basques
DEPARTAMENTO DE SANIDAD
Service de Santé

FICHA SANITARIA (Provisional)
Fiche sanitaire (Provisoire)

Apellidos _Naberan Garcia_ Nombre _Iñaki_ Edad _13 años_
Noms   Prénom   Age

Sexo _m_ Dispensario o Refugio _Jatsu_ Localidad
Sexe   Dispensaire ou Refuge   Localité

Procedencia _Ondarroa_
Lieu de naissance

Padre _Joe_ Profesion _marinu_ Madre _Constancia_ Profesion
Père   Profession   Profession

ANTECEDENTES FAMILIARES
Antécédents de la famille

Padre y madre _sanos_ Hermanos _6 sanos_ Observaciones
Pères   Frères   Observations

mudo somatico _un fallecido por accidente_

ANTECEDENTES PERSONALES
Antécédents personnels

Sarampion. — Escarlatina. — Viruela. — Coqueluche — Difteria. — Parotiditis. — Tifoidea. — Bronquitis, — Neumo-
Rougeole   Scarlatine   Variole   Coqueluche   Diphterie   Oreillons   Typhoïde   Bronchite   Pneumonie
nia. — etc

ESTADO ACTUAL
Etat actuel

Viveza _normal_ Aspecto _sano_ Nutricion _buena_
Vivacité   Aspect   Nutrition

EXAMEN MEDICO
Examen médical

Aspecto general   Esqueleto
Aspect général   Squelette
Nariz y Garganta   Oidos
Nez et Gorge   Oreilles (Ouie)
                                         Vista
                                         Vue
Piel   Cuero cabelludo
Peau   Cuir chevelu
Ganglios _normal_   Trastornos de palabra _normal_
Ganglions   Troubles de la parole
Corazon   Pulmones
Cœur   Poumons
Estado intelectual   Rayos X
Etat intellectuel   Rayons X

EXAMEN PERIODICO
Examen périodique

Fecha	Peso	Talla	Observaciones
Date	Poids	Taille	Observations
17-VI-1937	35,800		

Jatsu a _15_ de _junio_ de 1937.

El Medico,   La Enfermera,
Le Médecin,   L'Infirmière.

NABERÁN GARCÍA, IÑAKI

Adina/Edad: 13 urte/años.

Jatorrizko herria
Localidad de procedencia:
Ondarroa.

Pisua/Peso:
35,800 kg (1937-VI-17).
39 kg (1937-VIII-1).
39 kg (1937-IX-1).
40,500 kg (1937-X-1).

Altuera/Altura:
144 cm (1937-VIII-1).
144,50 cm (1937-IX-1).
145 cm (1937-X-1).

**Andereñoek egindako fitxa
(1938-IX-11):**
14 urte. Oso osasun
ona, 9 kilo gizendu
da. Izaera zintzoa
eta saiatua, apur bat
sentikorra. Jarrera ona;
trebea eta esanekoa.

**Ficha elaborada por las
andereños (11-IX-1938):**
14 años. Muy buena
salud; ha engordado 9
kilos. Carácter franco
y aplicado, un poco
susceptible. Buena
disposición; habilidoso y
obediente.

EUZKADIKO JAURLARITZA

REFUGIADOS DE EUZKADI
Refugiés Imazpes
DEPARTAMENTO DE SANIDAD
Service de Santé

FICHA SANITARIA (Provisional)
Fiche sanitaire (Provisoire)

Apellidos / Noms — *Naberán García*
Nombre / Prénom — *Tesa* — Edad / Age — *9 años*
Sexo / Sexe — *f*
Dispensario o Refugio / Dispensaire ou Refuge — *Jatsun*
Localidad / Localité — *B.P.*
Procedencia / Lieu de naissance — *Ondarroa*
Padre / Père — *José* — Profesion / Profession — *marinero* — Madre / Mère — *Constancia* — Profesion / Profession —

ANTECEDENTES FAMILIARES
Antécédents de la famille
Padres / Pères — *sano*
Hermanos / Frères — *6 años — uno fallecido en el frente*
Observaciones / Observations —

ANTECEDENTES PERSONALES
Antécédents personnels
Sarampion. — Escarlatina. — Viruela. — Coqueluche — Difteria. — Parotiditis. — Tifoidea. — Bronquitis. — Neumonia. — etc
Rougeole — Scarlatine — Varicelle — Coqueluche — Diphterie — Oreillons — Typhoïde — Bronchite — Pneumonie

ESTADO ACTUAL
Etat actuel
Viveza / Vivacité — *normal*
Aspecto / Aspect — *sano*
Nutricion / Nutrition — *normal*

EXAMEN MEDICO
Examen medical
Aspecto general / Aspect general —
Nariz y Garganta / Nez et Gorge —
Piel / Peau — *normal*
Ganglios / Ganglions —
Corazon / Cœur —
Estado intelectual / Etat intellectuel —
Esqueleto / Squelette —
Oidos / Oreilles (Ouïe) —
Vista / Vue —
Cuero cabelludo / Cuir chevelu — *normal*
Trastornos de palabra / Troubles de la parole —
Pulmones / Poumons —
Rayos X / Rayons X —

EXAMEN PERIODICO
Examen périodique

Fecha / Date	Peso / Poids	Talla / Taille	Observaciones / Observations

Jatsun a *16* de *Junio* de 1937.

El Medico, / Le Médecin,

La Enfermera, / L'Infirmière,

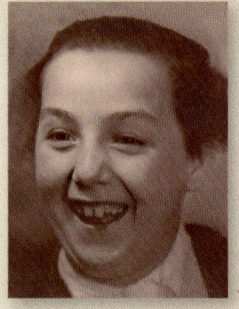

NABERÁN GARCÍA, TERESA

Adina/Edad: 9 urte/años.

Jatorrizko herria
Localidad de procedencia:
Ondarroa.

Pisua/Peso:
25,500 kg (1937-VI-17).
27 kg (1937-VIII-1).
28 kg (1937-IX-1).
28,750 kg (1937-X-1).

Altuera/Altura:
125 cm (1937-VIII-1).
125,50 cm (1937-IX-1).
126 cm (1937-X-1).

Andereñoek egindako fitxa
(1938-IX-11):
10 urte. Osasun eskasa,
5 kilo gizendu da.
Izaera lotsatia eta
gogotsua. Ordenatua eta
aplikazio onekoa, baina
gutxi aprobetxatzen du.

Ficha elaborada por las
andereños (11-IX-1938):
10 años. Salud mediocre,
Ha engordado 5 kilos.
Carácter tímido y
voluntariosa. Ordenada y
buena aplicación, aunque
aprovecha poco.

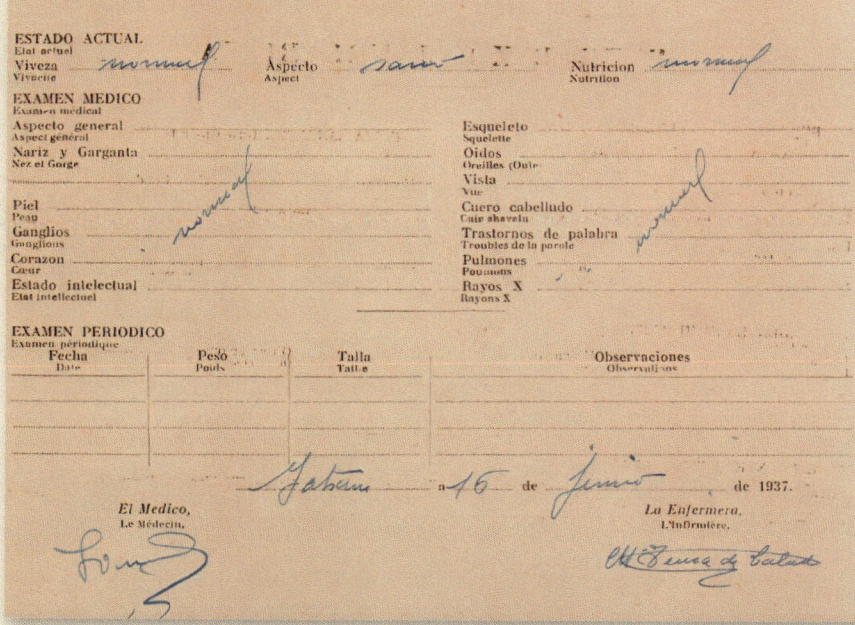

OLONDO IRADI, CARMEN

Adina/Edad: 11 urte/años.

Jatorrizko herria
Localidad de procedencia:
Bermeo.

Pisua/Peso:
33 kg (1937-VI-17).
36,250 kg (1937-VIII-1).
37,750 kg (1937-IX-1).
40 kg (1937-X-1).

Altuera/Altura:
143 cm (1937-VIII-1).
144 cm (1937-IX-1).
144 cm (1937-X-1).

Ander.ñoek egindako fitxa (1938-IX-11):
13 urte. Osasun ona,
15 kilo gizendu da.
Adimen eskasa, aplikazio
ona. Desordenatua, baina
eskuzko lanerako prest.

Ficha elaborada por las andereños (11-IX-1938):
13 años. Buena salud;
ha engordado 15 kilos.
Inteligencia mediocre;
buena aplicación.
Desordenada, aunque con
disposiciones para el
trabajo manual.

EUZKADIKO JAURLARITZA

REFUGIADOS DE EUZKADI
Refugiés basques
DEPARTAMENTO DE SANIDAD
Service de Santé

FICHA SANITARIA (Provisional)
Fiche sanitaire (Provisoire)

Apellidos *Olondo Iradi* Nombre *Dolores* Edad *8 años*
Nom / Prénom / Age

Sexo *f* Dispensario o Refugio *Jatsu* Localidad *R. P.*
Sexe / Dispensaire ou Refuge / Localité

Procedencia *Bermeo*
Lieu de naissance

Padre *(F.A.)* Profesion Madre Profesion
Père / Profession / Mère / Profession

ANTECEDENTES FAMILIARES *(F.A.)*
Antécédents de la famille

Padres Hermanos Observaciones *mellizos*
Pères / Frères / Observations

ANTECEDENTES PERSONALES
Antécédents personnels
Sarampion. — Escarlatina. — Viruela. — Coqueluche — Difteria. — Parotiditis. — Tifoidea. — Bronquitis. — Neumo-
Rougeole / Scarlatine / Varicelle / Coqueluche / Diphterie / Oreillons / Typholde / Bronchite / Pneumonie
nia. — etc

ESTADO ACTUAL.
État actuel
Viveza *poca* Aspecto *raquitico* Nutricion *mal*
Vivacité / Aspect / Nutrition

EXAMEN MEDICO
Examen médical
Aspecto general Esqueleto *malefraición defecto*
Aspect général / Squelette
Nariz y Garganta Oidos
Nez et Gorge / Oreilles (Ouïe)
Vista
Vue
Piel *normal* Cuero cabelludo *normal*
Peau / Cuir chevelu
Ganglios Trastornos de palabra
Ganglions / Troubles de la parole
Corazon Pulmones
Cœur / Poumons
Estado intelectual Rayos X
État intellectuel / Rayons X

EXAMEN PERIODICO
Examen périodique

Fecha / Date	Peso / Poids	Talla / Taille	Observaciones / Observations
17-VI-1937	22 K		

Jatsu 16 de *Junio* de 1937.

El Medico, La Enfermera,
Le Médecin, L'Infirmière,

OLONDO IRADI, DOLORES
Adina/Edad: 8 urte/años.

Jatorrizko herria
Localidad de procedencia:
Bermeo.

Pisua/Peso:
22 kg (1937-VI-17).
26 kg (1937-VIII-1).
26 kg (1937-IX-1).
27 kg (1-X-1937).

Altuera/Altura:
125 cm (1937-VIII-1).
126 cm (1937-IX-1).
127 cm (1937-X-1).

Andereñoek egindako fitxa
(1938-IX-11):
9 urte. Oso osasun ona.
Nabarmen hobetu da eta
9 kilo gizendu da.
Saiatua eta bizia. Ez
oso esanekoa eta lanean
ez oso saiatua.

Ficha elaborada por las
andereños (11-IX-1938):
9 años. Muy buena salud.
Ha mejorado notablemente
y ganado 9 kilos.
Aplicada y despejada.
Poco obediente y menos
constante en el trabajo.

EUZKADIKO JAURLARITZA

REFUGIADOS DE EUZKADI
Refugies basques
DEPARTAMENTO DE SANIDAD
Service de Santé

FICHA SANITARIA (Provisional)
Fiche sanitaire (Provisoire)

Apellidos _Olondo Iradi y_ Noms
Nombre _Gregorio_ Prénom
Edad _8 años_ Âge

Sexo _m_ Sexe
Dispensario o Refugio _Jatsun_ Dispensaire ou Refuge
Localidad _B. F._ Localité

Procedencia _Bermeo_ Lieu de naissance

Padre _Gregorio_ Père
Profesion Profession
Madre _Jesusa_ Mère
Profesion Profession

ANTECEDENTES FAMILIARES
Antécédents de la famille

Padres _sanos_ Pères
Hermanos _6_ Frères
Observaciones _mellizo_ Observations

ANTECEDENTES PERSONALES
Antécédents personnels

Sarampion. — Escarlatina. — Viruela. — Coqueluche. — Difteria. — Parotiditis. — Tifoidea. — Bronquitis. — Neumonia. — etc
Rougeole   Scarlatine   Variole   Coqueluche   Diphtérie   Oreillons   Typhoïde   Bronchite   Pneumonie

sintomatología de aspecto gripal

ESTADO ACTUAL
État actuel

Viveza _poca_ Vivacité
Aspecto _débil_ Aspect
Nutricion _mala_ Nutrition

EXAMEN MEDICO
Examen médical

Aspecto general _enfermizo_ Aspect général
Esqueleto _mala raquiefuación_ Squelette

Nariz y Garganta _normal_ Nez et Gorge
Oidos _normal_ Oreilles (Ouïe)

Visto _en observación_ Vue

Piel _"_ Peau
Cuero cabelludo Cuir chevelu

Ganglios _"_ Ganglions
Trastornos de palabra Troubles de la parole

Corazon _Insuficiente_ Cœur
Pulmones _congestión_ Poumons

Estado intelectual _débil mental y falta de escuela_ État intellectuel
Rayos X Rayons X

EXAMEN PERIODICO
Examen périodique

Fecha / Date	Peso / Poids	Talla / Taille	Observaciones / Observations

Jatsun a _16_ de _Junio_ de 1937.

El Medico,
Le Médecin,

La Enfermera,
L'Infirmière,

OLONDO IRADI, GREGORIO

Adina/Edad: 8 urte/años.

Jatorrizko herria
Localidad de procedencia:
Bermeo.

Pisua/Peso:
21,100 kg (1937-VI-17).
23 kg (1937-VIII-1).
23,250 kg (1937-IX-1).
24 kg (1937-X-1).

Altuera/Altura:
124 cm (1937-VIII-1).
124,50 cm (1-09-1937).
125 cm (1937-X-1).

**Andereñoek egindako fitxa
(1938-IX-11):**
9 urte. Osasun eskasa,
5 kilo gizendu da.
Adimentsua, ez oso
saiatua. Urduria.

**Ficha elaborada por las
andereños (11-IX-1938):**
9 años. Poca salud;
ha ganado 5 kilos.
Inteligente, poco
aplicado. Inquieto y
enredador.

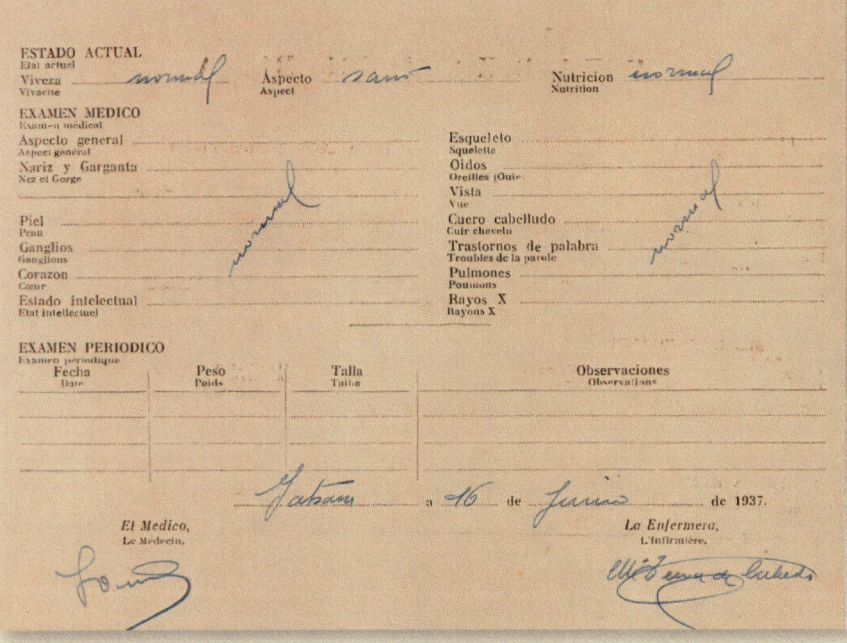

OLONDO IRADI, JUAN

Adina/Edad: 6 urte/años.

Jatorrizko herria
Localidad de procedencia:
Bermeo.

Pisua/Peso:
18,500 kg (1937-VI-17).
19 kg (1937-VIII-1).
19 kg (1937-IX-1).
19,500 kg (1937-X-1).

Altuera/Altura:
105 cm (1937-VIII-1).
106 cm (1937-IX-1).
106 cm (1937-X-1).

Andereñoek egindako fitxa
(1938-IX-11):
7 urte. 3 kilo bakarrik
irabazi ditu, baina
osasun ona du. Alferra
eta aplikazio nulua.

Ficha elaborada por las
andereños:
7 años. Ha ganado solo
3 kilos, pero tiene
buena salud. Holgazán y
aplicación nula.

EUZKADIKO JAURLARITZA

REFUGIADOS DE EUZKADI
Refugiés basques
DEPARTAMENTO DE SANIDAD   FICHA SANITARIA (Provisional)
Service de Santé   Fiche sanitaire (Provisoire)

Apellidos _Orueta Eguren_ Nombre _Mª Pilar_ Edad _11 años_
Noms   Prénom   Age
Sexo _f_ Dispensario o Refugio _Jatsu_ Localidad _B.P._
Sexe   Dispensaire ou Refuge   Localité
Procedencia _Eibar_
Lieu de naissance
Padre _fallecido (?)_ Profesion _____ Madre _Catalina_ Profesion _____
Père   Profession   Mère   Profession

ANTECEDENTES FAMILIARES
Antécédents de la famille
Padres _____ Hermanos _6 sanos_ Observaciones _____
Pères   Frères   Observations
de Durango

ANTECEDENTES PERSONALES
Antécédents personnels
Sarampión. — Escarlatina. — Viruela. — Coqueluche — Difteria. — Parotiditis. — Tifoidea. — Bronquitis. — Neumo-
Rougeole   Scarlatine   Variole   Coqueluche   Diphtérie   Oreillons   Typhoïde   Bronchite   Pneumonie
nía. — etc _____

ESTADO ACTUAL
Etat actuel
Viveza _normal_ Aspecto _sano_ Nutricion _normal_
Vivacité   Aspect   Nutrition

EXAMEN MEDICO
Examen médical
Aspecto general _____   Esqueleto _____
Aspect général   Squelette
Nariz y Garganta _____   Oidos _____
Nez et Gorge   Oreilles (Ouïe)
                            Vista _____
                            Vue
Piel _normal_   Cuero cabelludo _normal_
Peau   Cuir chevelu
Ganglios _____   Trastornos de palabra _____
Ganglions   Troubles de la parole
Corazon _____   Pulmones _____
Cœur   Poumons
Estado intelectual _____   Rayos X _____
Etat intellectuel   Rayons X

EXAMEN PERIODICO
Examen périodique

Fecha Date	Peso Poids	Talla Taille	Observaciones Observations
17-VI-1937	36,500		

Jatsu a _15_ de _junio_ de 1937.

El Medico,   La Enfermera,
Le Médecin,   L'Infirmière.

ORUETA EGUREN,
MARÍA PILAR
Adina/Edad: 11 urte/años.

Jatorrizko herria
Localidad de procedencia:
Eibar.

Pisua/Peso:
36,500 kg (1937-VI-17).
39 kg (1937-VIII-1).
40 kg (1937-IX-1).
41,250 kg (1937-X-1).

Altuera/Altura:
144 cm (1937-VIII-1).
144,50 cm (1937-IX-1).
146 cm (1937-X-1).

Andereñoek egindako fitxa
(1938-IX-11):
12 urte. Oso osasun ona,
10 kilo gizendu da.
Oso ordenatua, baina
txolina eta harroa.
Aplikazio ertaina; adimen
erregularra.

Ficha elaborada por las
andereños (11-IX-1938):
12 años. Muy buena salud,
Ha ganado 10 kilos. Muy
ordenada pero muy frívola
y presumida. Aplicación
mediana; inteligencia
regular.

ZUDUPE CARRASQUEDO, ARANZAZU:

Adina/Edad: 14 urte/años.

Jatorrizko herria
Localidad de procedencia:
Amasa.

Pisua/Peso:
53 kg (1937-X-1).

Altuera/Altura:
153 cm (1937-X-1).

Andereñoek egindako fitxa (1938-IX-11):
15 urte. Oso osasun ona, baina ia ez da
gizendu. Txolin samarra. Adimen garbia;
aplikazio erregularra. Eskuzko lanak
baino nahiago ditu lanak eta ikasketak.

Ficha elaborada por las andereños (11-IX-938):
15 años. Muy buena salud, aunque
apenas ha engordado. Un poco frívola.
Inteligencia despejada; aplicación
regular. Prefiere labores y estudios a
los trabajos manuales.

ZUDUPE CARRASQUEDO,
IZIAR:

Adina/Edad: 12 urte/años.

Jatorrizko herria
Localidad de procedencia:
Amasa.

Pisua/Peso:
35 kg (1937-X-1).

Altuera/Altura:
145 cm (1937-X-1).

Andereñoek egindako fitxa (1938-IX-11):
12 urte. Oso osasun ona, 5 kilo gizendu
da. Izaera apatikoa; ordenatua eta
esanekoa. Adimen erregularra, ez oso
saiatua.

Ficha elaborada por las andereños (11-IX-938):
12 años. Muy buena salud; ha engordado
5 kilos. Temperamento apático;
ordenada y obediente. Inteligencia
regular poco aplicada.

Argipen-oharrak:

* Azken lau haur horiek ez dute Eusko Jaurlaritzako Osasun Sailak 1937ko ekainaren 16an egindako osasun-fitxarik, beren kideak baino beranduago iritsi zirelako koloniara.

* Andereñoek egindako fitxei dagokienez (1938-IX-11), honako hau adierazten dute: *"Datu horiek esperientzia handirik gabe hartu ditugu kolonietako bizitzaren erritmo arruntetik"* (EAH Id.3365011: 1938-VI-1).

* Fitxa horiei buruzko beste ohar argigarri batean, Ricardo Leizaolak dio: *" ´Ez oso adimentsua´ esaten denean, bere adimena ez dela ´nabarmentzen´ adierazi nahi da; beraz, adimen normaleko mutilak direla esan nahi da"* (EAH) , Id. 3365011).

ZUDUPE CARRASQUEDO, EDURNE

Adina/Edad: 7 urte/años.

Jatorrizko herria
Localidad de procedencia:
Amasa.

Pisua/Peso:
20 kg (1937-X-1).

Altuera/Altura:
111 cm (1937-X-1).

Andereñoek egindako fitxa (1938-IX-11):
7 urte. Oso osasun ona, baina gutxi
gizendu da. Mainatsua eta jostalaria.
Esanekoa, baina ez oso saiatua.

Ficha elaborada por las andereños (11-IX-938):
7 años. Muy buena salud, aunque ha
engordado poco. Mimosa y juguetona.
Obediente, pero poco aplicada.

GALLASTEGUI, PEDRO

Adina/Edad: 10 urte/años.

Jatorrizko herria
Localidad de procedencia:
Zaldibar.

Pisua/Peso:

Altuera/Altura:

Andereñoek egindako fitxa (1938-IX-11):
10 urte. Oso indartsua. Burua erabili
beharreko lanetan azkar nekatzen dela
erakusten du. Oso maitagarria eta apur
bat mainatsua.

Ficha elaborada por las andereños (11-IX-938):
10 años. Muy fuerte actualmente. Da
muestra de fatigarse rápidamente en las
labores mentales. Muy cariñoso y un poco
mimoso.

Notas aclaratorias:

* Estos cuatro últimos niños no tienen la ficha sanitaria confeccionada por el Departamento de Sanidad del Gobierno Vasco el 16 de junio de 1937, debido a que llegaron a la colonia más tarde que sus compañeros.

* Con respecto a las fichas elaboradas por las andereños (11-IX-1938), estas manifiestan que *"Estos datos son tomados sin gran experiencia por nuestra parte de la marcha corriente de la vida de la Colonia"* (AHE, Id. 3365011:1-VI-1938).

* En otra nota aclaratoria sobre este tipo de fichas, Ricardo Leizaola manifiesta que *"Cuando se dice "no muy inteligente" se quiere indicar que su inteligencia "no es destacada", se trata pues, de muchachos de inteligencia normal"* (AHE, Id. 3365011).

BARNE-ANTOLAKETA

Lurdes Euzko Aur-Etxea izaera autonomoa zuen kolonia bat zen, baina Eusko Jaurlaritzaren menpeko haur kolonien taldeko kide zen.

Instalazio onez gain, koloniaren barne-antolaketa ona azpimarratu behar da, bai bertan lan egiten zuten langileen dedikazioagatik, bai Manuel de Ynchausti eta bere emazte Ana Belén Larrauriren zuzendaritzagatik. Ikastetxe-barnetegi bat zen, eta, bertan, ostatu, elikadura, irakaskuntza, erlijio-prestakuntza eta osasun-laguntzako zerbitzuak biltzen ziren.

Beste kolonietan bezala, Lurdes Euzko Aur-Etxearen barne bizitza antolatuta zegoen, ordutegiak eta egunean zehar eta ikasturte oso batean zehar bete beharreko hainbat jarduera nahiko zehatz ordenatuta. Gainera, Jatsukoak araudi bat zeukan idatzita; ziur asko, araudi idatzia zuen kolonia bakarra zen. Karmele Lopateguik azpimarratu duenez, *"kolonia beste edozein ikastetxe baino hobeto antolatuta zegoen"* (EKE, testigantza: Karmele Lopategui).

Araudia

Koloniako bizitzaren lehen urtearen ondoren, 1938ko ekainaren 1ean, Manuel de Ynchaustik berak idatzi zuen Lurdes Euzko Aur-Etxearen Araudia, *"erakunde iraunkor baten antolaketa propioa emateko asmoz, horrela, ez bakarrik bere behar material eta espiritualei erantzuteko, baizik eta baita haurrak bertutean hezteko ere, hezkuntzan eta etorkizunerako lanean"* (EAH, 3365011: 1938-VI-1).

LA ORGANIZACIÓN INTERNA

Lourdes Euzko Aur-Etxea era una colonia con carácter autónomo, pero que formaba parte del grupo de colonias infantiles dependientes del Gobierno Vasco.

Además de las buenas instalaciones hay que destacar la buena organización interna de la colonia, debido tanto a la dedicación del personal que trabajaba en ella como a la dirección de Manuel de Ynchausti y de su esposa Ana Belén Larrauri. Era un colegio-internado que dentro del centro reunía los servicios de alojamiento, alimentación, enseñanza, formación religiosa y asistencia sanitaria.

Al igual que en las demás colonias, la vida interna de Lurdes Euzko Aur-Etxea estaba organizada, con una ordenación bastante minuciosa de los horarios y de las diversas actividades que se debían cumplir a lo largo del día y de todo un curso. Además, la de Jatsu tenía un reglamento escrito; probablemente era la única colonia que contaba reglamento escrito. Karmele Lopategui destaca que *"la colonia estaba mejor organizada que cualquier colegio"* (ICB, testimonio: Karmele Lopategui).

El reglamento

Tras el primer año de vida de la colonia, el 1 de junio de 1938, el propio Manuel de Ynchausti redactó el Reglamento de Lurdes Euzko Aur-Etxea, con la intención de *"darle una organización propia de una institución permanente, para así mejor atender, no solamente a sus necesidades materiales y espirituales del momento, sino también la formación de los niños en la virtud, en la educación y el trabajo para el provenir"* (AHE, Id. 3365011: 1-VI-1938).

REGLAMENTO

—

COLONIA DE NIÑOS VASCOS

"LURDES EUZKO AUR ETXEA"

Teniendo en cuenta que la Colonia de niños vascos de xou (B.P.), va perdiendo su caracter de provisional, es preciso le una organizacion propia de una institucion permanente, para mejor atender, no solamente a sus necesidades materiales y e-situales del momento, sino tambien a la formacion de los niños en virtud, en la educacion y en el trabajo para el porvenir.

Para lograr este proposito y ayudar al personal encargado cumplimiento de su muy delicada mision de apostolado cristiano y riotismo vasco, se consignan a continuacion las siguientes ins-cciones, que de aqui en adelante, han de servir de reglamento a Colonia "Lurdes Euzko Aur Etxea" establecida en Jatxou en Mayo 1937:

1.- Direccion superior, supervision de la marcha y funcio-namiento de la Colonia y enseñanza de la religion estará a cargo del Sr.Capellan Don Gelasio Aramburu, quien ademas velará para que los niños lleven una vida religiosa y pia-dosa intensa;

2.- Direccion espiritual en colaboracion con el Sr.Capellan y confesiones, a cargo del R.P.Gabriel de Donostia, que ademas dará a los niños un dia de retiro al mes;

3.- Contabilidad, aprovisionamiento y cuidado de la despensa, cocina, huerta, personal, disciplina de los niños, clase de mecanografia, estaran a cargo de la Srta.Maritxu Ba-rriola, quien ademas y en colaboracion con las otras seño-ritas encargadas, se cuidará de que los niños no dejen de practicar, todos y cada uno de ellos, las oraciones de la mañana y de la noche, y en comun una vez al dia el Santo Rosario, cuyo rezo será obligatorio;

4.- Aprovisionamiento y cuidado de la roperia, costura, lavada y plancha, aseo de los niños y enseñanza de labores, esta-rá a cargo de la Srta.Lupe Urkiola;

5.- Aprovisionamiento y cuidado del ajuar de casa (mobiliario, vajilla y utensilios de cocina) y de la enfermeria, estará a cargo de la Srta.Tere Urkiola, quien ademas queda encar-gada de redactar un reportaje diario de los acontecimientos del dia en la Colonia, y movimiento de consumo y abasteci-mientos. Una copia de este reportaje diario se entregará todos los dias al Sr.Capellan;

6.- Enseñanza y gimnasia, estarán a cargo de Don José Azurza, y como suplentes, quedan designadas las tres señoritas encargadas;

7.- La Vigilancia de los niños estará a cargo de las tres señoritas encargadas, que se distribuiran las horas de vigilancia durante el dia en partes iguales, de tal suerte que cada uno de los grupos de niños y niñas se hallen constantemente acompañados, ya sea dentro de la Colonia o fuera de la misma. Estos turnos comenzarán desde que los niños se despiertan, y antes que se levanten de la cama, hasta que, despues de metidos en sus camas a la noche se hallen completamente dormidos. Los dormitorios quedaran vigilados por la noche, por la Srta.Barriola que tiene instalado su dormitorio entre los de los niños y niñas. En ausencia de la Srta.Barriola, deberá ejercer sus funcio-nes y ocupar su dormitorio cualquiera de las otras dos se-ñoritas encargadas.

A las horas de taller o de clase, las señoritas entregaran los niños o las niñas al institutor correspondiente al co-mienzo de la clase y los recogeran al momento de terminar. Bajo ningun concepto deberan quedar los niños solos en ningun momento.

8.- Los castigos a los niños por faltas ordinarias, seran impues-tos por cada una de las señoritas encargadas y a juicio de las mismas, pero siguiendo una directiva comun, siguiendo las orientaciones del Sr.Capellan, quien será el encargado de señalar los castigos que han de aplicarse a los niños que hayan cometido faltas mayores. A este fin se dará cuenta diariamente al Sr.Capellan de la conducta de todos y cada uno de los niños y niñas de la Colonia;

9.- Las señoritas dispondran libremente para sus salidas y de-mas quehaceres de un dia libre cada semana, desde la mañana hasta la noche, Y de estos dias, una vez al mes podrán salir de vispera en el ultimo tren de la tarde para regresar al dia siguiente en el ultimo tren de la noche, con el objeto de que puedan pasar la noche con sus respectivas familias. Para el aprovisionamiento de las respectivas dependencias, se fijará una tarde de salida al mes a cada una de las se-ñoritas encargadas;

10.- El servicio de la casa (cocina, limpieza, lavada y plancha y huerta) estará a cargo de tres muchachas, que a ser posi-ble deberan turnarse por semanas en los diferentes quehaceres de la casa.

A pesar de haber procurado concretar en este reglamento las instrucciones, distribuyendo los servicios y atenciones de la mejor manera posible, cuantas cosas hayan escapado a la redaccion de este reglamento, se deja al buen criterio del Sr.Capellan, secundadas por las Srtas. encargadas de la Colonia, que con su labor callada y abnegada han venido actuando hasta el presente con verdadero espiritu de sacrificio, supliendo asi ante los niños la ausencia de sus madres.

Al cerrar estas instrucciones, el sostenedor de la Colonia estima un deber consignar su gratitud a todo el personal de la misma y demas elementos que cooperan en esta obra, por su eficaz colabora-cion, que solamente es posible a costa de mucho sacrificio y de mu-cho corazon, con el ideal puesto en la Caridad Cristiana y en el pa-triotismo vasco.

Ustaritz, 1° de Junio 1938.

Araudi horretan zehazten dira koloniako langileen antolaketa orokorra, karguak eta eginkizunak, eta aldaketa batzuk ezartzen dira ordura arte indarrean zegoen antolaketari dagokionez.

Une horretara arte, funtzionamenduko lehen urtean, Manuel de Ynchaustik dio *"koloniaren buru Maritxu Barriola eta Guadalupe Urkiola jarri ditut, kapilau eta erlijio irakasle Don Gelasio Aramburu izanik"* (EAH, Id. 3365366: 1937-IX-3). Araudi berria ezarrita, arduradun nagusia Gelasio Aramburu zuzendari nagusia izango da, eta Maritxu Barriola andereñoa, berriz, administrazioaz arduratuko da eta langileak zuzenduko ditu, eta guztiaren berri emango dio Zuzendariari.

Maritxu Barriolarekin batera lan egingo duten beste bi andereño ere aipatzen dira: Lupe Urquiola eta Tere Urquiola; baita zuzendari espirituala, Gabriel de Donostia apaiz kaputxinoa, eta irakaskuntzaz arduratzen den irakaslea ere, José de Azurza. Etxeko lanez arduratuko diren *"hiru neska"* aipatzen dira, baina ez da haien izenik ematen. Langileak izan ziren beste pertsona batzuk falta dira, "Koloniako langileak" izeneko atalean aipatuko direnak.

1938ko uztailaren 1etik 1939ko martxoaren 31ra bitartean kolonian izandako gorabeheren eguneroko partea idatzi zela ere azpimarratu behar da, eta, araudian zehazten denez, Tere Urquiola andereñoa arduratzen zen lan horretaz.

En este reglamento se detallan la organización general, los cargos y las funciones del personal empleado en la colonia, y se establecen algunos cambios en cuanto a la organización vigente hasta entonces.

Hasta ese momento, durante el primer año de funcionamiento, dice Manuel de Ynchausti que *"al frente de la colonia he puesto a Maritxu Barriola y Guadalupe Urkiola, teniendo como capellán y profesor de religión a Don Gelasio Aramburu"* (AHE, Id. 3365366: 3-IX-1937). Con la implantación de nuevo Reglamento, el máximo responsable será el Director superior, Gelasio Aramburu, y la andereño Maritxu Barriola llevará la administración y dirigirá al personal, informando de todo al Director.

Se menciona también a otras dos andereños que trabajarán junto con Maritxu Barriola, que son Lupe Urquiola y Tere Urquiola; al director espiritual, el sacerdote capuchino Gabriel de Donostia, y al profesor encargado de la enseñanza, José de Azurza. Se cita a *"tres muchachas"* que se encargarán de las labores domésticas, pero no se dan sus nombres. Faltan otras personas que formaron parte del personal y que se mencionarán en el apartado, titulado "El personal empleado en la colonia".

Destacar también que entre el 1 de julio de 1938 y el 31 de marzo de 1939 se escribió un parte diario de incidencias habidas en la colonia y, como se detalla en el reglamento, de esta labor se encargaba la andereño Tere Urquiola.

Etxeko lanez arduratzen ziren "hiru neskak": Juli Aguirre, Nati Bengoechea eta Julene Echebarria (MYA).

"Las tres muchachas" que se encargaban de las labores domésticas: Juli Aguirre, Nati Bengoechea y Julene Echebarria (AMY).

Desadostasunak araudiarekin eta zuzendaritza berriarekin

Baina araudi horrek ezinegon eta tirabira egoera sortu zuen Maritxu Barriola andereñoaren —zeinak, Gabriel de Donostiak dioenez, besteen babesa zuen, eta bereziki Tere Urquiolarena— eta Gelasio de Aramburu Kapilau Zuzendariaren artean. Ziur aski, bi faktorek eragin zituzten desadostasun horiek: alde batetik, ordura arte koloniaren antolaketaren arduraduna Maritxu Barriola izan zela, Guadalupe Urquiolarekin batera, kapilau eta erlijio irakaslea Gelasio Aramburu izanik, baina Ynchaustik idatzitako araudian arduradun nagusi edo zuzendari nagusi moduan Gelasio Aramburu izendatzen zela. Bestetik, erabaki eta jarduteko modu batzuen inguruan zuzendari berriarekin sortzen diren desadostasunak zeuden.

Egoera horren berri izan zuenean, Manuel de Ynchaustik honako hau komentatu zion Gelasiori: *"Gauzak bere lekuan jartzen saiatuko naiz, ez bakarrik berriro horrelako istilurik sortu ez dadin, baita, azkenean, Maritxuk erabaki dezan araudia martxan jarri zenetik duen errezeloa alde batera uztea".* (EAH, Id. 3363773: 1938-VIII-1).

Horrela, Manuel de Ynchaustik, 1938ko abuztuaren 23an Maritxu Barriolari bidalitako gutun

Desavenencias con el reglamento y la nueva dirección

Pero este reglamento creó una situación de malestar y tirantez entre la andereño Maritxu Barriola —que según Gabriel de Donostia contaba con el apoyo de las demás, y especialmente de Tere Urquiola— y el Capellán Director Gelasio Aramburu. Estos desencuentros posiblemente se debieron a dos factores: por una parte, porque hasta ese momento la responsable de la organización de la colonia fue Maritxu Barriola junto con Guadalupe Urquiola, teniendo como capellán y profesor de religión a Gelasio Aramburu, pero en el reglamento redactado por Ynchausti se nombra como máximo responsable o Director superior a Gelasio Aramburu. Por otra, están las diferencias que surgen con el nuevo director en torno a algunas decisiones y modos de actuar.

Enterado de esta situación, Manuel de Ynchausti le *comenta a Gelasio que "trataré de poner las cosas en su sitio, para que no solo no se vuelvan a producir incidentes de esa naturaleza, sino que al fin llegue a decidirse Maritxu a romper esa aprensión que tiene desde que comenzó a funcionar el reglamento"* (AHE, Id. 3363773: 23-VIII-1938).

Así, Manuel de Ynchausti en una carta

Gelasio Aramburu, joan-etorrietarako erabiltzen zuen motorrarekin (IBA).

Gelasio Aramburu, con la moto que utilizaba para sus desplazamientos (AIB).

batean, "kargu hartu" zion, eta, bizitzen ari ziren giroagatik bere tristura adierazi ondoren, araudia idaztera eta antolaketan aldaketa batzuk egitera zerk eraman zuen azaldu zion: "Denboraren joanaren ondorioz koloniak bere behin-behineko izaera galdu ondoren, eta niretzat haur hauen zaintza nolako ardura den konturatuta (...) kolonia berrantolatu egin behar zela pentsatu nuen, zabaltasun handiagoa emanez. Horrela, hasteko, maisu bat jarri nuen haurren eskoletarako, eta, gero, marrazketa eta argazkilaritza eskolak, baita inprenta eta sakongrabatu tailerretako praktikak ere. Jarduera berri horiek guztiak koordinatzeko eta koloniaren martxa bateratzeko, beharrezkotzat jo nuen nolabaiteko garapen eta hedadura duten obra eta erakunde guztietan ohikoa den araudia ematea.

Zuek hain sutsuki praktikatzen ari zinetena araudian modu iraunkor eta derrigorrezkoan irudikatua ikusteak haurren behaketaz eta zaintzaz arduratzen zareten andereñoak bi izan ordez hiru izan behar zenutela, edo hiru izatea komeni zela, pentsarazi zidan.

Eta gainerakoan, pentsatu nuen araudi horrek zuei asko arinduko zizuela zeuen eginkizunetako jarduera, zeren, gauza arruntez gain, Kapilau Zuzendariarekin partekatu beharko baitzenuketen erantzukizuna. Baina puntu honetan ikusi ahal izan dut ez duzula interpretatu nik esandakoa nik zuri adieraztean neukan espiritu berberarekin, eta benetan sentitzen dut hori hala gertatu izana.

Badirudienez, nire argibideren bat gorabehera, lehengoari eusten diozula, gutun honen bidez, bihotz-bihotzez, eskatzen dizut kontuan har dezazula hemen ageri den azalpen hau, eta balio diezazula gai honi buruz izan ahal duzun pentsamendu gaizto oro ezabatzeko.

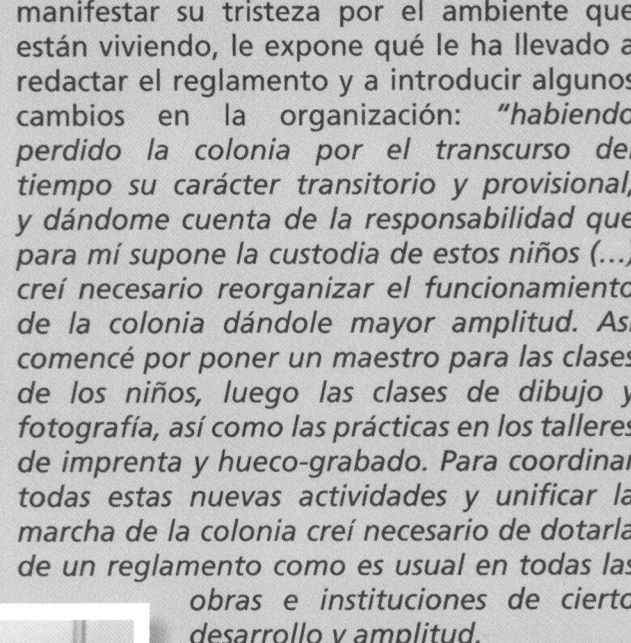

enviada a Maritxu Barriola el 23 de agosto de 1938, le da un "toque de atención" y tras manifestar su tristeza por el ambiente que están viviendo, le expone qué le ha llevado a redactar el reglamento y a introducir algunos cambios en la organización: "habiendo perdido la colonia por el transcurso del tiempo su carácter transitorio y provisional, y dándome cuenta de la responsabilidad que para mí supone la custodia de estos niños (...) creí necesario reorganizar el funcionamiento de la colonia dándole mayor amplitud. Así comencé por poner un maestro para las clases de los niños, luego las clases de dibujo y fotografía, así como las prácticas en los talleres de imprenta y hueco-grabado. Para coordinar todas estas nuevas actividades y unificar la marcha de la colonia creí necesario de dotarla de un reglamento como es usual en todas las obras e instituciones de cierto desarrollo y amplitud.

Manuel de Ynchausti (MYA/AMY)

Lo que ustedes venían practicando con tanto entusiasmo, al verlo yo plasmado en el reglamento con carácter permanente y obligatorio, me hizo poner en la necesidad o por lo menos conveniencia de que fueran ustedes tres en vez de dos las señoritas encargadas del cuidado y de la vigilancia de los niños.

Y en lo demás creí que este reglamento habría de servir a ustedes de gran alivio en el desempeño de sus respectivas funciones, pues fuera de las cosas ordinarias habrían ustedes de compartir la responsabilidad con el Capellán Director. Pero en este punto he podido observar que no ha interpretado Vd. esta disposición con el mismo espíritu que yo he concebido al consignarle, y es lo que lamento muy deveras.

Como a pesar de alguna indicación mía, parece que se halla Vd. en la misma disposición de ánimo, me permito por la presente suplicarle tome en cuenta esta aclaración que va en la presente, y le sirva para desvanecer totalmente

Ausartuko naiz zuri zerbait gehiago eskatzen, hemendik aurrera orain arte izan duzun jarrera hori behin betiko alde batera utz dezazun, horrela, berezkoak dituzun pairamenarekin eta sakrifizio-espirituarekin ez ezik, beti zuen ezaugarri izan den poztasunarekin eta gogo-berotasunarekin ere lan egiten jarraitu ahal izateko. Beti ere, hortik pasatuak izan daitezkeen hodei beltz guztiak desagerrarazteko etxe euskaldun horretatik, non gurasoengandik hain urrun dauden haurrak ezin izango liratekeen zoriontsu sentitu zuek gabe. Zuen alaitasunarekin eta maitasunarekin goxatzen baitituzue banantze krudel horrek eragindako oinazeak. Uste dut ez didazula mesede hori ukatuko" (EAH, Id. 3364644: 1938-VIII-23).

Tentsio eta ezinegon egoera hori pixkanaka bideratzen joan zen, eta horretan zerikusi handia izan zuen Gabriel de Donostia apaiz kaputxinoak egindako bitartekaritza lanak, Manuel de Ynchaustirekin elkar hartuta jokatzen baitzuen une oro.

Maritxu Barriolak eta Tere Urquiolak 1938ko irailaren 20an Manuel de Ynchaustiri bidalitako gutunean adierazi zioten gustura eta eskertuta sentitzen zirela bitartekaritza lan horren ondorioz: *"Atzo Aita Gabrielek bisitatu gintuen haurren aitortzak zirela eta. Guk esana entzun ondoren, gure etorkizuneko jokabideari buruzko oharrak egin dizkigu.*

Asko eskertu dizkiogu bere esanak.

Guk, beti bezala, gure desio onak eta borondate ona ziurtatu dizkiogu. Esan digu bitartekari lanak egingo dituela Don Gelasiorekin, gure artean dauden hodei beltz txikiak desager daitezen.

Hori asko eskertzen diogu, erraztu egiten dizkigulako gure harreman orain teinkatu samarrak.

(...) Tira, asko eskertu dugu haren bitartekaritza, eta prest gaude beti zintzoak izateko, konfiantza osoa baitugu berarengan, eta berak gureganako interesa erakusten baitu.

(...) Aurrerantzean, erabat zintzoak izanda, bidea lauagoa izango da, eta poz handiz

la mala inteligencia que haya podido Vd. formarse sobre el particular.

Yo me voy a atrever pedirle algo más, y es que de hoy en adelante rompa usted definitivamente esa predisposición que ha tenido usted hasta el presente, para así poder continuar laborando no solo con la abnegación y el espíritu de sacrificio que le son inseparables, sino además con la alegría y entusiasmo que les ha caracterizado a Vds. siempre, para desvanecer todos los nubarrones, que haya podido pasar por ese hogar euskaldun, en donde los niños tan alejados de sus padres no podrían sentirse felices sin la presencia de Vds. que con su alegría y cariño endulzan sus penas originadas por tan cruel separación. Creo que no me negará usted este favor" (AHE, Id. 3364644: 23-VIII-1938).

Esta situación de tensión y malestar fue reconduciéndose poco a poco, y en ello tuvo mucho que ver la labor de mediación realizada por el sacerdote capuchino Gabriel de Donostia, quien en todo momento actuaba en comandita con Manuel de Ynchausti.

Maritxu Barriola y Tere Urquiola en la carta enviada el 20 de septiembre de 1938 a Manuel de Ynchausti le manifiestan que se sentían satisfechas y agradecidas por esa labor de mediación: *"Ayer nos visitó el P. Gabriel con motivo de las confesiones de los niños. Después de habernos escuchado nos ha hecho sus advertencias para nuestra futura conducta.*

Le hemos agradecido muchísimo sus indicaciones.

Nosotras como siempre le hemos asegurado nuestros buenos deseos y nuestra buena voluntad. Nos ha dicho que él mediará con Don Gelasio para que desaparezcan las pequeñas nubes que existan entre nosotras.

Esto se lo agradecemos mucho porque nos facilita nuestras relaciones ahora un poco tirantes.

(...) En fin que hemos agradecido mucho su mediación y estamos dispuestas siempre a serles francas ya que nos inspira toda la confianza y él se interesa tanto por nosotras.

egiten dugun gure lana atseginagoa". (EAH, Id. 3364644: 1938-IX-20).

Manuel de Ynchaustik lasaitasuna eta poza adierazi zien desadostasunak konpondu zirela-eta: "Interes handiz irakurri nuen (Maritxuk eta Terek bidalitako gutuna), eta poz handiz hartu nuen zuek bidalitako iragarpena, esanez laster desagertuko direla zuek espiritu miresgarriz egiten ari zareten lanean izan dituzuen zailtasun txikiak.

Sinets iezadazue gauza hauek oso kezkaturik nindukatela, eta sinetsita nengoela gaizki-ulertu soila beste arrazoirik ezin zitekeela izan, zorionez horrela izan dela ikusten dudan bezala.

(…) Beraz, nik poz handia hartuko dut esaten didatenean zailtasun guztiak gaindituta daudela, eta guztiz bat egiten duzuela Don Gelasiorekin, zeinarekin inolako erreparorik gabe sinkronizatu zaitezketen, hark, zuek Koloniaren alde duzuen gogo bizi berak adoretuta, ez baitauka beste kezkarik

(…) En adelante siendo del todo francas el camino será más llano y nuestro trabajo que lo hacemos encantadas será más agradable" (AHE, Id. 3364644: 20-IX-1938).

Manuel de Ynchausti les manifestará su alivio y satisfacción por haber resuelto las desavenencias: "La leí con mucho interés (la carta enviada por Maritxu y Tere) y fue para mí de gran satisfacción el anuncio que Vds. me hacían de que esperaban pronto habrían de desaparecer las pequeñas dificultades que se han atravesado en la labor que unos y otros están Vds. realizando con admirable espíritu.

Créanme que estas cosas me tenían preocupadísimo, y estaba persuadido de que no podía haber otro motivo que una simple mala inteligencia, como veo que así ha sido afortunadamente.

(…) Así que para mí será una gran satisfacción cuando me digan que ya todas las dificultades se han allanado, y que tienen Vds. una total compenetración con Don Gelasio, a quien no

Maritxu Barriola, Tere Urquiola eta Lupe Urquiola (MYA). / Maritxu Barriola, Tere Urquiola y Lupe Urquiola (AMY).

haren onerako lan egitea baino. Gainera, Don Gelasiori Kolonian duen kargua eman nionean, ni kanpoan nengoen bitartean zuek alboan pertsona zuhur eta diskretu bat izango zenutela pentsatuz hartu nuen erabaki hori, harengan konfiantza jarri eta Kolonia horren erantzukizunak partekatu ahal izan ditzazuen, batez ere une larrietan, dagoeneko izan direnak bezalakoetan" (EAH, Id. 3364644: 1938-X-7).

Maritxuk honako hau adierazi zion Manueli bidalitako beste gutun batean: "Poztuko zaituelakoan, esan diezazuket Don Gelasiorekin denboraldi honetan ditugun harremanak oso onak direla" (EAH, Id. 3364644: 1938-II-4).

Azkenik, Manuel de Ynchausti lasaitu egin zen, Gelasio eta Maritxuren arteko arazoak konponduta zeudela ikusita. Hala adierazi zion Maritxuri: "Ez dakizu ondo nolako poza eman didan zure gutuna irakurtzeak, eta ikusteak berriro ere berpizten ari zaizuela beti izan duzuen aldarte bikain eta miresgarri hori. Bedeinkatua bedi Jainkoa. Jakinaraz iezaiozu Aita Gabrieli. Koloniarekiko hain interes han-dia duenez gero, niri eman di-dazuen poza emango diozue" (EAH, Id. 3364644: 1938-X-16).

Gabriel de Donostia kaputxinoa (MYA).
El capuchino Gabriel de Donostia(AMY).

tengan Vds. ningún reparo en sincronizarse con él, que animado por el mismo entusiasmo que Vds. por la Colonia, no tiene otra preocupación sino trabajar por el bien de la misma. Además, al encomendar a Don Gelasio el cargo que ostenta en la Colonia, lo hice más que nada pensando en que durante mis ausencias sobre todo, pudieran Vds. tener a su lado una persona prudente y discreta en quien poder depositar su confianza y compartir las responsabilidades de esa Colonia, sobre todo en momentos críticos, como se han presentado ya" (AHE, Id. 3364644: 7-X-1938).

En otra carta enviada por Maritxu a Manuel le comunica que "Como le agradará saber, puedo decirle que nuestras relaciones con Don Gelasio esta temporada son francamente buenas" (AHE, Id. 3364644: 4-II-1938).

Finalmente, Manuel de Ynchausti se ve reconfortado, viendo que los problemas entre Gelasio y Maritxu están resueltos. Así se lo manifiesta a Maritxu: "No sabe Vd. la satisfacción que me ha dado leer su carta, por lo que veo renace de nuevo en Vds., ese ánimo tan magnífico y admirable que han tenido Vds. siempre. Bendito sea Dios. Comuníqueselo también al P. Gabriel que tanto se interesa por la Colonia con lo que le darán Vds. una alegría como la que me han dado a mí" (AHE, Id. 3364644: 16-X-1938).

Koloniako langileak

Kolonian hasieran lan egin zuten langileak eta erakunde iraunkor bati izaera propioa eman ondoren aritutakoak ez ziren berberak izan. Eusko Jaurlaritzako Gizarte Laguntza Sailak landutako *Relación del número y situación de refugiados Vascos en Francia y otros Países y estudio comparativo. París-Marzo-1938* (Frantzian eta beste herrialde batzuetan dauden euskal errefuxiatuen kopuru eta egoeraren zerrenda eta azterketa konparatiboa. Paris-Martxoa-1938) dokumentuan (EAH, Id. 3446188), pertsona hauek aipatzen dira langile moduan: Juliana Aguirre, Concepción Barriola, Eulogia Eresuma, Isidro Inchausti eta Guadalupe Urquiola.

Koloniak izaera iraunkorra hartutakoan, eta *Crónica fotográfica confeccionada por la Escuela de formación profesional de Artes Gráficas de la Colonia Lurdes Eusko Aur-Exea* (Lurdes Eusko Aur-Exea Koloniako Arte Grafikoen Lanbide Heziketa Eskolak egindako argazki-kronika) oinarri hartuta, Ricardo Leizaolak landutakoa —berak dioenez, 1938ko urriaren 7an hasi ziren egiten—, Jatsuko koloniako langileak honako hauek ziren:

El personal empleado en la colonia

No será el mismo el personal que trabajará en la colonia en sus inicios que el que lo formará una vez que adquiera un carácter propio de una organización permanente. En el documento elaborado por del Departamento de Asistencia Social del Gobierno Vasco, titulado *Relación del número y situación de refugiados Vascos en Francia y otros Países y estudio comparativo. París-Marzo-1938* (AHE, Id. 3446188), se cita a las siguientes personas como personal empleado: Juliana Aguirre, Concepción Barriola, Eulogia Eresuma, Isidro Inchausti y Guadalupe Urquiola.

Una vez que la colonia adquiere un carácter permanente y basándonos en la *Crónica fotográfica confeccionada por la Escuela de formación profesional de Artes Gráficas de la Colonia Lurdes Eusko Aur-Exea*, que elaboró Ricardo Leizaola —según comenta él mismo se comenzó a confeccionar el 7 de octubre de 1938—, el personal empleado en la colonia de Jatsu estaba formado por:

Maritxu Barriola errekaduak egiten, Tximistak tiratutako gurdian (MYA).

Maritxu Barriola haciendo recados, en el carro tirado por Tximista (AMY).

Koloniako langile batzuk (MYA).
Algunos empleados de la colonia (AMY).

Zuzendaria:
Gelasio de Aramburu presbiteroa. Gainera, koloniako kapilaua eta musika irakaslea zen.

Director:
el presbítero Gelasio de Aramburu. Además, era el capellán de la colonia y profesor de música.

Zuzendari espirituala:
Gabriel de Donostia apaiz agurgarria, Gelasio Aramburrurekin elkarlanean haurren bizitza espiritualaz arduratzen zen.

Director espiritual:
el reverendo padre Gabriel de Donostia, que en colaboración con Gelasio Aramburu se ocupa de la vida espiritual de los niños.

Andereñoak / Andereños:

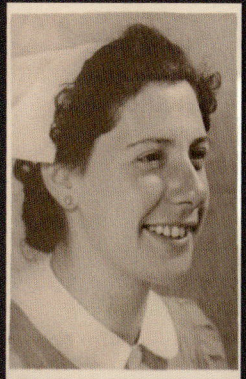

Maritxu Barriola

Lupe Urquiola

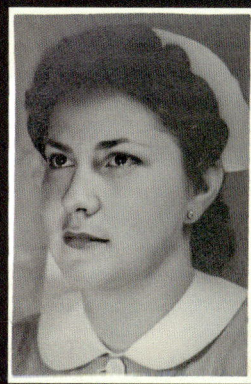

Tere Urquiola

Andereño laguntzaileak / Andereños auxiliares:

Miren Koro Barriola

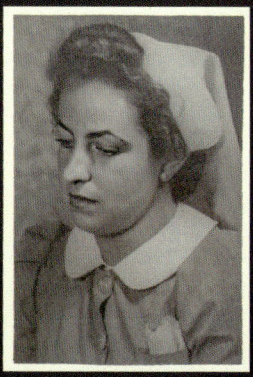

Isabel Urquiola

Lehen hezkuntzako irakaslea / Profesor de primera enseñanza:

José de Azurza

Arte Grafikoetako Lanbide Heziketako Eskolako zuzendaria / Director de la Escula Profesional de Artes Gráficas:

Ricardo de Leizaola.

Tipografiako irakaslea / Instructor de tipografía:

Argazkigintzako irakaslea / Instructor de fotografía:

Nekazaritzako lanetako irakaslea / Instructor de labores agrícolas:

Trifón de Ojanguren.

José María de Echezarreta

Isidro Inchausti.

Etxeko lanak / Servicio doméstico:

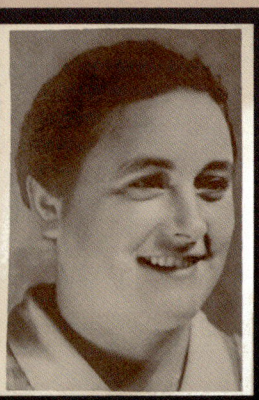

Juli Aguirre

Nati Bengoechea

Nati Bengoechea

Crónica fotográfica deritzonean, honako hau esaten da: *"Maritxu Barriola eta Lupe Urquiola dira koloniaren funtzionamenduaren hasieratik erbesteratu txikien amak ordezkatu dituzten andereñoak"* (MYA). Beste hiru andereñoak —Tere Urquiola, Miren Koro Barriola eta Isabel Urquiola— aurreko bien laguntzaile gisa aipatzen dira.

En la *Crónica fotográfica* se dice que *"las señoritas Maritxu Barriola y Lupe Urquiola son las 'andereños' que desde el comienzo del funcionamiento de la colonia han suplido a las madres de los pequeños exiliados"* (AMY). Las otras tres andereños —Tere Urquiola, Miren Koro Barriola e Isabel Urquiola— son mencionadas como colaboradoras de las dos anteriores.

Maritxu Barriola, Tere Urquiola eta Lupe Urquiola (MYA). / Maritxu Barriola, Tere Urquiola y Lupe Urquiola (AMY).

"Langileen zerrenda ofizialean" agertzen ez badira ere, beste izen batzuk aipatzen dira inoiz; hala, *Deia* egunkarian egindako elkarrizketa batean (1979-III-8) Maritxu Barriolak Zubizarreta eta Portugalete ahizpak ere aipatzen ditu. Azken horiek Mari eta Avelina Portugalete dira, eta neskatoei joskintza eskolak ematera joaten ziren koloniara (EKE, testigantza: Karmele Lopategui). Gizarte Laguntza Sailak koloniei buruz egindako txostenean Eulogia Eresuma izendatzen da.

Aunque no aparezcan en la "lista oficial de empleados" hay otros nombres que se citan en alguna ocasión; así, en una entrevista realizada en el diario *Deia* (8-III-1979) Maritxu Barriola menciona también a Zubizarreta y las hermanas Portugalete. Estas últimas son Mari y Avelina Portugalete, que acudían a la colonia para impartir las clases de costura a las niñas (ICB, testimonio: Karmele Lopategui). En el informe sobre las colonias realizado por el Departamento de Asistencia Social se nombra a Eulogia Eresuma.

Manuel de Ynchausti zen Lurdes Euzko Aur-Etxeko arduradun nagusia. Uztaritzeko Paradou etxean —horrela deitzen zitzaion gaur egungo Intxausti-Baita delakoari, harik eta Manuel de Ynchaustik, 1938ko maiatzaren 11n, Madame Godard-i erosi zion arte— finkatua zuen bizilekua, baina etxe horretan egiten zituen egonaldiak aldizkakoak ziren, etengabe bidaiatzen baitzuen eta, besteak beste, maiz joaten baitzen Parisera. Hala ere, Maritxu Barriolarekin eta, batez ere, Gabriel de Donostia eta Gelasio Aramburu apaizekin izandako komunikazio epistolar arin baten bidez, kolonian gertatzen zenaren berri zuen etengabe. Gainera, koloniaren araudian esaten denez, *"egunero erreportaje bat idatziko da Koloniako eguneroko gertaerei buruz, eta kontsumoaren eta hornikuntzen mugimenduari buruz. Eguneroko erreportaje horren kopia bat egunero emango zaio Kapilau jaunari"* (EAH, Id. 3365011: 1938-VI-1). Azken horrek Manuel de Ynchaustiri bidaltzeko ardura hartuko du.

Kasu jakin batzuetan, Gelasio Aramburuk telefono bidezko komunikazioa ere bazeukan, zalantza batzuk argitzeko edo hartu beharreko erabakiak kontsultatzeko: *"Gaur Don Gelasiok telefonoz deitu dio Don Manueli, Josuren gaixotasunaren berri emateko. Esan gabe pasatzea nahi genuen, badakigulako nahigabe handia sortuko diogula, bere seme-alabak balira bezala interesatzen baitzaizkio. Don Manuelek esan du berehala deitzeko Zabalo doktoreari, eta klinikaren batean hobeto egongo litzatekeela iruditzen bazaigu denborarik galdu gabe eramateko. Inoiz ez diegu behar adina eskertuko Intxausti jaun-andreei Koloniari buruz duten interesa"* (EAH, Id. 3365011: 1939-I-10).

Manuel de Ynchausti era el máximo responsable de Lurdes Euzko Aur-Etxea. Tenía fijada su residencia en la villa Paradou —así se denominaba la actual Intxausti-Baita, hasta su adquisición por Manuel de Ynchausti a Madame Godard el 11 de mayo de 1938— de Uztaritze, pero sus estancias en este domicilio eran intermitentes, ya que viajaba continuamente y, entre otros lugares, frecuentemente se trasladaba a París. Sin embargo, estaba puntualmente informado sobre lo que acontecía en la colonia mediante una fluida comunicación epistolar mantenida con Maritxu Barriola, y, sobre todo, con los dos sacerdotes Gabriel de Donostia y Gelasio Aramburu. Además, en el reglamento de la colonia se dice que se redactará *"un reportaje diario de los acontecimientos del día a día en la Colonia, y movimiento de consumo y abastecimientos. Una copia de este reportaje diario se entregará todos los días al Sr. Capellán"* (AHE, Id. 3365011: 1-VI-1938). Este se encargará de remitirlo a Manuel de Ynchausti.

En determinados casos, Gelasio Aramburu mantenía también comunicación telefónica para resolver algunas dudas o consultar decisiones a tomar: *"Hoy Don Gelasio, ha llamado por teléfono a Don Manuel para ponerle al corriente de la enfermedad de Josu. Hubiésemos querido pasar sin decírselo, pues sabemos le vamos a ocasionar un gran disgusto, ya que se interesa por ellos como si fuesen hijos suyos. Ha avisado Don Manuel que se le llame inmediatamente al Dr. Zabalo e incluso si nos parece estaría mejor en alguna clínica se le lleve sin pérdida de tiempo. Nunca agradeceremos lo suficiente a los Sres. de Intxausti el interés que tienen por la Colonia"* (AHE, Id. 3365011: 10-I-1939).

Ordutegiak eta antolaketa

Koloniaren ordutegiak aldatu egiten ziren urtaroen arabera: *"Gaurtik aurrera eta zein goiz iluntzen den ikusita, bazkarien ordutegia aurreratu dugu, apur bat lehenago oheratzeko ere"* (EAH, Id. 3365011: 1938-IX-2).

07:00ak inguruan jaikitzen ziren. Jaiki bezain laster, otoitz egiten zuten eta garbitu egiten ziren. Aste barruko egun batzuetan, 07:30ean guztientzako meza ospatzen zen Jatsuko parrokian. Ondoren, gosaria. Eguartea ikasten ematen zuten: lehenengo eskolak mutilentzat, neskek beste jarduera batzuk egiten zituzten bitartean, ondoren eskolak neskentzat, eta ondoren bazkaria.

Arratsaldeetan, hiruretatik aurrera, denbora ikasten eta beste hainbat jardueratan banatzen zen: jolastokiko jolasak, etxe kanpoaldeko ibilaldiak, bainuak ibaian, tailerrak —marrazkia, pintura, joskintza, mekanografia, inprenta, baratzea...—: *"mutilak meriendara arte paseoan eraman dituzte, eta ondoren neskak josten aritzen dira, mutilek katixima, frantsesa eta txistua ikasten zuten bitartean"* (EAH, Id. 3365011: 1939-II-2).

Merienda ematen zitzaien, arrosarioa errezatzen zen, afaria zerbitzatu eta logeletara igotzen ziren: *"Iluntzean, ohi bezala, arrosarioa errezatu dugu, eta afaldu ondoren giñola atera dute. Asko gustatu zaie guztiei, baina Donatok eta Juanchok, batez ere, izugarri gozatu dute"* (EAH, Id. 3365011: 1938-XII-27).

Horarios y organización

Los horarios por los que se regía la colonia variaban algo según las estaciones: *"Desde hoy y en vista de lo pronto que oscurece hemos adelantado el horario de las comidas para también acostarnos un poco antes"* (AHE, Id. 3365011: 2-IX-1938).

Se levantaban en torno a las 07:00. Nada más levantarse rezaban una oración y se aseaban. Algunos días entre semana, a las 07:30 se celebraba la misa para todos en la parroquia de Jatsu. A continuación, desayuno. La mañana se dedicaba al estudio: primero clases para los niños, mientras las niñas realizaban otras actividades y seguidamente clase para las niñas, y después a comer.

Por las tardes, a partir de las tres, el tiempo se repartía entre el estudio y actividades como los juegos en el patio, paseos al exterior de la casa, baños en el río, talleres —dibujo, pintura, costura, mecanografía, imprenta, el huerto...—: *"a los niños hasta la hora de merendar se les ha llevado de paseo y después las niñas han hecho la compostura mientras los chicos estudiaban sus lecciones de catecismo, francés y txistu"* (AHE, Id. 3365011: 2-II-1939).

Se les daba la merienda, se rezaba el rosario, se servía la cena y se subía a los dormitorios: *"Al anochecer como de costumbre hemos rezado el rosario y después de cenar han sacado el guiñol. A todos les ha gustado mucho, pero Donato y Juancho sobre todo han disfrutado lo indecible"* (AHE, Id. 3365011: 27-XII-1938).

Joskintza tailerra koloniaren sarreran (Arrien 1988: 126).
Taller de costura en la puerta de entrada de la colonia (Arrien 1988: 126).

Ostegun arratsaldeetan ez zuten eskolarik eta paseoan ibiltzen ziren, inguruko herriak bisitatzen, Haltsu edo Uztaritze kasu, masustak biltzen, hainbat jolasetan…

Igandero gutunak idazten zizkieten familiei: *"Haurrek astean behin idazten dute euren korrespondentzia, igandeetan (…). Eskutitzek haurrengan poztasun handia islatzen dute eta dudarik gabe gurasoak poztu behar dituzte"* (EAH, Id. 3365011: 1938-X-24).

Postariaren etorrera berantetsita, urduritasunez eta jakin-minez itxaroten zuten: *"Postariari itxarotea eta postaria iristea. Guztiak, txikiak zein handiak, airean zintzilik daudela dirudi, 9 eta erdietan postaria iritsi arte. Gero gutuna izango duenaren eta ez duenaren emozioak, eta azkenik, etxeko berriak daudenean, irakurri eta elkarrekin komentatzerakoan bozkariozko jauziak egiten dituzte.*

Denok dakigu zein osaba-izeba, lehengusu eta lagun dituen bakoitzak, eta ezagutuko bagenitu bezala hitz egiten dugu.

Haurren gurasoen gutun guztiek poztasun handia erakusten dute hemen daudela jakiteagatik eta zein ongi dauden miresten dutelako, eta ez dira nekatzen ongile eta irakasleekiko esanekoak eta esker onekoak izateko gogorarazteaz" (EAH, Id. 3365011: 1938-X-22).

Animaliak ere bazituzten, eta hazten zituzten. Gainera, arratoi-txakurrak eta katuak bezalako etxekoez gain, zaldi bat ere bazuten, eta txerriak eta untxiak hazten zituzten.

Tximista izeneko zaldia gurdi bati lotuta erabiltzen zuten, garraioetarako: *"Eguartean Donato, Maritxu Barandica eta Juli Arqueta eraman ditugu gurditxoan, Beldarrain doktoreak ikus zitzan Camboko klinikan"* (EAH, Id. 3365011: 1938.VIII-23).

Txerriak ere hazten zituzten, eta txerri-hilketa egiten: *"Gaur zen txerria hiltzeko izendatutako eguna, eta zoragarria eta oso osasuntsua suertatu da. Mr. Sagardo saltxitxak, odolkiak eta abar egiteaz arduratu da. Haurrak apur bat zelatan egon dira eta igandea iristeko irrikan daude probatu ahal izateko, uste baitute goxoak egongo direla"*. (EAH, Id. 3365011: 1939-II-3).

Los jueves por la tarde no tenían clase y se dedicaban al paseo, a visitar localidades del entorno como Haltsu o Uztaritze, a recoger moras, a juegos diversos…

Todos los domingos escribían cartas a las familias: *"Los niños escriben su correspondencia una vez por semana, los domingos (…). Las cartas reflejan un gran contento en los niños y sin duda que han de alegrar a los padres"* (AHE, Id. 3365011: 24-X-1938).

La llegada del cartero era esperada con impaciencia, nerviosismo y expectación: *"La espera y llegada del cartero. Todos, chicos y grandes parecen suspendidos mientras las 9 y media en que habitualmente llega. Luego las emociones de quien tendrá carta y quien no, para terminar finalmente por dar saltos de alegría cuando hay noticias de casa y leerlas comentarlas todos juntos.*

Ya estamos enterados todos de los tíos, primos y amigos que cada tiene y hablamos como si los conociéramos.

Todas las cartas de los padres de los niños demuestran gran contento por saberles aquí y admirados de lo bien que están, no cansándose de recomendarles sean obedientes y agradecidos a los bienhechores y profesores" (AHE, Id. 3365011: 22-X-1938).

Tenían y criaban también animales. Además, de los domésticos como perros ratoneros y gatos, tenían un caballo, y criaban cerdos y conejos.

El caballo llamado Tximista, era un animal de tiro, que lo utilizaban enganchado a un carro, con fines de transporte: *"A media mañana hemos llevado en el carrito a Donato, Maritxu Barandica y Juli Arqueta, para que los viera el Doctor Beldarrain en la clínica de Cambo"* (AHE, Id. 3365011: 23-VIII-1938).

También criaban cerdos y se realizaba la matanza: *"Hoy era el día designado para matar el cerdo, que ha resultado magnífico y muy sano. Mr. Sagardoy se ha ocupado de hacer las salchichas, morcillas etc. Los niños han estado fisgoneando un poco y están deseando de que llegue el domingo para poder probar pues según ellos tienen que estar buenísimas"* (AHE, Id. 3365011: 3-II-1939).

"Denisenia"
Jatxou par Halsou
Francia - B.P.

Mi querida abuel.
Para que se ponga contenta le
diré que estoy con mi hermanito
en un colegio de Francia.
Estamos muy contentos pues
somos politos y nos quieren mu
cho los profesoras!
Comemos cosas muy buenas y
dormimos mucho.
Vamos todos los días a Misa
y el hermanito se está pre
parando para hacer la primera
comunion
Estamos cerquita de Bayona

y no podría venir V. a visitarnos
pues no sabemos nada de la ama
Nos quedaríamos tan contentos.
Muchos Besos de

Edurne e Iñacito

Edurne eta Iñaki Eguinok Jatsutik beraien amonari bidalitako eskutitza (AAEA).

Carta de los hermano Edurne e Iñaki Eguino enviada a su abuela desde la colonia de Jatsu (AAAE).

Tximista zaldia gurditik tiraka (MYA).

El caballo Tximista tirando del carro (AMY).

"(...) une hartan Don José eta Isidro iritsi dira. Gurdian joanak ziren Hazparreneko merkatura hiru txerri erostera, duela gutxi hil genituenak ordezkatzeko. Festa bat izan da horiek txerritegian sartzea, eta mutil guztiek eraman nahi zituzten" (EAH, Id. 3365011: 1939-II-21).

Txerriez gain, untxiak ere hazten zituzten: *"Gaur bi untxi hil dituzte, oso goxoak zeuden eta bihar gisatuta jango ditugu"* (EAH, Id. 3365011: 1939-III-18). (...) *"Bazkarian, haurrek oso goxo zeuden untxiak dastatu dituzte"* (EAH, Id. 3365011: 1939-III-19). Egun horretan, San Jose egunean, bigarren plater gisa *"untxi gisatua patatekin"* jan zuten.

Bizikidetza

Taldean bizitzeak esan nahi zuen haurrek beren ohiturak aurkitzea, beren hizkuntza, beren kidekoekin topo egitea eta konfiantza, segurtasuna eta giza laguntza izatea.

Haurrek ez zuten jokabide-arazorik erakusten. Gabriel de Donostiak Manuel de Ynchaustiri jakinarazi zion, *"miretsita"* zegoela *"haurren borondate onaz eta haien jokabideaz; sinets iezadazu, Don Manuel, ezin dela gehiago eskatu"* (EAH, Id. 3364769: 1938-IX-2).

Elkarbizitzarako giroa lagunkoia eta elkartasun handikoa zen bai haurren artean, bai haurrak eta zaintzen zituzten langileen artean, eta egonaldiaren denborak aurrera egin ahala hobetuz joan zen; hala jasotzen da eguneroko partean, non azaltzen den Lupe Urquiola andereñoak, Ynchaustitarrekin bost asteko bidaia egin ondoren, itzultzean zuen inpresioa: *"Lupe harrituta dago haurrak zein esaneko dauden ikusita, eta andereñoak gustura edukitzeko nolako gogoa duten. Ez gara harritzen, zeren eta, joan zenean, aspertuta eta manugaitz samar zeuden sasoia baitzen. Orain, berriz, gustua ematen du ia erantzuten ez duen Andoni bera zein sinpatiko dagoen ikustea, eta Xabier jada ez dagoela hain urduri"* (EAH, Id. 3365011: 1938-XI-30).

"(...) llegaban en aquel momento Don José e Isidro, que han ido en la charrette al mercado de Hasparren a comprar tres cerdos para sustituir a los que hemos matado hace poco. Ha sido una fiesta el meterlos en la pocilga y todos los chicos querían llevarlos" (AHE, Id. 3365011: 21-II-1939).

Además de cerdos, se criaban conejos: *"Hoy se han matado dos conejos, que estaban hermosísimos y mañana los comeremos guisados"* (AHE, Id. 3365011: 18-III-1939). (...) *"En la comida los niños han disfrutado de los conejos que estaban riquísimos"* (AHE, Id. 3365011: 19-III-1939). Ese día, festividad de San José, de segundo plato comieron *"conejo guisado con patatas"*.

La convivencia

Vivir en grupo significaba para los niños encontrar sus propias costumbres, su propia lengua, encontrarse con sus iguales y tener la confianza, la seguridad y el apoyo humano.

Los niños no presentaban problemas de conducta. Gabriel de Donostia le informa a Manuel de Ynchausti que está *"admirado de la buena voluntad de los niños y su conducta; créame D. Manuel que no se puede pedir más"* (AHE, Id. 3364769: 2-IX-1938).

El ambiente de convivencia era de gran camaradería y solidaridad tanto entre los niños como entre el personal que los cuidaba y los niños, y fue mejorando a medida que avanzaba el tiempo de estancia; así se recoge en el parte diario, donde se expone la impresión que tiene la andereño Lupe Urquiola al volver, tras un viaje de cinco semanas con los Ynchausti: *"Lupe está aturdida de lo obedientes que están los niños y de los deseos que tienen de complacer a las andereños. No nos extraña, pues cuando ella marchó era la temporada en que estaban como un poco aburridos y desobedientes. En cambio, ahora da gusto cómo están de simpáticos el mismo Andoni que apenas contesta y Xabier ya no está tan nervioso"* (AHE, Id. 3365011: 30-XI-1938).

Koloniako kide guztien arteko lotura afektiboak gero eta estuagoak eta indartsuagoak egiten joan ziren: *"Oraindik ere haurrak hain pozik daude hemen, non duela egun batzuk, gaizki interpretatu zuten esaldi batengatik gerra amaitu zela uste izan zutenean, negarrez hasi ziren gugandik banandu behar zutela pentsatuta, eta ez zegoen negar handi haiek isilarazteko modurik"* (EAH, Id. 3365011: 1938-XI-30).

"Iluntzean, andereño Maritxuk agur esan die haurrei, Parisera joan baita aitarekin opor-egunak pasatzera. Haur guztiak oso sentibera agertu ziren; malko dezente ere izan zen, eta bera ere ez zen gutxi hunkitu" (EAH, Id. 3365011: 1938-XII-6).

Los vínculos afectivos entre todos los miembros de la colonia se fueron haciendo cada vez más estrechos y fuertes: *"Siguen los niños tan contentos aquí, que hace unos días cuando creyeron que se había terminado la guerra por una frase que interpretaron mal, les dio por llorar de pensar que tenían que separarse de nosotros, que hubo pero los grandes lloros y no había manera de hacerles callar"* (AHE, Id. 3365011: 30-XI-1938).

"Al anochecer andereño Maritxu se ha despedido de los niños pues se marcha a París a pasar los días de vacaciones con su padre. Todos los niños sintieron mucho; hasta hubo bastantes lágrimas y ella se emocionó no poco" (AHE, Id. 3365011: 6-XII-1938).

Lurdes Euzko Aur-Etxea-ko haurrak eta langileak (EAH, Id. 3365011) .
Niños y niñas, y empleados de Lurdes Euzko-Aur Etxea (AHE, Id. 3365011).

Elkarbizitza ona izan arren, ordena eta diziplina mantendu beharra zegoen, eta zenbait portaera desegokiren aurrean zigor txikiak aplikatzen zituzten andereñoek: *"Eguerdian Andoni, Mikel eta Iñaki Naberanek zigorra izan dute beren alferkeriagatik. Konturatzen ez ginelakoan, platera ematen zieten beren arrebei, haiek garbitu zitzaten, gaur kargu hartu diegun arte, eta jangela eta eskailerak garbitzeko agindu. (…) Hirurak oso lotsatuta zeuden. Ziur naiz ez dizkietela berriro platerak emango arrebei"* (EAH, Id. 3365011: 1938-VII-19).

"(…) Gaur garrantzi handia eman diogu, eta besteei eskarmentu gisa balio zezan, janaritegia irekita zegoen une batez baliatuz hiru haur sartu eta hurrak jan izanari. Guztien aurrean egin diegu errieta eta belauniko jan dute. Oso lotsatuta zeuden. Josu, José Luis eta Xabier Elgezabal izan dira" (EAH, Id. 3365011: 1938-XI-21).

Zigorrei dagokienez, Antonio de Ynchaustik honako hau dio: *"Diotenez, haur nagi samarrak zigortzeko porru bat jartzen zitzaien zintzilik bizkarrean"* (MYA).

Langileek ondo baino hobeto ulertzen zuten familiarengandik banandutako haurren giza egoera eta egoera emozionala, eta beti saiatu ziren haiei maitasuna eta arreta ematen. Ulerkorrak, adeitsuak eta begirunetsuak izatera behartuta zeuden, baina baita maisu eta hezitzaile izatera ere.

Manuel de Ynchausti noizbehinka koloniatik pasatzen bazen ere, une oro langile arduradunek egunerokoaren berri ematen zioten, eta jarraitu beharreko argibideak ematen zituen: *"Don Manuelen gutuna jaso dugu, zenbait ohar eta jarraibide dituena, eta berehala erantzungo zaie"* (EAH, Id. 3365011: 1938-VIII-4).

A pesar de la buena convivencia, había que mantener el orden y la disciplina, y ante algunos comportamientos inadecuados, las andereños aplicaban pequeños castigos: *"Al mediodía Andoni, Mikel e Iñaki Naberan han tenido castigo por su gandulería. Creyendo que no caíamos en la cuenta, daban el plato para que sus hermanas se los limpiaran, hasta que hoy les hemos llamado la atención haciéndoles limpiar el comedor y las escaleras. (…) Los tres estaban muy avergonzados. De fijo que no vuelven a dar los platos a sus hermanas"* (AHE, Id. 3365011: 19-VII-1938).

"(…) Hoy hemos dado mucha importancia y para que sirviera de escarmiento a los demás el hecho de que aprovechando un ratito que la despensa estaba abierta tres niños han entrado y comido avellanas. Los hemos afeado ante todos y han comido de rodillas. Estaban muy avergonzados. Han sido Josu, José Luis y Xabier Elgezabal" (AHE, Id. 3365011: 21-XI-1938).

Con respecto a los castigos, Antonio de Ynchausti dice que *"cuentan que para castigar a los niños un poco perezosos se les colgaba un puerro en la espalda"* (AMY).

El personal empleado comprendía perfectamente la situación humana y emocional de los niños separados de sus familias, y siempre procuró brindarles cariño y atención. Estaban obligados a ser comprensivos, cordiales y respetuosos con ellos, pero también a ser maestros y educadores.

Aunque Manuel de Ynchausti pasaba esporádicamente por la colonia, en todo momento estaba informado del día a día por el personal encargado y daba las instrucciones a seguir: *"Hemos recibido carta de Dn. Manuel con varias observaciones e instrucciones que inmediatamente serán atendidas"* (AHE, Id. 3365011: 4-VIII-1938).

Janzkera

Janzkerari dagokionez, haurrek hainbat jantzi edo uniforme zituzten. Antonio de Ynchaustik honela deskribatzen ditu: *"kotoizko bata, koadro urdinekoa, eta beste bat, koadro gorrikoa, astero aldatu ahal izateko moduan. Galtza motz edo gona multzo bat, mila marraduna; alkandora zuria, txalekoa, motibo gorriak dituen artile urdinezko kaikua, gerriko berdea, euskal txapela, galtzerdi luzeak mutilentzat, galtzerdi motzak neskentzat, eta larruzko zapatak bientzat. Beroki gisa, mutilek kapusai bat zeramaten, mauka luzeko kapa modukoa, aurrean irekidura eta txanoa zituena. Nesken kapak artile berde ilunekoak ziren, kanezu biribilekoak, aurrean botoiak zituztela lotuta; burua babesteko, kolore bereko kapelatxo bat, artile gorri biziko forrua zuena. Kapen modeloak inguruko jaun nagusi batek eman zituen eta Don Pablo Zabalo arkitektoak diseinatu zituen.*

Horrez gain, neskek zein mutilek euskal dantzak taldean dantzatzeko jantzi egokiak zituzten" (MYA).

La vestimenta

En lo que respecta a la indumentaria, los niños tenían varias prendas o uniformes para vestirse. Antonio de Ynchausti los describe de esta forma: *"una bata de algodón de cuadros azules y otra de cuadros rojos, de manera que pudieran cambiar cada semana. Un conjunto de pantalón corto o falda, de mil rayas; camisa blanca, chaleco, kaiku de lana azul con motivos rojos, cinturón verde, boina vasca, medias largas para los chicos, calcetines cortos para las chicas y zapatos de cuero para ambos. De abrigo los chicos llevaban un kapusai, especie de capa de manga larga con abertura delante y capucha. Las capas de las chicas eran de lana verde oscuro, con canesú redondo, atada con botones delante; para abrigar la cabeza una capellina del mismo color con forro de lana rojo vivo. Los modelos de capas fueron facilitados por un señor mayor de la zona y diseñados por el arquitecto Dn. Pablo Zabalo.*

Además, tanto chicos como chicas disponían de trajes apropiados para bailar danzas vascas en grupo" (AMY).

Lurdes Euzko Aur-Etxea-ko mutilek eta neskek janzten zituzten uniformeetako bat (MYA).

Uno de los diferentes uniformes que vestían los niños y las niñas de Lourdes Euzko Aur-Etxea (AMY).

Garde-robe des enfants

2. —«Kapusaia». Spèce de cape-manteau que les bergers emportent, en lainage marron, avec ouverture devant, manches longues et capuchon.

1. —Tablier en Vichy carré bleu, à large empiècement et fronces avec une patte devant. Modèle à l'usage de la vallée d'Arratia.

3 y 6. —Costume trois pièces. Chemise blanche, jupe rayée-pantalon pour les garçons-et gilet basque tricoté à la main en bleu marine avec un motif en rouge. Béret basque. Cinture verte.

1

2

3

4

4.—Costume de danse.— Garçons. Chemise et pantalon blancs; ceinture verte, chaussettes et espadrilles blanches avec de rubans rouges et verts. Béret rouge.

7.—Cape longue en lainage vert; empiècement ronde et boutonné devant. Capeline du même colori et doublée en lainage rouge vif. Modèle d'après un ancien du pays.

5.—Costume de danse.— Fillettes. Jupe rouge très large avec petite tablier noir. Chemise blanche et corsage vert. Bas et espadrilles blanches avec de rubans rouges et verts. A la tête un mouchoir blanc.

8.—Tablier en Vichy carré, boutonnant derrière; petite bande et poches appliquées.

5

6

7

8

IRAKASKUNTZA ETA HEZKUNTZA

Eskolak eta gaiak

Lurdes Euzko Aur-Etxean, gainerako kolonietan bezala, irakaskuntza antolatzen saiatu ziren, aurreko urteetan emandakoaren jarraipen gisa. Errepublika garaian Euskal Herri penintsularrean izandako eguneroko bizitzaren jarraipena bilatzen zen, baina kontuan hartu behar ziren erbesteko bizitza baten gorabeherek ezarritako zailtasun eta mugak: lokalen baldintza materialak, testuliburuen eta eskola-materialaren falta... arrazoi aski ziren edozein kultur plan oztopatzeko (Arrien 1983: 260).

Jatsuko gorabeheren eguneroko partean testuliburuen faltaren arazoa aipatzen da: *"Geografiako azterketa, serio samarra, ikaragarri miretsi gaituena, jakinda, gainera, ia testulibururik gabe ikasi behar izan dutela dena, Don Josék irakatsitakoa buruz errepikatuz"* (EAH, Id. 3365011: 1938-IX-4).

Ikasten ziren ikasgaiak lehen hezkuntzakoak ziren, adin eta gela desberdinetara gutxi gorabehera egokituak. Ikuspegi orokor horren barruan, kolonia eta irakasle bakoitzak gehiago nabarmendu zezakeen gai baten edo bestearen azterketa. Hala, 1938ko irailaren 24an, Jatsuko ikasturte amaierako azterketetan ikasleak *"euskarazko banakako irakurketa batekin"* hasi ziren, eta Geografia, Kalkulua eta Geometriako azterketak egin zituzten (EAH, Id. 3365011: 1938-IX-24).

Lehen hezkuntzako programari beste ikasgai batzuk gehitu zitzaizkion, hala nola musika, tipografia tailerra, nekazaritza lanak, mekanografia, joskintza, frantsesa... Jarraian, eguneroko parteko zenbait aipu jasotzen dira, jarduera horietako batzuk aipatzen dituztenak:

LA ENSEÑANZA Y LA EDUCACIÓN

Las clases y las materias

En Lurdes Euzko Aur-Etxea, al igual que en el resto de las colonias, se intentó organizar la enseñanza como continuación de la que se había venido impartiendo en los años anteriores. Se buscaba una continuidad de la vida cotidiana en el País Vasco peninsular en tiempos de la República, pero había que contar con las dificultades y limitaciones impuestas por las circunstancias de una vida en el destierro: las condiciones materiales de los locales, la falta de libros de texto y de material escolar... eran motivos más que suficientes para dificultar cualquier plan cultural (Arrien 1983: 260).

En el parte diario de incidencias de Jatsu se hace referencia al problema de falta de libros de texto: *"El examen de Geografía algo serio, que nos ha admirado sobremanera, sabiendo además que todo lo han tenido que aprender sin apenas un libro de texto, de memoria repitiendo lo enseñado por D. José"* (AHE, Id. 3365011: 4-IX-1938).

Las materias que se estudiaban eran las propias de la enseñanza primaria, más o menos acomodadas a diferentes edades y aulas. Dentro de esta orientación general, cada colonia y cada maestro podía acentuar más el estudio de una materia u otra. Así, el 24 de septiembre de 1938, en los exámenes de fin de curso de Jatsu los alumnos comenzaron con *"una lectura euskerika individual"*, y se examinaron de Geografía, Cálculo y Geometría (AHE, Id. 3365011: 24-IX-1938).

Al programa de enseñanza primaria se añadieron otras materias como música, taller de tipografía, labores agrícolas, mecanografía, costura, francés... Seguidamente se recogen varias citas del parte diario donde se mencionan algunas de esas actividades:

Lurdes Euzko Aur-Etxea-ko haurrak klasean (MYA).
Niños y niñas de Lourdes Euzko Aur-Etxea en clase (AMY).

Koloniako bi benjaminak Lurraren globoaren aurrean hausnartzen (MYA).
Los dos benjamines de la colonia reflexioando ante el globo terráqueo (AMY).

Musika: musika ikastea eskolako jardueratzat hartzen zen, programaren ikasgaien multzoan gutxi-asko sartutakotzat. Gelasio Aramburu koloniako zuzendariak ematen zuen, musika-prestakuntza handia eta aitortua zuen apaizak: *"Don Gelasio arratsaldean etorri da katixima eta musika ikasgairako. Gaur hasi zaie abesti berri bat erakusten, laster denak ahapeka abesten ari zirena. Abestea asko gustatzen zaie eta eguna alaiki pasatzen dute"* (EAH, Id. 3365011: 1938-X-5).

Gelasiok honako hau jakinarazi zion Manuel de Ynchaustiri: *"Txistu eskola ematen diet bederatzi handienei. Sekulako gogoz ari dira ikasten. Txistularirik ateratzen ez bada irakaslearen errua izango da. Solfeoan aurreratuen dauden hiru neskak mandolina ikasten ari dira"* (EAH, Id. 3363773: 1938-VIII-29).

Inprenta: "Escuela de Formación Profesional de Artes Gráficas de la Colonia Lurdes Euzko Aur-Etxea" (Lurdes Euzko Aur-Etxea Koloniako Arte Grafikoen Lanbide Heziketako Eskola) zen. Horrela deitu zion Ricardo Leizaolak, tailerraren arduraduna zenak. Ricardo —Jesús Mª Leizaolaren anaia— inprimatzailea izan zen, eta Donostiako San Ignacio de Loyola liburu-dendaren jabea.

Tailer horretan argazkigintzari buruzko eskolak ere ematen zituen José María Echezarretak, eta tipografiari buruzkoak Trifón Ojangurenek. Haurrek koadernoak, katiximak eta hainbat dokumentu mota egiten zituzten jarduera horretan: *"Haurrek abesti herrikoi eta aberkoi sorta bat inprimatu dute eta bakoitzari liburutxo bana banatu diegu"* (EAH, Id. 3365011: 1938-VI-13).

"Katixima berriak lortzea zaila dirudienez, eta gainera haurrentzat lan baliagarria izan daitekeenez, Don Gelasiok etxeko inprentan konposatzea erabaki du. Horrela, lan hori izan dute gaur, baita arratsaldeko orduan ere, azkarrago egiteko" (EAH, Id. 3365011: 1938-IX-13).

Música: el estudio de la música era considerada como una actividad escolar, más o menos incorporada al conjunto de materias del programa. De impartirla se encargaba el director de la colonia Gelasio Aramburu, sacerdote con una amplia y reconocida formación musical: *"D. Gelasio ha venido por la tarde para la lección de catecismo y música. Hoy ha empezado a enseñarles un canto nuevo que pronto estaban tarareando todos. Les gusta mucho cantar y pasan el día alegremente"* (AHE, Id. 3365011: 5-X-1938).

Gelasio informa a Manuel de Ynchausti que "doy clase de txistu a los nueve mayores. Están estudiando con un entusiasmo enorme. Si no salen txistularis será culpa del profesor. Las tres niñas más adelantadas en el solfeo estudian la mandolina" (AHE, Id. 3363773: 29-VIII-1938).

Imprenta: era la "Escuela de Formación Profesional de Artes Gráficas de la Colonia Lurdes Euzko Aur Etxea". Así la denominó Ricardo Leizaola que era el responsable del taller. Ricardo —hermano de Jesús María Leizaola— fue impresor y propietario de la librería San Ignacio de Loyola en Donostia-San Sebastián.

En este taller también se impartían clases de la fotografía a cargo de José María Echezarreta y de tipografía, a cargo de Trifón Ojanguren. Era una actividad en la que los niños elaboraban cuadernos, catecismos y diferentes tipos de documentos: *"Los niños han impreso una recolección de cantos populares y patrióticos y los hemos repartido a cada uno un librito"* (AHE, Id. 3365011: 13-VI-1938).

"En vista de que parece difícil conseguir los nuevos catecismos y como además puede servir de trabajo para los niños ha decidido D. Gelasio que lo compongan en la imprenta de casa. Así hoy han tenido este trabajo, incluso en la hora de la tarde para hacerlo con mayor rapidez" (AHE, Id. 3365011: 13-IX-1938).

Musika klaseak Gelasio Aramabururen zuzendaritzapean. (MYA) / Clases de música bajo la dirección de Gelasio Aramburu (AMY).

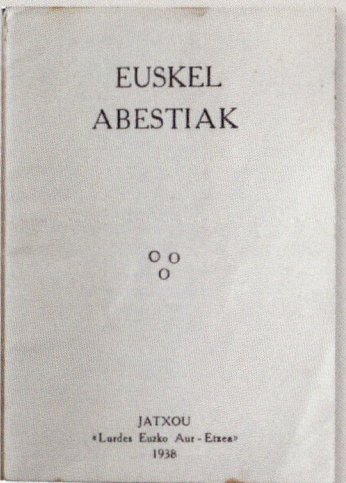

Ikasleek koloniako inprimategian egindako kantuen koadernoa (MYA).

Cuaderno de cantos elaborado por los alumnos en la imprenta de la colonia (AMY).

Tipografia asko gustatzen zitzaien mutilei (MYA).
La tipografía entusiasmaba a los chicos (AMY).

Tailer horrek harridura eta miresmena sortzen zuen koloniara hurbiltzen ziren bisitarien artean: *"Estévez jaunaren eta Donibane Garaziko Koloniako Zuzendariaren bisita izan dugu (...) inprenta ezagutzen ez zutenez eraman egin ditugu eta txundituta geratu dira gure haurrek han egiten dutenarekin. Haurrek egindako guztiaren aleak eskatu dituzte (liburuxkak, adibidez), baita aldizkarikoak ere"* (EAH, Id. 3365011: 1938-X-16).

Baratzeko lana: Isidro Inchaustik zuzendutako eta mutilek egindako jarduera zen, neskek kontserbak egiten zituzten bitartean: *"(...) mutilak eskola guztietara joan dira, baratzean lan egin dute, behar ziren tomateak eta barazkiak bildu dituzte eta neskek tomatea botilaratzeko prestatzen jarraitzen dute"* (EAH, Id. 3365011: 1938-IX-5). *"250 botila tomate eta 85 pote gozo botilaratu ditugu"* (EAH, Id. 3365011: 1938-X-13).
"Mutilek, eguraldi ona aprobetxatuz, baratzean lan egiteko aukera izan dute eta, Isidrok lagunduta, baratxuri koadro bat landatu dute, eta beste bat babena" (EAH, Id. 3365011: 1938-XII-1).

Mekanografia: hasieran, eskola hauek neskentzat ziren: *"Berritasuna mekanografia eskola da. Edozein mahairen gainean, neskatoak tekleatzen hasten dira"* (EAH, Id. 3365011: 1938-VII-4). Baina denborarekin mutilei ere irakatsi zitzaien: *"mutilei idazteko makina interesatzen zaiela ikusita eta inprentan tekleatzen dutela, baina dagokion doité-rik gabe, lezio batzuk emango dizkie, eta ikasi eta praktikarazi, denbora baitute, batez ere baratzera eramatea ezinezkoa denean eguraldi txarrarengatik"* (EAH, Id. 3365011: 1938-X-3). *"Orain denek, neskek eta mutilek, ilusio handiz hartzen dute mekanografia eskola"* (EAH, Id. 3365011: 1938-XI-19).

Este taller causaba asombro y admiración entre los visitantes que se acercaban a la colonia: *"Hemos tenido la visita del Sr. Estévez y del Director de la Colonia de San Juan de Pied de Port (...) como no conocían la imprenta les hemos llevado y han quedado aturdidos de lo que allí hacen nuestros niños. Han pedido ejemplares de todo lo hecho (como folletos) por los niños, así como del periódico"* (AHE, Id. 3365011: 16-X-1938).

Trabajo en el huerto: era una actividad dirigida por Isidro Inchausti y realizada por los chicos, mientras las chicas se dedicaban a la elaboración de conservas: *"(...) los niños han acudido a todas las clases, trabajado en el huerto, recogido tomates y verduras que se necesitaban y las niñas siguen preparando el tomate para embotellar"* (AHE, Id. 3365011: 5-IX-1938).
"Llevamos embotelladas 250 botellas de tomate y 85 botes de dulce" (AHE, Id. 3365011: 13-X-1938).
"Los chicos aprovechando el buen tiempo han podido trabajar en la huerta y ayudados por Isidro han plantado un cuadro de ajos y otro de habas" (AHE, Id. 3365011: 1-XII-1938).

Mecanografía: en un principio estas clases estaban destinadas a las niñas: *"La novedad es la clase de mecanografía. Encima de cualquier mesa, las niñas se ponen a tipiar"* (AHE, Id. 3365011: 14-VII-1938). Pero con el tiempo también se impartieron a los chicos: *"en vista de que a los chicos les interesa la máquina de escribir y en la imprenta tipian pero sin el doité correspondiente, les va a dar algunas lecciones y hacer que estudien y practiquen ya que tienen tiempo, sobre todo con los malos tiempos en que es imposible llevarlos a la huerta"* (AHE, Id. 3365011: 3-X-1938).
"La clase de mecanografía que ya ahora la dan todos, chicos y niñas, con mucha ilusión" (AHE, Id. 3365011: 19-XI-1938).

Mutilak baratzean lanean (MYA). / Los chicos trabajando en el huerto (AMY).

Neskak mekanografia klasean (MYA). / Las chicas en clase de mecanografía (AMY).

Marrazkia, pintura eta eskulanak: *"Mutilak asko entretenitu dira margotzen eta neskak puzzle bat egiten"* (EAH, Id. 3365011: 1938-VII-3).
"(...) mutilen jarduerak ikastera, jolasaldian margotzera eta hegazkinak egitera mugatu dira" (EAH, Id. 3365011: 1938-VII-7). *"Aurkitu dituzten egur zatiekin hegazkinak egiten distraitu dira"* (EAH, Id. 3365011: 1938-VII-14).

Frantsesa: *"(...) gaur, eta opor-hilabete honetarako prestatutako planari jarraituz, andereño Maritxuk emango dizkien frantseseko eskolekin hasi gara, astean hiru egunetan haurrei eta beste hainbeste neskei, ordubete egunero"* (EAH, Id. 3365011: 1938-X-3).

Eguraldiak laguntzen zuenean, udan batez ere, aire zabaleko irteerak antolatzen ziren: inguruko herrietara, hondartzara, mendira —Irukurutzeta, Artzamendi, Mondarrain, Urtsuia...—. Ricardo Leizaolak honako hau dio: *"Mendi-ibilaldiak asko gustatzen zaizkie haurrei. (...) Fisikoki eta espiritualki hezten ditu, eta Geografia, Historia Naturala..."* (EAH, Id. 3363776: 1938-VIII-26).
Mendi irteera batzuk José Miguel de Barandiaránekin batera egin zituzten: *"1938ko azaroaren 14an, Arpeko Saindua haitzuloa bisitatu nuen, Gelasio Arámburu lagunarekin eta Jatxouko haurren koloniarekin batera"* (Eusko-Folklore, 1955eko urria-abendua, 3. saila, 5. zenbakia).
Naturarekiko kontaktua sustatzen zen: *"Haurrei tximeletak hartzen erakutsi diete eta egun osoan dauzkagu makilatxo batekin azukrea edo zerbait gozoa eskatzen makilatxora joan daitezen. Bereziki aparta da Donatok intsektu eta zomorro guztiekiko duen zaletasuna"* (EAH, Id. 3365011: 1938-VII-20).

Dibujo, pintura y manualidades: *"Los niños se han entretenido mucho pintando y las niñas haciendo un puzle"* (AHE, Id. 3365011: 3-VII-1938).
"(...) las actividades de los niños se han limitado al estudio, a la pintura durante el recreo y a la confección de aviones" (AHE, Id. 3365011: 7-VII-1938). *"Se han distraído haciendo aviones, con trozos de madera que han encontrado"* (AHE, Id. 3365011: 14-VII-1938).

Francés: *"(...) hoy y siguiendo el plan trazado para este mes de vacaciones hemos comenzado con las clases de francés que les va a dar andereño Maritxu, tres días a la semana a los niños y otro tanto a las niñas de una hora al día"* (AHE, Id. 3365011: 3-X-1938).

Cuando la climatología lo permitía, sobre todo en verano, se organizaban salidas al aire libre: a las localidades del entorno, a la playa, al monte —Irukurutzeta, Artzamendi, Mondarrain, Urtsuia...—. Como manifiesta Ricardo Leizaola, *"Las excursiones a la montaña les gusta mucho a los niños. (...) Les forma física y espiritualmente y se procura hacer un poco de Geografía, de Historia Natural..."* (AHE, Id. 3363776: 26-VIII-1938).
Varias de las salidas al monte las realizaron junto con José Miguel de Barandiarán: *"El día 14 de noviembre 1938 visité la cueva de Arpeko Saindua, en compañía de mi amigo Gelasio Arámburu y la colonia de niños de Jatxou"* (Eusko-Folklore, octubre-diciembre 1955, 3ª serie, nº 5).
Se fomentaba el contacto con la naturaleza: *"A los niños les han enseñado a coger mariposas y les tenemos todo el día con un palito pidiéndonos azúcar o algo dulce para que vayan al palito. Sobre todo Donato es algo extraordinario la afición que tiene a todos los insectos y bichitos"* (AHE, Id. 3365011: 20-VII-1938).

Marrazketa klasea aire zabalean (MYA). / Clase de dibujo al aire libre (AMY).

Mondarrain mendira (750 m) igoera behe-lainopean (MYA).
Ascensión al Mondarrain (750 m) en medio de la niebla (AMY).

Argazkia Mondarrrain mendiaren gailurean (750 m) (MYA).
Fotografía en la cumbre del Mondarrain (750 m) (AMY).

Artzamendi gailurretik (925 m) paisaia ikusten (MYA).
Obsevando el paisaje desde la cima del Artzamendi (925 m)
(AMY).

Jatsuko neska-mutilak Capbretoneko hondartzan (MYA).
Niños y niñas de Jatsu en la playa de Capbreton (AMY).

Gainera, koloniak garai hartako "teknologia berri" batzuk erabili ahal izateko zortea izan zuen, zehazki zinema. Ynchausti —zazpigarren artearen zale amorratua— kontziente zen zinemak ikasteko eta irakasteko baliabide gisa duen balioaz. Hala, 1938ko martxoan film proiektore bat eman zien, helburu pedagogiko, erlijioso eta entretenimenduzkoekin erabiltzeko: *"Afalostean, Don Manuel etorri da. Proiekzio-makina bikaina ekarri du haurrentzat. Berak pasatu dizkie Parisko ikuspegien film batzuk eta azalpenak eman dizkie. Ezin da esan zenbat gozatu duten haurrek, eta baita helduek ere. Film dezente ekarri ditu, eta haurrentzat oso interesgarriak. Batzuk katixima eta historia sakratukoak, beste batzuk ofizioei buruzkoak, ikuspegienak eta abar. Don Manuelek esan du komeniko litzatekeela astean pare bat egunetan jartzea, ostegun eta igandeetan adibidez, eta denoi oso ondo iruditu zaigu"* (EAH, Id. 3365011: 1939-III-2).

Azterketak, kalifikazioak eta oporrak

Ikasturtea amaitzeko, azken azterketak egiten ziren, eta txostenak lortutako kalifikazioekin eta haurren portaerarekin; ozen irakurtzen ziren, *"beren taldeetan lehen geratu diren lau haurrak"* nabarmenduta, *"denen txaloak jaso zitzaten"* (EAH, Id. 3365011: 1938-X-11). Informazio hori familiei bidaltzen zitzaien: *"Gaur amaitu dugu hemen eman duten urtean haurren lana eta portaera laburbiltzen dituzten notak jartzeko zeregina. Solemnitate pixka batekin irakurriko dizkiegu, eta gero beraiek inprimatutako orrietan bidaliko ditugu beren etxeetara. Ohorezko koadro moduko bat egitea ere pentsatu dugu, haurren jangelan jarri eta Ynchausti jaun-andreei beste bat bidaltzeko"* (EAH, Id. 3365011: 1938-X-3).

Gutxienez 1938. urtean, irailaren 26an amaitu zen ikasturtea, eta azaroaren 7an hasi ziren berriz eskolak: *"Haurrek gaur hasi dituzte oporrak"* (EAH, Id. 3365011: 1938-IX-26). *"Hasi ditugu eskolak. Pozez eta ilusioz hartu dituzte*

Además, la colonia tuvo la fortuna de poder utilizar algunas de las "nuevas tecnologías" de la época, en concreto el cine. Ynchausti —un apasionado del séptimo arte—, era consciente del valor del cine como recurso para aprender y enseñar. Así, en marzo de 1938 les proporcionó un proyector de películas para ser utilizado con fines pedagógicos, religiosos y de entretenimiento: *"Después de cenar, ha venido Don Manuel. Ha traído para los niños una magnífica máquina de proyecciones. Él mismo les ha pasado algunas películas de vistas de París y les ha explicado. No es para decir lo que han disfrutado los niños y también los mayores. Ha traído bastantes películas y muy interesantes para los niños. Algunas de catecismo e historia sagrada, otras de oficios, vistas etc. Ha dicho Don Manuel que sería conveniente ponerles un par de días a la semana, los jueves y domingos por ejemplo, pareciéndonos a todos muy bien"* (AHE, Id. 3365011: 2-III-1939).

Exámenes, calificaciones y vacaciones

Para acabar el curso se realizaban los exámenes finales y se elaboraban informes con las calificaciones obtenidas y el comportamiento de los niños, que se leían en alto destacando *"a los cuatro niños que han quedado primeros en sus respectivos grupos para recibir aplausos de todos"* (AHE, Id. 3365011: 11-X-1938). Esa información era remitida a las familias: *"Hoy hemos terminado por poner las notas que resumen la labor y el comportamiento de los niños durante el año que han pasado aquí. Con un poco de solemnidad se los leeremos y después en hojas impresas por ellos enviaremos a sus casas. También pensamos hacer como un cuadro de honor para poner en el comedor de los niños y enviar otro a los Sres. Ynchausti"* (AHE, Id. 3365011: 3-X-1938).

Al menos en el año 1938, el curso finalizó el 26 de septiembre y las clases se reanudaron el 7 de noviembre: *"Los niños han comenzado hoy sus vacaciones"* (AHE, Id. 3365011: 26-XI-1938). *"Ya hemos comenzado las clases. Todos las han*

guztiek. Jatorduen ordutegia aldatu egin da eta kanpai hotsei zehaztasun handiagoz obeditzen zaie. Badira liburu batzuk, arbel berriak eta ikasteko gogoa" (EAH. IDa 3365011: 1938-XI-7).

Gabonetako oporrak ere izan zituzten abenduaren 22tik urtarrilaren 2ra bitartean: "Oporrak eman zaizkie jada, zuhaitza eta Jaiotza jartzen hasi behar direlako" (EAH, Id. 3365011: 1938-XII-22).

"Gabonetako oporrak amaituta berriro hasi dira eskolak" (EAH, Id. 3365011: 1939-I-2).

recibido con alegría e ilusión. Se ha cambiado el horario de comidas y los toques de campana se obedecen con más exactitud. Hay algunos libros, pizarras nuevas y deseo de aprender" (AHE, Id. 3365011: 7-XI-1938).

También tuvieron vacaciones de Navidad entre el 22 de diciembre y el 2 de enero: "Se les ha dado ya las vacaciones porque hay que empezar a poner el árbol y el Nacimiento" (AHE, Id. 3365011: 22-XII-1938).

"Terminadas las vacaciones de Navidad se han reanudado las clases" (AHE, Id. 3365011: 2-I-1939).

José Azurza maisua, neska-mutikoez inguratuta, ikasturtearen amaiera eta emaitza bikainak ospatzen. 1938ko iraila (MYA).
El maestro José Azurza, rodeado de los niños y las niñas, festejando el final de curso y los brillantes resultados. Septiembre de 1938 (AMY).

Sakongrabatuko eta inprentako eskola

Aipamen berezia merezi du sakongrabatuko eta inprentako eskola-tailerrak. Ricardo Leizaolak —inprimatzaile eta editore donostiarra— Manuel de Ynchaustirekin partekatu zuen proiektua da. Manuel de Ynchaustik hasieratik begi onez ikusi eta bultzatu zuen: *"(...) zure lehengusu Luis Parisen dago, zer egin behar duen erabakitzeko zain, Parisen inprimategi txiki bat eta sakongrabatua egiteko tailer bat instalatzeko proiektuei dagokienez. Makineriaren zenbatekoak 20.000 liberako aurrekontua gainditzen ez duen bitartean, badakizu ongi iruditzen zaidala ideia, kontuan hartuta gaur zurekin eta lanik gabe dauzkazunentzat, baita agian koloniako haurrentzat ere, erdi-eskola edo ikasketa-laborategi gisa ere balio dezakeela. Dena den, zure lehengusu Luisek eta zuk (Ricardok) Parisen hilabeteko ikastaro bat egiteko aukera duzuela esan zenidanez, sakongrabatuaren grabatuari buruzkoa, zeinarengatik Mila libera eskatu dizkizueten, bion artean, eta hainbeste interesatzen zaizuenez, ez zait gaizki iruditzen. Zeuek ikusiko duzue horretan benetako baliagarritasunik ba ote den"* (EAH, Id. 3363776: 1938-I-5).

Proiektua gauzatzeko, Ricardo eta bere lehengusu Luis Leizaola ingeniaria —biak Donostiako arte grafikoen sektorean arituak ziren, lehenik eta behin Bruselara joan ziren lantegia muntatzeko behar zen makineria erosteko aukerak ikusteko; ondoren, prestakuntza-ikastaro bati ekin zioten: hasieran Parisko Huot etxearekin hitzartua bazuten ere, enpresa horrek atzera egin zuen, eta prestakuntza eta ikasketa 1938ko otsailaren 2an hasi zuten Le Creux tailerrean, Mr. Coutourier-en jabetza, Arcueil herriko Rue Victor Carmignac kalearen 4.ean. Paristik joaten ziren hara, Parisen bizi baitziren, eta mantenu eta ostatu gastuak Manuel de Ynchaustik ordaintzen zituen.

El taller-escuela de hueco-grabado e imprenta

Mención especial merece el taller-escuela de hueco grabado e imprenta. Se trata de un proyecto que Ricardo Leizaola —impresor y editor donostiarra— compartió con Manuel de Ynchausti, quien desde el primer momento lo vio con buenos ojos y lo impulsó: *"(...) tu primo Luis está esperando en París, para decidir qué tiene que hacer, con respecto a los proyectos de instalación en esa de una pequeña imprenta y taller de hueco-grabado. Mientras no exceda del presupuesto de 20.000 francos, el importe de la maquinaria, ya sabes que me parece bien la idea, a base de que también puede servir de semi-escuela o laboratorio de estudio para el personal que tienes contigo y sin trabajo hoy, así como también acaso para los niños de la colonia. Ahora bien, como también me hablaste de la oportunidad que tu primo Luis y tú (Ricardo) tenéis la oportunidad de hacer un curso de un mes en París, sobre grabado del hueco grabado, por el que os ha pedido una cifra razonable de Mil francos, por los dos y ya que tanto os interesa, no me parece mal la cosa. Vosotros veréis si hay verdadera utilidad en ello"* (AHE, Id. 3363776: 5-I-1938).

Para hacer realidad el proyecto, Ricardo y su primo el ingeniero Luis Leizaola —ambos ya habían trabajado en el sector de las artes gráficas en Donostia-San Sebastián—, en primer lugar viajaron a Bruselas con el objetivo de ver las posibilidades de compra de la maquinaria necesaria para montar el taller; posteriormente, comenzaron un curso de formación: si en un principio lo habían apalabrado con la casa Huot de París, esta empresa se echó para atrás y comenzaron su formación y aprendizaje a partir del 2 de febrero de 1938, en el taller Le Creux, propiedad de Mr. Coutourier, ubicado en 4. Rue Victor Carmignac de la localidad de Arcueil. Se desplazaban a esta localidad desde París, donde residían, y

Ricardo Leizaola, sakongrabatuko eta inprentako arduraduna (MYA).

Ricardo Leizaola, el responsable del taller-escuela de hueco grabado e imprenta (AMY).

Tailerrean hilabetez lanean aritu ondoren, amaitutzat eman zuten prestakuntza. Ricardo prest zegoen jada Jatsun lantegia muntatzen hasteko, baina proiektuaren hasierako planak aldatu behar izan ziren —errefuxiatuak arte grafikoen arloan trebatu eta lan mundurako gaitu nahi zituen—, Frantziako legediarekin sor zitezkeen arazo administratiboak zirela eta. Hala dio Manuel de Ynchaustik Ricardori bidalitako gutun batean: *"(…) esango dizut, gorago esaten dizudana ikusita, oraingoz zuhurtzia handiagoarekin jokatu beharko dugula. Jakina, inork ezin digu eragotzi tailerra antolatzea. Baina ezingo dugu kanpora begira lan egin. (…) Hori guztia ikusita (…), nik, oraingoz behintzat, ´sakongrabatuko eskola-tailerra´ soilik antolatzekoaren alde egingo nuke, ahalik eta instalaziorik apalenarekin, eta baldin eta eskola-tailer horren funtzionamendua hileko 500 eta 1000 libera arteko aurrekontuarekin mantendu ahal izango balitz. Zuk esango didazu hori posible den"* (EAH, Id. 3363776: 1938-III-5).

los gastos de manutención y hospedaje se los pagaba Manuel de Ynchausti.

Tras un mes de trabajo en el taller dieron por concluida su formación. Ricardo ya estaba dispuesto para comenzar a montar el taller en Jatsu, pero hubo que cambiar los planes iniciales del proyecto —pretendía formar a refugiados en el campo de las artes gráficas y capacitarlos para el mundo laboral—, debido a posibles problemas administrativos que podían surgir con la legislación francesa. Así lo manifiesta Manuel de Ynchausti en una carta remitida a Ricardo: *"(…) te diré que en vista de lo que te digo más arriba, por el momento tendremos que obrar con una prudencia más acentuada. Claro que nadie nos puede impedir de montar el taller. Pero lo que no podremos es trabajar para fuera. (…) En vista de todo esto (…) yo me inclinaría, por el momento al menos, a montar solamente el ´taller-escuela de hueco-grabado´, con la instalación más modesta posible, y en el supuesto que el funcionamiento de dicho taller-escuela pueda*

Inprenta tailerrean mutilek inpresioarekin, tipografiarekin, edizioarekin eta argazkigintzarekin lotutako zereginak ikasten zituzten (MYA).
En el taller de imprenta los niños aprendían tareas relacionadas con la impresión, la tipografía, la edición y la fotografía (AMY).

Azkenean, bai sakongrabatuko tailerra eta bai inprenta instalatzea erabaki zuten, gutxienez 12.000 liberako kostuarekin. Ynchaustik Ricardo Leizaolari jakinarazi zion moduan: *"Gaur zure lehengusu Luisen bisita atsegina izan dut, eta Jatxoun lantegi-eskola bat jartzeko gure proiektuaz hitz egin dugu, eta biok adostu dugu hobe izango litzatekeela heliograbatukoa eta inprentakoa izatea, HAMABI MILA LIBERAko gutxieneko aurrekontuarekin (Jatxoun dagoen inprentako makina barne)"* (EAH, 3363776: 1938-III-17).

Lantegia handitzeko asmoa ere izan zuen Manuel de Ynchaustik. Ricardo Leizaolari bidalitako gutun batean hau jakinarazi zion: *"Gure inprentako tailerra handitzea erabaki dut (...). Baionan ba ote dago salgai guri interesatzeko moduko tailerrik, gure asmoek dituzten mugen barruan?"* (EAH, Id. 3363776: 1938-IV-5).

Proiektuaren hasierako ideia baztertuta geratu bazen ere, eskola-tailerra martxan jarri zen, koloniako haurrei eskolak emanez. Kanporako lanak ere egiten zituzten, diskrezioz bazen ere, Frantziako legediarekin arazoak izango zituzten beldurrez, haien lana inork lan industrial gisa salatuko balu. Adibidez, 12 postaleko 300 bilduma egin zituzten Uztaritzeko seminariorako. José Miguel de Barandiarán ere maiz joaten zen bere ikerketa lanak inprimatzera: *"(...) egunen batean Leizaola jaunari (D. Ricardo) bisita bat egingo diot hemen prestatuta dauzkadan lan batzuk eramateko"* (EAH, Id. 3364644: 1938-X-1).

Tailerrean, koloniako haurrek inpresioarekin, tipografiarekin, edizioarekin eta argazki-gintzarekin lotutako lanak egiten ikasten zuten. Katiximen argitalpenean parte hartzen zuten, abesti aberkoiak zituzten liburuxkak eta *"ITXARTU"* aldizkaria ere argitaratu zuten. *"Dena haurrek idatzi, konposatu eta doitzen dute. (...) Ariketa polita iruditzen zait, idazten, zuzentzen, doitzen ikasten dutelako, eta gustu eta zentzu editoriala osatuz doazelako"* (EAH, Id. 3363776: 1938-IX-11), jakinarazi zion

sostenerse con un presupuesto mensual que no exceda de 500 a 1000 frcs. Tú me dirás si esto es posible" (AHE, Id. 3363776: 5-III-1938).

Finalmente deciden instalar tanto el taller de huecograbado como la imprenta, con un coste mínimo de 12.000 francos. Como le comunica Ynchausti a Ricardo Leizaola: *"Hoy he recibido la grata visita de tu primo Luis, y hemos hablado de nuestro proyecto de instalar una escuela-taller en Jatxou y ambos hemos convenido en que sería mejor fuera de heliograbado e imprenta, con un presupuesto mínimo de DOCE MIL FRANCOS (incluyendo la máquina de imprenta que ya está en Jatxou)"* (AHE, Id. 3363776: 17-III-1938).

Manuel de Ynchausti también tuvo intención de ampliar el taller. En una carta enviada a Ricardo Leizaola le comunica que *"estoy decidido hacer la ampliación de nuestro taller de imprenta (...). En Bayona no habrá algún taller en venta dentro de los límites que nos proponemos y que nos pudiera interesar?"* (AHE, Id. 3363776: 5-IV-1938).

Aunque quedó descartada la idea inicial del proyecto, la escuela-taller comenzó a funcionar, impartiendo clases a los niños de la colonia. También realizaban trabajos para el exterior, aunque con discreción, temerosos de que tuvieran problemas con la legislación francesa, en el caso de que su labor fuera denunciada por alguien como trabajo industrial. Por ejemplo, confeccionaron 300 colecciones de 12 postales para el seminario de Uztaritze. También acudía con frecuencia José Miguel de Barandiarán para imprimir sus trabajos de investigación: *"(...) uno de estos días giraré una visita al Sr. Leizaola (D. Ricardo) para llevarle algunos trabajos que tengo aquí preparados"* (AHE, Id. 3364644: 1-X-1938).

En el taller, los niños de la colonia aprendían a realizar tareas relacionadas con la impresión, la tipografía, la edición y la fotografía. Participaban en la edición de catecismos, libritos con cantos patrióticos y también publicaron el *"periódico 'ITXARTU'... (Esperanzados-Esperanza). Todo está redactado,*

tailerreko arduradunak, Ricardo Leizaolak, Ynchaustiri.

Ricardok honako hau komentatu zuen: *"Hortik aterako den langile-plantillak munduko edozein lekutan eta bereziki Euzkadin paper ona egin ahal izatea espero dut"* (EAH, Id. 3365011: 1938-II-5). Ignacio Naberán haurrari, behintzat, tailerrean jasotako prestakuntza probetxugarria suertatu ahal izan zitzaion, aberriratuta itzuli zenean, inprenta batean hasi baitzen lanean. Hala jakinarazi zion Manuel de Ynchaustiri gutun bidez: *"Inprenta batean ari naiz lanean, eta bi pezeta besterik ez ditut irabazten. Eta soldata hau amari ematen diot, behar dugulako"* (EAH, Id. 3364277: 1940-I-25).

compuesto y ajustado por los mismos niños. (...) Me parece un bonito ejercicio porque aprenden a redactar, corregir, ajustar y les va formando el gusto y el sentido editorial" (AHE, Id. 3363776: 11-IX-1938:), informa el responsable del taller Ricardo Leizaola a Ynchausti.

Ricardo comentaba que *"el plantel de operarios que salga de ahí espero firmemente que pueda hacer un buen papel en cualquier parte del mundo y especialmente en Euzkadi"* (AHE, Id. 3365011: 5-II-1938). Al menos al niño Ignacio Naberán la formación recibida en el taller pudo serle provechosa, ya que al volver repatriado, comenzó a trabajar en una imprenta, así se lo hace saber por carta a Manuel de Ynchausti: *"Estoy trabajando en una imprenta y gano solo dos pts. Y este sueldo lo entrego a la madre, porque nos hace falta"* (AHE, Id. 3364277: 25-I-1940).

Kolonian egindako *Itxartu* aldizkariaren 2. zenbakiaren lehen orrialdea (ALAA).
Primera página del número 2 del periódico *Itxartu* elaborado en la colonia (AALA).

Argazkigintzaren eta sakongrabatuaren sekretuak ikasten (MYA).
Aprendiendo los secretos de la fotografía y del heliograbado (AMY).

Hezkuntza bereizitua

Arreta berezia jartzen zitzaien alderdien artean, sexuen arabera bereizitako hezkuntzarena zegoen. Espazio eta jarduera desberdinak zituzten: logelak bereizita zeuden, jangelan 21 neskak bi mahaitan esertzen ziren eta 13 mutilak beste batean; eguneroko eskolak bereizita ematen ziren eta egiten zituzten jarduera asko ere bereizita zeuden: baratzea eta inprenta mutilen kontuak ziren; joskintza, plantxa, etxeko kontserbak baratzeko produktuekin prestatzea... horiek neskei zegozkien.

Mendi irteeretan mutilek bakarrik parte hartzen zuten, neskak kolonian geratzen ziren bitartean hainbat ekintza egiten edo inguruan paseatzen: *"Ze bakea nabaritzen den Kolonian mutilak kanpoan dauden egunetan eta neskekin bakarrik geratzen garenean! Goizeko zazpietan atera dira beren fardelak Tximista gainean jarrita Ezpeletara bidean, mendira igotzeko. (...) Eguartean, neskek asteko konpostajea egin dute eta arratsaldean negurako lehenengo tomate botilak. Meriendatzeko orduan erreka ertzera jaitsi gara eta uretan txaplaka aritu dira, gozamen betean"* (EAH, Id. 3365011: 1938-VIII-25).

"Txango eguna. Gaurkoa mutilek bizikletan egin dute, gurdian joan diren beste birekin batera. (...) Goizean zehar neskak konposta aritu dira eta arratsaldean ibaira jaitsi dira afari-meriendarekin, hainbeste gozatzen duten tokira. Hainbesteko gogo bizia erakutsi dute, non zalantzan jartzen duten ea mutilena baino plan hobea ez ote den" (EAH, Id. 3365011: 1938-XI-22).

Arrosarioa errezatu eta meza ospatu denek batera egiten bazuten ere, aitortzak eta hileroko erretiroak bereizita egiten ziren: *"Aita Gabriel gaur etorri da, bihar etorri beharrean, aitortzetarako eta hileroko erretiro egunerako prestakuntza egiteko. Bananduta hitz egin die mutilei, neskei eta andereñoei"* (EAH, Id. 3365011: 1938-VIII-9).

Una educación diferenciada

Un aspecto al que se prestaba una especial atención era el de la educación diferenciada por sexos. Tenían espacios y actividades diferentes: los dormitorios estaban separados, en el comedor las 21 niñas se sentaban en dos mesas y los 13 niños en otra; las clases diarias se impartían de forma separada y muchas de las actividades que hacían eran también distintas: el huerto y la imprenta eran cosa de los chicos; la costura, la plancha, la preparación de conservas caseras con los productos de la huerta... correspondía a las chicas.

En las salidas al monte participaban solo los niños, mientras las niñas se quedaban en la colonia realizando diversas actividades o paseaban por los alrededores: *"¡Que paz se nota en la Colonia los días que los niños están fuera y quedamos con solo las niñas. A las siete de la mañana han salido con sus paquetes colocados sobre el Tximista camino de Ezpeleta para subir al monte. (...) Durante la mañana las niñas han hecho la compostura de la semana y a la tarde las primeras botellas de tomate para el invierno. A la hora de merendar hemos bajado a la orilla del río y han estado chapuceando en el agua, disfrutando lo indecible"* (AHE, Id. 3365011: 25-VIII-1938).

"Dia de excursión. La de hoy los chicos la han efectuado en bicicletas, aparte de dos que han ido en carro. (...) Las chicas durante la mañana han estado haciendo un poco de compostura y a la tarde han bajado con apari-merienda al río donde disfrutan tanto. Como que cuentan con tanto entusiasmo que ponen dudando a los chicos si es mejor plan que el de ellos" (AHE, Id. 3365011: 22-IX-1938).

Aunque rezaban el rosario y celebraban la misa todos juntos, las confesiones y el retiro mensual se hacía de forma separada: *"El P. Gabriel ha venido hoy en lugar de mañana para la preparación a confesiones y a día de retiro mensual. Ha hablado por separado a niños, niñas y andereños..."* (AHE, Id. 3365011: 9-VIII-1938).

Neskek josten eta jantziak egiten ikasten dute (MYA).
Las niñas practican el cosido y la confección de prendas (MYA).

Neskak arropa garbitzen. (MYA).
Las chicas lavando la ropa (AMY).

Joskintza tailerra. Ezkerretik 1.a, eserita eta betaurrekoekin: Carmen Arqueta; 3.a: Julia Arqueta; eta ezkerretik zutik 1.a: Antonia Arqueta (Arrien 1988: 126).
Taller de costura. La 1ª de la izquierda, sentada y con gafas: Carmen Arqueta; la 3ª: Julia Arqueta y la 1ª por la izquierda de pie: Antonia Arqueta (Arrien 1988: 126).

Euskara

Euskara eta euskal kulturaren eguneroko presentzia zen kolonian ematen zen hezkuntzaren ezaugarrietako bat. Euskara euskal arimaren adierazpidetzat eta euskal herriaren ezaugarrien esanahi eraginkor eta segurutzat hartuta, eta uneoro haren erabilera bultzatuz. Koro Barriola andereñoak kolonia benetako formakuntza gune euskaldun gisa gogoratzen zuen: *"Han denei euskaraz egiten zitzaien eta haien artean ere euskaraz egiten zuten. Eta hasieran zail samarra zen, jakina, bazeudelako Donostiako haurrak, Zumaiako haurrak, Bermeoko haurrak, Mundakakoak, Ondarroakoak, Eibarkoak, Bilbokoak. Bilbokoak urriago zebiltzan euskararekin. Beraz, konglomeratu bat zen, eta lehen egunetan esan diezazuket bermeotarrekin ez genuela elkar ulertzen, baina, handik denbora batera, ez genuen arazorik"* (Carballés 1998: 239).

Ildo berean mintzo zen Teresa Naberán 2012ko maiatzaren 19an Deusto Ondare Biziarentzat egindako elkarrizketan: *"Kolonian guztia euskaraz hitz egiten zen"*. Eta ondo ez zekitenek aurrerapen handiak egin zituzten: *"Alde handia nabari da haurren artean erdaraz hitz egiten duten bakoitzean baleak kentzen zaizkienetik. Etorri zenean euskaraz hitz bat ere ez zekien Donatok, eta gaur ez du besterik hitz egiten"* (EAH, Id. 3365011: 1939-III-13). Bitxia dirudi haren hiru ahizpak, Antonia, Juliana eta Mª Carmen, euskaldunak izanik, Donatok euskaraz ez jakitea. Arrazoia honakoa da: Arqueta familiak hartutako umezurtza zen, umezurztegi batetik zetorrena eta ez zen euskalduna.

Haurren euskararen aldaera dialektalek, batez ere egonaldiko lehen asteetan, euren arteko komunikazioa zailtzen zuten, baina denborak aurrera egin ahala arazo hori gaindituz joan zen.

Batzuetan koloniako arduradunek neurriak hartzen zituzten euskararen erabileran diziplina hori mantentzeko. Gelasio Aramburuk honako hau jakinarazi zion Manuel de Ynchaustiri:

El euskera

La educación impartida en la colonia se caracterizaba por la presencia cotidiana del euskera y la cultura vasca. Considerando el euskera como la expresión del alma vasca y el significado más eficaz y seguro de las características del pueblo vasco, en todo momento se impulsaba su uso. La andereño Koro Barriola recordaba la colonia como un verdadero centro de formación euskaldun: *"Allí se hablaba a todos en euskera y entre ellos también lo hablaban. Y era un poco difícil al principio porque claro había niños de San Sebastián, niños de Zumaia, niños de Bermeo, de Mundaka, de Ondarroa, de Eibar, de Bilbao. Los de Bilbao andaban más escasos con el euskera. O sea que era todo un conglomerado y los primeros días te puedo decir que con los bermeanos no nos entendíamos, pero al cabo de un tiempo no teníamos problemas"* (Alonso Carballés 1998: 239).

En el mismo sentido se manifestaba Teresa Naberán en una entrevista realizada el 19 de mayo de 2012 para Deusto Ondare Bizia: *"Todo lo que se hablaba en la colonia era en euskera"*. Y los que no lo dominaban hicieron grandes progresos: *"Se nota gran diferencia entre los niños desde que se les quita vales cada vez que hablan erdera, Donato que cuando vino no sabía una palabra en euskara, hoy no habla otra cosa"* (AHE, Id. 3365011: 13-III-1939). Puede parecer extraño que siendo euskaldunes sus tres hermanas, Antonia, Juliana y Mª Carmen, Donato no hablara euskara. La razón es la siguiente: fue un niño huérfano acogido por la familia Arqueta, procedente de un orfanato y no era vascoparlante.

Las variedades dialectales del euskera de los niños, sobre todo durante las primeras semanas de su estancia, dificultaban la comunicación entre ellos, pero con el paso del tiempo este problema se fue superando.

En ocasiones los responsables de la colonia, tomaban medidas para mantener esa disciplina en el uso del euskera. Gelasio Aramburu le informa a Manuel de Ynchausti que *"hace tres días mientras estaba en la 'carbonera' tomando*

"Duela hiru egun "ikaztegian" nengoela katixima lezioa hartzen txikitxoak entzun nituen ondoko gelan, eta guztiak erdaraz hitz egiten ari ziren. Gogaiturik, haiengana joan nintzen eta beren jokabideagatik kargu hartu nien. Biharamunean, izurrite hau konpontzeko asmoz gai honi heltzen hasi nintzaionean, konturatu nintzen beraiek adostua zutela beti elkar zigortzea erdaraz hitz egiten bazuten, eta amore ematea euskaraz besterik hitz egin ez zuenaren aurrean. Ez al da benetan ederra eta esanguratsua hori?" (EAH, Id. 3363773: 1939-IX-6).

la lección de catecismo a los pequeñitos oí que en la habitación contigua todos los niños estaban hablando erdera. Molestado, fui a ellos y les afeé su proceder. Al día siguiente cuando con idea de remediar esta plaga empecé a abordar este tema me encontré con que ellos habían acordado entre sí castigarse siempre si hablaban erdera y ceder a quien no hubiera hablado más que euskera. ¿Verdad que es hermoso y significativo este rasgo?" (AHE, Id. 3363773: 6-IX-1939).

MIkel Goicoechea haurrak idatzitako testua *Itxartu* aldizkarirako (ALAA).

Texto escrito por el niño MIkel Goicochea para el periódico *Itxartu* (AALA).

Lurdes Euzko Aur-Etxea-ko haurrek, Antonio de Ynchaustiri —Manuelen semea— bidalitako zorion-gutuna bere santuaren egunean (AHE, Id. 3365011: 1937-VI-13).

Felicitación de los niños de Lurdes Euzko Aur-Etxea enviada a Antonio de Ynchausti —hijo de Manuel— el día de su santo (AHE, Id. 3365011: 13-VI-1937).

Euskal folklorea: dantzak eta musika

Denboraren zati bat folklorea ikasten eta praktikatzen ematen zen. Euskal Herriko kultur adierazpenek garapen zabala izan zuten Jatsun, batez ere, sarritan publikoaren aurrean erakusten ziren dantza eta abestiek.

Dantza-talde bat sortu zen, eta emanaldi ugari egin zituen koloniaren barruan zein kanpoan, inguruko hainbat herritan: Getarian (1938-VI-31), Kanbon (1938-VIII-9), Azkainen (1938-VIII-15), Senperen (1938-VIII-28), Uztaritzen (1938-VIII-31)…

"Neskak bi dantza berri ikasten ari dira, 'Soso dantza' eta 'Zurruma dantza', desberdina izan dadin, Cambon dagoeneko hainbat aldiz aritu baitira" (EAH. Id 3365011: 1939-III-23).

1938ko uztailaren 31ko eguneroko partean Getariako jardunari buruzko honako hau dago idatzita: *"Ordu bietan etorri da Ghetharyra eraman behar gintuen autobusa. Ilusio zoro batez, haurrek irule eta dantzarien jantziak txukun jarri dituzte. (...) Jendeak gogotsu txalotu ditu. 'Iri-dantza'-ren ikuskizunak, beti bezala, barre ugari eginarazi du"* (EAH, Id. 3365011: 1938-VII-31).

Dantzaz gain, abestia ere lantzen zuten: *"Don Gelasio abesti abertzale batzuk erakusten ari zaie, eta haurrek ilusio handiz ikasten dute"* (EAH, Id. 3365011: 1938-XII-8).

1938ko Eguberri-egunean koloniako haur talde bat atera zen abestera Baionan, Azkainen eta Uztaritzen: *"Bazkaldu ondoren, taxi batean berarekin* (andereñoarekin) *batera haur talde bat atera da jaiotzaren eramaile, Ynchausti jaunak aldez aurretik adierazitako lagunen etxe batzuetan abesteko, eta Bayona, Ascain eta Ustaritzen zehar ibilbidea eginez. Aipagarria da Monsinoreak, Baionako Apezpikuak, egindako harrera. Oso maitekor agertu da gure haurrak iragarri dizkiotenean, eta oso gustura entzun ditu, eta gabon-kanta gehiago abesteko ere eskatu die"* (EAH, Id. 3365011: 1938-XII-24).

El folclore vasco: danzas y música

Una parte del tiempo se invertía en el estudio y en la práctica del folclore. Las manifestaciones culturales vascas tuvieron un amplio desarrollo en Jatsu, especialmente las danzas y las canciones que a menudo eran exhibidas ante el público.

Se creó un grupo de baile, que realizó numerosas actuaciones tanto dentro como fuera de la colonia, en distintas localidades próximas: en Getaria (31-VI-1938), en Kanbo (9-VIII-1938), en Azkaine (15-VIII-1938), en Senpere (28-VIII-1938), en Uztaritze (31-VIII-1938)…

"Las niñas están aprendiendo dos bailes nuevos 'Soso dantza' y 'Zurruma dantza' para que resulte distinto pues en Cambo han actuado ya varias veces" (AHE. Id 3365011: 23-III-1939).

En el parte diario del 31 de julio de 1938 se anota lo siguiente sobre la actuación de Getaria: *"A las dos ha venido el autobús que debía llevarnos a Guethary. Los niños con una ilusión loca se han puesto los trajes bien limpios de hilanderas y dantzaris. (...) La gente les ha aplaudido con todo entusiasmo. El número de 'Iri-dantza' como siempre haciendo reír muchísimo"* (AHE, Id. 3365011: 31-VII-1938).

Además de la danza, se trabajaba también el canto: *"D. Gelasio les está enseñando algunas canciones patrióticas y los niños aprenden con gran ilusión"* (AHE. Id. 3365011: 8-XII-1938).

El día Nochebuena de 1938 un grupo de niños de la colonia salió a cantar en Baiona, Azkaine y Uztaritze: *"Después de comer, en un taxi con ella* (la andereño) *han salido un grupito de niños portadores del nacimiento para cantar en varias casas de amigos indicados de antemano por el Sr. Ynchausti, y haciendo un recorrido por Bayona, Ascain y Ustaritz. Es digno de anotar el recibimiento que ha hecho Monseñor, el Obispo de Bayona. Muy afectuoso no se ha hecho esperar en cuanto le han anunciado nuestros niños a los que ha escuchado con verdadero agrado, incluso pidiendo que cantaran más villancicos"* (AHE, Id. 3365011: 24-XII-1938).

Lurdes Euzko Aur-Etxea-ko dantza-taldeak emanaldi ugari egin zituen koloniaren inguruko herrietan (EAH, Id. 3365011).

El grupo de danzas de Lurdes Euzko Aur-Etxea realizó numerosas actuaciones en las localidades próximas a la colonia (AHE, Id. 3365011).

1937-38ko Eguberrietan koloniako haurrek, jaiotza eramanez, Manuel de Ynchaustiren lagun batzuen etxeen aurrean gabon-kantak abestu zituzten (EAH, Id. 3365011).

En las Navidades de 1937-38 los niños de la colonia, con el nacimiento, cantaron villancicos, ante las casas de varios amigos de Manuel de Ynchausti (AHE, Id. 3365011).

ERLIJIOA: PRESTAKUNTZA ETA PRAKTIKA

Erlijioa ikasgai garrantzitsua zen eskola-kolonietan, batez ere kapilau edo apaiz baten presentzia baldin bazuten. Hori zen Lurdes Euzko Aur-Etxearen kasua: kapilau bat zuen, Gelasio Aramburu, koloniako zuzendari kargua zuena eta *"erlijioaren irakaskuntzaz (…) eta haurrek bizitza erlijioso eta jainkozalea eraman dezaten zaintzeaz"* arduratzen zena (EAH, Id. 3365011: 1938-VI-1). Gelasiok, Gabriel de Donostia apaiz kaputxinoaren laguntza izan zuen, *"haurrei hilean egun bateko erretiroa emango diena"* (EAH, Id. 3365011: 1938-VI-1). *"Aita Gabriel gaur etorri da, bihar etorri beharrean, aitortzetarako eta hileroko erretiro egunerako prestakuntza egiteko. Bananduta hitz egin die mutilei, neskei eta andereñoei"* (EAH, Id. 3365011: 1938-VIII-3).

Erlijioa ez zen ikasgai hutsa, ia bizibidea zen. Koloniako bizitza erlijio-praktikek ñabartutako bizitza zen. Otoitz egiten zen ordu guztietan: jaikitzean, otorduen aurretik, eskolak hastean, ohera joatean. Meza eta arrosarioa derrigorrezkoak ziren. Egunero, oheratu aurretik arrosarioa errezatzen zen: *"Etxean ez gara inoiz oheratzen esan gabe"* (EAH, Id. 3365011: 1938-X-7).

Jatsuko araudian aipagai da *"ardura duten langileei kristau apostolutzarako eta euskal abertzaletasunerako misioa, hain delikatua, betetzen laguntzea"* ere (EAH, Id. 3365011: 1938-VI-1).

Erlijioak koloniaren bizitzan duen garrantzia islatzen duen adibide bat da 1938ko urriaren 1eko eguneroko partean jasotzen dena, haurrek Bugloseko Notre Dame santutegia bisitatu

LA RELIGIÓN: FORMACIÓN Y PRÁCTICA

La religión era una asignatura importante en las colonias escolares, sobre todo si contaban con la presencia de un capellán o un sacerdote. Ese era el caso de Lurdes Euzko Aur-Etxea: tenía un capellán, Gelasio Aramburu, quien ostentaba el cargo de director de la colonia y también se encargaba de la *"enseñanza de la religión (…) y velará para que los niños lleven una vida religiosa y piadosa"* (AHE, Id. 3365011: 1-VI-1938). Gelasio, contaba con la colaboración del sacerdote capuchino Gabriel de Donostia quien *"dará a los niños un día de retiro al mes"* (AHE, Id. 3365011: 1-VI-1938). *"El P. Gabriel ha venido hoy en lugar de mañana para la preparación a confesiones y de retiro mensual. Ha hablado por separado a niños, niñas y andereños"* (AHE, Id. 3365011: 3-VIII-1938).

La religión no era una mera asignatura, era casi el medio en el que se vivía. La vida en la colonia era una vida matizada de prácticas religiosas. Se rezaba a todas horas: al levantarse, antes de las comidas, al empezar las clases, al ir a la cama. La misa y el rosario eran obligatorios. Diariamente, antes de acostarse se rezaba el rosario: *"En la casa nunca nos acostamos sin decirlo"* (AHE, Id. 3365011: 7-X-1938).

En el reglamento de Jatsu se habla también de *"ayudar al personal encargado el cumplimiento de su muy delicada misión de apostolado cristiano y patriotismo vasco"* (AHE, Id. 3365011: 1-VI-1938).

Un ejemplo que refleja la importancia de la religión en la vida de la colonia es el que se recoge en el parte diario del 1 de octubre de 1938, día en el que

Koloniako haurrak Uztaritzeko elizara sartzen (EAH, Id. 3365011).
Los niños de la colonia entrando a la Iglesia de Uztaritze (AHE, Id. 3365011).

zuten egunekoa: *"Don Manuelek ekarri digun beste egun zoragarri bat. Gaur Notre Dame de Buglose Santutegian eman dugu eguna. Autobus ederrean goizeko 8 eta erdietan irten gara Koloniakoak andereñoekin, Kapilau jaunarekin, Leizaola jaunarekin eta Don José jaunarekin. Basilikara iritsi gara, eta bertan Don Gelasiok emandako Meza entzun dugu 9etan, eta denok komulgatu dugu. Haurrek hainbat motete herrikoi abestu dituzte, eta Jaunartzean 'O Sacrum convivium'-a hainbat ahotsetara. Suhartasunez komulgatu eta errezatu dugu gure ongile De Ynchausti jaun-andreengatik eskaera kolektibo berezia eginez. (...) Eguerdirako, Mathieu Monsinorea (Akizeko Apezpikua), beti hain atsegin eta maitekor, heldu da. (...) Ahaztu egiten zitzaidan aipatzea arratsalde erdian eta geuk eskatuta arrosarioa izan dugula eta Txit Santuaren bedeinkapena jaso dugula, eta oso ondo atera dela, haurrek abestuz eta euskaraz otoitz eginez"* (EAH, Id. 3365011: 1938-X-1).

Aipatzekoa da, halaber, zenbait haurrek —adibidez, Luisa Juanbeltzek, Edurne Eguinok eta Juan Olondok— lehen jaunartzea jaso zutela, ez denak egun berean, kolonian egon ziren bitartean. Azken biei buruz, eguneroko partean honako hau esaten da: *"Edurnetxok eta Juantxok, Jainkoa lagun, lehenengo egunean jaunartzea egingo dute; beraz egun hauetan oso formal egongo dira"* (EAH, Id. 3365011: 1938-XII-29). *"Koloniako bi txikien lehen jaunartzearekin eman diogu hasiera urte berriari"* (EAH, Id. 3365011: 1939-I-1).

ZUDUPE KARASKEDO'tar
EDURNE
ta
OLONDO IRADI'tar JON
Lurdes Euzko Aur-Etxea'ko
Gogo-zaindari dan Aranburu'tar
Jelasi apaiz yaunaren eskuetatik
Yaunaren Gorputz Deuna
LENENGO ALDIZ ARTU
ZUTEN
Jatxou'n 1939'ko
Urteberri eguna.

Edurne Zudupe eta Jon Olondoren lehen jaunartzearen oroigarria (EAH, Id. 3365011).

Recordatorio de la primera comunión de Edurne Zudupe y Jon Olondo (AHE, Id. 3365011).

los niños visitaron el santuario de Notre Dame de Buglose: *"Otro día magnífico que nos ha deparado D. Manuel. Hoy hemos pasado el día en el Santuario de Notre Dame de Buglose. En hermoso autocar hemos salido a la 8 y media de la mañana los de la Colonia con andereños, Sr. Capellán; Sr. Leizaola y D. José. Hemos llegado a la Basílica en la que hemos oído la Misa que nos ha celebrado Dn. Gelasio a las 9, y comulgamos todos. Los niños han cantado varios motetes populares y en la Comunión el 'O Sacrun convivium' a varias voces. Con mucho fervor comulgado y orado teniendo una petición colectiva especial por nuestros bienhechores los Srs. De Ynchausti. (...) Para el mediodía ha llegado Monseñor Mathieu (Obispo de Dax) siempre tan amable y cariñoso. (...) Se me olvidaba anotar que a media tarde y a petición nuestra hemos tenido rosario y bendición del Santísimo que ha resultado muy bien, cantando los niños y rezando en euskera"* (AHE, Id. 3365011: 1-X-1938).

Indicar también que varios niños —por ejemplo, Luisa Juanbeltz, Edurne Eguino y Juan Olondo— recibieron la primera comunión, en diferentes fechas, durante su estancia en la colonia. Sobre los dos últimos en el parte diario se dice lo siguiente: *"Edurnetxo y Juantxo el día primero Dios mediante harán la primera comunión así que estos días están muy formalitos"* (AHE, Id. 3365011: 29-XII-1938). *"Hemos dado comienzo al año nuevo con la primera comunión de los dos pequeños de la Colonia"* (AHE, Id. 3365011: 1-I-1939).

OSASUN LAGUNTZA

Kolonietako osasun zerbitzuak Eusko Jaurlaritzako Osasun Sailaren ardurapean zeuden. Oro har, gutxieneko osasun-zerbitzuak ezarri ziren kolonia guztietan, eta mediku edo erizainen batek kontrolatzen zituen, modu gutxi-asko zuzenean. Osasun Sailaren Memorian esaten den bezala Jatsuko kolonia gainerakoen gainetik zegoen osasungintzaren antolaketan: *"Don Manuel de Ynchausti euskal filantropo ospetsuak bere ardurapean du Euzkadiko Haur Kolonia, 34ko kopuruarekin, antolaketa eta ongizate aldetik bikaina.*

Ekainean 34 haur etorri ziren Euzkaditik Kolonia honetara, eta orduan azterketa zehatza egin zitzaien, mediku-fitxa eta hortz-fitxa eginez, aldian behineko azterketekin" (Arrien 1983: 272).

1938ko urriaren 28an, ustekabean, Lurdes Euzko Aur-Etxeak mediku-ikuskaritzaren bisita jaso zuen: *"(…) Euzkadiko Gobernuaren izenean, gaur arratsaldean Astorki doktorea, otorrinolaringologoa, etorri zaigu.*

Haurrak ikusi ditu eta batzuk La Roseraie ospitalera eramatea gomendatu du, begetazioak kentzeko ebakuntza txiki bat egiteko, premia handiena dutenak Mari Juanbelts eta Karmele Leizaola (sic) direla adieraziz, datorren ostegunerako, eta hurrengo asterako beste hiru utzita.

Pozik geratu da haur guztien egoera orokorrarekin, eta gustura ikusi du zein ondo dauden arropa aldetik, bai norberarenei eta bai ohekoei dagokienez, eta gustura ikusi du, halaber, zer elikadura-erregimen duten eta andereñoek zer-nolako arreta eskaintzen dieten.

Ur-eskasia deitoratu du, hain beharrezkoa izanik ura horrelako leku batean.

Bere atseginaren berri eman digu, mutilak hain garbi aurkitu dituelako eta etxeari atera diogun probetxuarengatik, espero ez zen egun batean etorrita, gainera" (EAH, Id. 3365011: 1938-X-28).

LA ASISTENCIA SANITARIA

Los servicios sanitarios de las colonias estaban a cargo del Departamento de Sanidad del Gobierno Vasco. En general se llegaron a establecer los servicios sanitarios mínimos en todas las colonias, y estaban controlados, de forma más o menos directa, por algún médico o enfermera. Como se dice en la Memoria del Departamento de Sanidad la colonia de Jatsu era la que aventajaba a las demás en la organización de la sanidad: *"el insigne filántropo vasco D. Manuel de Ynchausti tiene a su cargo la Colonia de niños de Euzkadi en número de 34, que es una maravilla de organización y bienestar.*

En el mes de junio llegaron 34 niños de Euzkadi para esta Colonia y entonces se les examinó minuciosamente, confeccionándose la ficha médica así como la dental, con revisiones periódicas a los mismos" (Arrien 1983: 272).

El día 28 de octubre de 1938, Lurdes Euzko Aur-Etxea recibió, por sorpresa, la visita de inspección médica: *"(…) por cuenta del Gobierno de Euzkadi, esta tarde se nos ha presentado el Doctor Astorki, otorrinolaringólogo.*

Ha visto a los niños y recomendado se lleve a varios a La Roseraie para hacerles la pequeña intervención de extirpar vegetaciones indicando como el más urgente para el próximo jueves a Mari Juanbelts y Karmele Leizaola (sic), dejando tres más para la próxima semana.

Ha quedado satisfecho del estado general de todos los niños y visto con agrado lo completo que están de ropa tanto personal como de cama, así como del régimen de alimentación que tienen y de las atenciones con que las andereños les rodean.

Ha lamentado el servicio deficiente de agua, tan necesaria en un sitio como este.

Nos ha manifestado su agrado por lo limpios que les ha encontrado a los chicos y por el provecho que a la casa le hemos sacado habiendo venido él, además, en un día en que no se le esperaba" (AHE, Id. 3365011: 28-X-1938).

Hilero egiten ziren barne mailan pisu eta altuera azterketak: *"Arratsaldean pisatu egin dira haurrak, hilero egiteko ohitura dugun bezala. Gehienek hobera egin badute ere, bada apur bat galdu duenik ere. Xabier Elgezabalek denboraldi luzea darama pisua hobetu gabe, baina bere egoera orokorrean hobeto dago, eta ez ditu lehen sarritan izaten zituen nerbio-atakeak. Gainelikadura erregimenean dago"* (EAH, Id. 3365011: 1939-III-8).

Mediku-laguntzari dagokionez, maiz joaten zen Goyeneche doktorea, Uztaritzeko medikua, gaixotasunen bat zuten haurrak artatzera: *"Alexek nahiko deseroso eta kexati igaro du gaua. Goyenetche doktoreak bisita egin dio goizez eta arratsaldez"* (EAH, Id. 3365011: 1938-I-30).

"Goyenetche doktoreak bisita egin dio (Josuri) goizez eta arratsaldez, eta hobekuntza handia nabaritu dio. Alkanforatutako olio injekzioa jarri dio eta bihartik aurrera jaten has daitekeela esan du" (EAH, Id. 3365011: 1939-I-14).

Todos los meses se realizaban a nivel interno revisiones periódicas de peso y altura: *"A la tarde se les ha pesado a los niños como tenemos costumbre de hacerlo todos los meses. Aunque la mayoría han mejorado hay quien ha perdido también un poco. El que lleva una gran temporada sin mejorar el peso es Xabier Elgezabal, en cambio en su estado general está mejor y ya no tiene aquellos ataques de nervios que antes le daban con bastante frecuencia. Está en régimen de sobrealimentación"* (AHE, Id. 3365011: 8-III-1939).

En lo que respecta a la atención médica, son frecuentes las visitas del doctor Edmond Goyheneche, médico de Uztaritze, para asistir a los niños que sufrían alguna enfermedad: *"Alex ha pasado la noche bastante desosegado y quejoso. El Dr. Goyenetche le ha visitado mañana y tarde"* (AHE, Id. 3365011: 30-I-1939).

"El Dr. Goyenetche le ha visitado (a Josu) mañana y tarde notándole gran mejoría. Le ha puesto una inyección de aceite alcanforado y ha dicho desde mañana puede empezar a comer" (AHE, Id. 3365011: 14-I-1939).

Edmond Goyheneche Uztaritzeko medikua, bere etxean emaztearekin eta alabarekin. 1937rantz. Argazkilaria: José Mª Anzola (GFA).

El médico de Uztaritze Edmond Goyheneche, en su casa junto a su esposa y su hija, hacia 1937. Fotógrafo: José Mª Anzola (AFG).

Manuel de Ynchausti —ezkerretik lehena—, Estatu Batuetako enbaxadorearekin batera, La Roseraie ospitalea bisitatzen. Ospitale honetara eramaten zituzten Lurdes Euzko Aur-Etxeako haurrak ere (EAH, id. 3448718).

Manuel de Ynchausti —el primero por la izquierda— junto con el embajador de Estados Unidos, visitando el hospital de La Roseraie, donde también acudían los niños de Lurdes Eusko Aur-Etxea (AHE, Id. 3448718).

Inguruko herrietako beste mediku batzuen kontsultetara ere eramaten zituzten haurrak: dentistarenera, Tissier doktorearen kontsultara, Zabalo doktorearenera —zeina batzuetan koloniara joaten zen—, La Roseraie ospitalera edo Kanboko klinikara, non tuberkulosiaren aurkako Osasuna erietxea zegoen: "*1938ko abuztuaren 12a. Ostirala. Gaurko eguna sendagileen bisitei eskaini diegu. Goizean, andereño Maritxuk Arantza Goikoetxea eta Juli Arqueta Bayonara eraman ditu Tissier doktorearen etxera. Lehenak betaurrekoak jantzi beharko ditu une oro, eta bigarrenak eskoletarako. Gaur ere ez digu ezer kobratu nahi izan Doktore jaunak eta oso atsegina izan da.*

Arratsaldeko bisita ez da hain erraza izan, andereño berak sei haur eraman behar izan baititu Cibourera, Zabalo doktoreak ikus zitzan. (...) Zabalo doktoreak idatziz eman du gure haurren diagnostikoa. Arketa neba-arreben kasua, dirudienez, larria da, batez ere Julirena, tuberkulosi oso probablearekin, eta

También se llevaba a los niños a las consultas de otros médicos de localidades cercanas: al dentista, a la consulta del doctor Tissier, a la del doctor Zabalo —quien en ocasiones acudía a la colonia—, al hospital de La Roseraie o a la clínica de Kanbo, donde estaba el sanatorio antituberculoso Osasuna: "*12 de agosto de 1938. Viernes. Hemos dedicado el día de hoy a la visita de médicos. A la mañana andereño Maritxu ha llevado a Bayona a Arantza Goikoetxea y Juli Arqueta a casa del Doctor Tissier. La primera deberá ponerse gafas de continuo y la segunda para las clases. Tampoco hoy ha querido cobrarnos nada el Sr. Doctor y ha estado tan amable.*

La visita de la tarde no ha sido tan sencilla pues la misma andereño ha tenido que llevar nada menos que a seis pequeños a Ciboure, para que les viera el Doctor Zabalo. (...) El doctor Zabalo ha dado por escrito el diagnostico de nuestros niños. El caso de los hermanos Arketa parece que se presenta grave sobre todo el de Juli,

beharrezkoa da lehenbailehen plakak atera eta X izpiekin ikustea, berehala laguntzeko eta besteak ez kutsatzeko. Izan dituen gongoilen ondorioz, Donato ere tratatu behar dute eta, arrisku gutxiagorekin bada ere, Maritxu Barandika ere bai. Gainerakoentzat gainelikadura, atsedena eta trikaltzina gomendatu ditu" (EAH, Id. 3365011: 1938-VIII-12).

Tuberkulosiaren diagnostikoa duten kasu larrienen jarraipenari dagokionez: "Don Manuelek haur gaixoei buruz egin zitzaion kontsultari erantzun dio. Bihar Camboko klinikara eramango ditugu" (EAH, Id. 3365011: VIII-1938-VIII-22).

"Eguartean Donato, Maritxu Barandica eta Juli Arqueta eraman ditugu gurditxoan Beldarrain doktoreak ikus zitzan Camboko klinikan. Zabalo doktorearen diagnostikoa baieztatu da Juliri eta baita Maritxuri dagokionez ere, eta Donatoren kontuari ez dio hainbesteko garrantzirik eman. X izpietan ikusi ditu eta plaka bat atera du azterketa zehatzagoa egiteko. Don Gelasio goizean izan da, eta arratsaldean itzuli da emaitzaren berri jakitera.

Kasua zein delikatua den ikusita, Maritxu eta Julitxo banandu egin dituzte berehala. Andereño Maritxu arduratuko da haietaz, baita haiei otorduak zerbitzatzeaz ere, atseden-erregimena jarraitzera behartzeaz eta arropa zein tresna guztiak zaintzeaz. Arreta handia jarri behar da besteenekin ez nahasteko" (EAH, Id. 3365011: 1938-VIII-23).

"Amigdalak mozteko" ere Ilbarritzen (Bidart) dagoen La Roseraie ospitalera joaten ziren: "Gaur goizean andereño bat bidali dugu Iñaki Naberanekin, bere arrebarekin eta Karmele Lopategirekin, Ilbarritzera, amigdalak moztu ziezazkieten. Astorki doktoreak ebakuntza egin die eta nahiko ausart portatu dira" (EAH, Id. 3365011: 1938-XI-10).

con una tuberculosis muy probable y encarece se le saquen rápidamente placas y se la vean con Rayos X, para asistirla inmediatamente y evitar el contagio a los demás. Donato después de los ganglios que ha tenido debe ser tratado también y aunque con menos peligro, también Maritxu Barandika. Para los demás ha recomendado sobrealimentación, reposo y tricalcina" (AHE, Id. 3365011: 12-VIII-1938).

Con respecto a seguimiento de los casos más graves con diagnóstico de posible tuberculosis: "Dn. Manuel ha contestado a la consulta que se le hizo a propósito de los niños enfermos. Mañana los llevaremos a la clínica de Cambo" (AHE, Id. 3365011: 22- VIII- 1938).

"A media mañana hemos llevado en el carrito a Donato, Maritxu Barandica y Juli Arqueta para que les viera el Doctor Beldarrain en la clínica de Cambo. Se ha confirmado el diagnóstico del Dr. Zabalo en lo que se refiere a Juli e incluso a Maritxu, no dándole tanta importancia a lo de Donato. Les ha visto a rayos X y sacado una placa para un estudio más detallado. Dn. Gelasio ha estado a la mañana y ha vuelto a la tarde para saber el resultado.

En vista de lo delicado del caso, se ha separado inmediatamente a Maritxu y Julitxo. Andereño Maritxu se ocupará de ellas, lo mismo de servirles las comidas de hacerlas seguir el régimen de reposo, etc. así como de cuidar sus ropas y limpieza de todos sus utensilios. Hay que poner sumo esmero en no mezclarlas con las de los demás". (AHE, Id. 3365011: 23-VIII-1938).

Para "cortar las amígdalas" acudían también al hospital de La Roseraie, ubicado en Ilbarritz (Bidart): "Esta mañana nos hemos trasladado una andereño con Iñaki Naberán, su hermana y Karmele Lopategi a Ilbarritz, para que les cortaran las amígdalas. El doctor Astorki les ha operado y se han portado bastante valientemente" (AHE, Id. 3365011: 10-XI-1938).

Pedro Gallastegui haurrak femurra moztuta zuen (EHA, Id. 3365011).
El niño Pedro Gallastegui tenía el fémur amputado (AHE, Id. 3365011).

Koloniara joaten ziren bisitariei harrigarria egiten zitzaien haurrak hain baldintza onetan eta hain itxura onarekin ikustea: *"Arratsaldean Mr. Prevost etorri da Kolonia ikustera, eta atentzioa eman dio zein ondo zainduta dauden haurrak"* (EAH, Id. 3365011: 1938-XII-8).

"Arratsaldean Carmen Solano etorri da Kolonia ezagutu nahi zuten bi emakumerekin. Deigarria egin zaie gure haurrak zein indartsu dauden. Egia da denboraldi honetan apetitu ona dutela eta ez dugula inor gaixorik izan" (EAH, Id. 3365011: 1938-XII-26).

A los visitantes que acudían a la colonia les impresionaban las buenas condiciones en las que veían a los niños y el buen aspecto que presentaban: *"A la tarde ha venido a ver la Colonia Mr. Prevost, llamándole la atención lo bien atendidos que están los niños"* (AHE, Id. 3365011: 8-XII-1938).

"A la tarde ha venido Carmen Solano con dos emakumes lequeitiarras que deseaban conocer la Colonia. Les ha llamado la atención lo fuertes que están nuestros niños. Es verdad que esta temporada muy buen apetito y no hemos tenido a ninguno enfermo" (AHE, Id. 3365011: 26-XII-1938).

HIGIENEA

Higieneari dagokionez, ezustean egindako bisita-ikuskapenean, Astorqui doktoreak gustura geratu zela adierazi zuen, haurrak eta etxea hain garbi aurkitu zituelako.

Haurrek bi egun zituzten gorputz higiene sakonagoari eskainita: *"meriendatu ondoren, eta asteazkenetan eta larunbatetan ohitura duten bezala, oinak garbitu dituzte"* (EAH, Id. 3365011: 1939-I-29). *"Bainua hartu dute tokatzen zitzaienek eta, meriendatu ondoren, beste guztiek oinak garbitu dituzte"* (EAH, Id. 3365011: 1939-III-18).

Bainua eta garbiketa pertsonala etxeko berariazko gela batean egiten zen, eta bertan eskuoihalak zeuden, haur bakoitzari zegokion zenbakiarekin eskegita, eta baita hiru konketa ere. Lehenengo mutilak garbitzen ziren, eta ondoren neskak.

Higienea eta osasuna orokorrean onak izan arren, bi arazori egin behar izan zieten aurre: arratoienari eta ur hornidurarenari.

LA HIGIENE

En lo concerniente a la higiene, en la visita-inspección realizada por sorpresa, el doctor Astorqui manifiesta su agrado por lo limpio que ha encontrado a los chicos y la casa.

Los niños tenían dos días dedicados a la higiene corporal más profunda: *"después de merendar y como tienen por costumbre miércoles y sábados se han lavado los pies"* (AHE, Id. 3365011: 21-I-1939). *"Han tomado baño los que les tocaba y después de merendar, se han limpiado todos los demás los pies"* (AHE, Id. 3365011: 18-III-1939).

Bainugela izatera bideratutako gela (EKE).
Habitáculo destinado al baño (ICB).

El baño y el aseo personal se realizaba en un habitáculo específico de la casa, donde estaban las toallas colgadas con el número correspondiente a cada niño y tres lavabos. Primero se lavaban los chicos y después las chicas.

A pesar de que la higiene y la sanidad eran buenas en general, tuvieron que hacer frente a dos problemas: el de las ratas y el del abastecimiento de agua.

Etxean arratoien presentzia pairatzen zuten eta horrek higienerako eta osasunerako mehatxua zekarren: *"Etxean ditugun adina arratoi akabatu ezinik jarraitzen dugu. Katutxoak hain txikiak direnez, beldurtu egiten dira eta alferrikakoak gertatzen dira. Eta sagu-tranpei dagokienez, trikimailua ikastera iritsi direla uste dut. Hori dela eta, astero garbiketa orokorra egitera behartuta gaude, janaritegi osoan eta bainugelan, gaur egin dugun bezala"* (EAH, Id. 3365011: 1938-X-8). *"Zalantzarik gabe, putzuaren eta estoldetatik duten zuzeneko pasabidearen ondorioz daude hainbeste (arratoi)"* (EAH, Id. 3365011: 1938-XI-18).

Arazoari katuekin, sagu-txakurrekin, zepoe-kin, tranpekin eta garbiketekin aurre egiten saiatzen ziren: *"Etxeko garbiketa orokorrei eta bereziki janaritegiarenari eskaini diegu eguna. Dena hustu dugu eta orain Isidrok arratoien eta oro har lurraren zulo guztiak porlanez har-tu eta sare metalikoa jarriko du berriro"* (EAH, Id. 3365011: 1938-XI-15).

Are Manuel de Ynchaustik berak ere sagu-txakur bat oparitu zien: *"Koloniarako beste jostailu bat iritsi zaigu aste honetan, Don Manuelek bidalita: etxeko haur eta handien gozagarri egin den txakurtxo oso polita. 'Lagun' izena jarri diogu: Oso maitekorra dirudi eta ikusiko dugu sagu-ehiztari ona den"* (EAH, Id. 3365011: 1938-XI-6). Geroago beste txakur bat erosi zuten: *"Arratsaldean bi haur etorri zaizkigu sagu-txakur bat eskaintzera (...) Txakurtxoa hamaika libera kostatu zaigu. Hain da itsusia, non haurrek, aho batez, 'Itsusi' deitzea adostu duten"* (EAH. Id 3365011: 1938-XII-29). Eta Goyheneche doktoreak beste bat oparitu zien. (EAH, Id. 3365011: 1939-II-16).

Haurrek ere laguntzen zuten karraskarien aurkako borroka horretan: *"Iluntzean mutilak zepoak jartzen aritu dira janaritegian eta bainugelan"* (EAH, Id. 3365011: 1938-XII-5). Eta biharamunean: *"Zazpietako mezetara joan gara. Itzultzean, haurrak sagu-tranpak hartzera joan dira eta lau arratoi izugarrirekin egin dute topo. Arrakastaz oso pozik, berriro jarri dituzte denborarik galdu gabe"* (EAH, Id. 3365011: 1938-XII-6).

En la casa sufrían la presencia de ratas y esto suponía una amenaza para la higiene y la salud: *"Seguimos sin poder exterminar tantas ratas como tenemos en casa. Los gatitos son tan pequeños que se asustan y resultan inútiles. Y en cuanto a las ratoneras, creo que han llegado a aprender el truco. Por eso nos vemos obligados a hacer limpieza general meticulosamente todas las semanas de toda la despensa y cuarto de aseo, como hemos hecho hoy"* (AHE, Id. 3365011: 8-X-1938). *"Sin duda que hay tantas (ratas) debido al pozo y el paso directo de las alcantarillas"* (AHE, Id. 3365011: 18-XI-1938).

Trataban de hacer frente al problema con gatos, perros ratoneros, cepos y trampas, y limpiezas: *"Hemos dedicado el día a limpiezas generales de la casa y especialmente de la despensa. Lo hemos vaciado todo y ahora Isidro va a tomar todos los agujeros de ratas y suelo en general con cemento y volverá poner la red metálica"* (AHE, Id. 3365011: 15-XI-1938).

Incluso Manuel de Ynchausti les regaló un perro ratonero: *"Un juguete más para la Colonia nos ha llegado esta semana, enviado por D. Manuel: un perrito muy bonito que ha hecho las delicias de los niños y grandes de casa. Le hemos puesto el nombre de 'Lagun': Parece muy cariñoso y veremos si resulta un buen ratonero"* (AHE, Id. 3365011: 6-XI-1938). Más tarde adquirieron otro perro: *"A la tarde han venido dos niños a ofrecernos un perro ratonero (...). El perrito nos ha costado once francos. Tan feo es que los niños de común acuerdo han quedado en llamarlo 'Itsusi'"* (AHE, Id. 3365011: 29-XII-1938). Y el doctor Goyheneche les regaló otro (AHE, Id. 3365011: 16-II-1939).

Los niños también colaboraban en esa lucha contra los roedores: *"Al anochecer los chicos se han dedicado a poner cepos en la despensa y cuarto de aseo"* (AHE, Id. 3365011: 5-XII-1938). Y al día siguiente: *"Hemos ido a misa de siete. Al volver, los chicos han ido a coger las ratoneras y se han encontrado nada menos que con cuatro ratas enormes. Satisfechísimos de su éxito han vuelto a ponerlos sin pérdida de tiempo"* (AHE, Id. 3365011: 6-XII-1938).

Beste arazoa uraren eskasia eta zerbitzu eskasa zen. Astorqui doktoreak egindako mediku-ikuskaritzako bisitan, haur guztien egoera orokorrarekin pozik zegoela adierazi ondoren, *"(…) deitoratu du ur zerbitzu eskasa, hain beharrezkoa halako toki batean"* (EAH, Id. 3365011: 1938-X-28).

Karmele Lopateguik zioenez, *"etxean ez zegoen txorrotako urik, eta inguruko iturri batetik ekartzen genuen. Mutilak arduratzen ziren lan horretaz, eta iturrian ura jaso eta terreina handi batean uzten zuten. Horretatik hartzen zen ura konketetarako, sukalderako…"* (EKE, testigantza: Karmele Lopategui). Luisa Juanbeltzek gogoratzen du mutilak ur bila bidaltzen zituztela, esanez: *"Mutilak, ura ekartzera!"*(Elkarrizketa: Luisa Juanbeltz. Donostia-San Sebastián, 2025-II-15).

Ur eskasia udalerri osoari eragiten zion arazoa zen, batez ere euririk egiten ez zuen aldietan eta Jatsuko alkateak atentzioa ematen zien bere kontsumoagatik: *"Alkate jauna atentzioa ematen hasi zaigu, azken egunetan*

El otro problema era la escasez y el deficiente servicio del agua. En la visita de inspección médica realizada por el doctor Astorqui, tras manifestar estar satisfecho del estado general de todos los niños, *"(…) ha lamentado el servicio deficiente de agua, tan necesaria en un sitio como este"* (AHE, Id. 3365011: 28-X-1938).

Según Karmele Lopategui *"no había agua corriente en la casa y la traíamos de una fuente próxima. De esta labor se encargaban los chicos, que recogían el agua en la fuente y la depositaban en una tinaja grande. De aquí se cogía el agua para los lavabos, la cocina…"* (ICB, testimonio: Karmele Lopategui). Luisa Juanbeltz recuerda que enviaban a los chicos a por agua, diciéndoles: *"Mutilak, ura ekartzera!"* (Entrevista: Luisa Juanbeltz. Donostia-SanSebastián, 15-II-2025).

La escasez de agua era un problema que afectaba a todo el municipio, sobre todo en los períodos que no llovía y el alcalde de Jatsu les llamaba la atención por su consumo: *"El*

Mutilen ardura zen iturriko ura Jatsuko etxera eramatea (EAH, Id. 3365011).
Los niños eran los encargados de acarrear el agua de la fuente a la casa de Jatsu (AHE, Id. 3365011).

eurririk egiten ez duenez ur gutxi dagoelako. Haserre baino gehiago irribarre artean hitz egiten diogu, eta aurten askoz ere atseginago dago, eta alde egiten dugun egunean gure falta sentituko duela esatera iritsi da" (EAH, Id. 3365011: 1938-VII-28).

"Eguraldi oso txarra. Uda euritsua daramagu. Pozik dagoen bakarra Alkate jauna da, horrela denontzako ura baitago" (EAH, Id. 3365011: 1938-VIII-21).

"Bisita hau (alkatearena) aprobetxatu dugu galdetzeko ea zer egiten duten urarekin, bi aste hauetan, hain zuzen ere, lixiba egunean kendu baitute, eta haurrek Telleriraino joan behar izan dute, oso urruti, eta horrek haurrak nekatu egiten ditu. Betikoa esan digu: aprobetxatu dezagula herriko jendeak egiten duena egiteko, astean behin garbitu, eta horrela ez dela urik faltako" (EAH, Id. 336501: 1939-III-17).

señor Alcalde empieza a llamarnos la atención porque como hace unos pocos días que no llueve escasea el agua. Entre sonrisas le decimos mucho más que enfadándonos y este año está mucho más complaciente, llegándonos a decir que el día que nos vayamos nos va a echar de menos" (AHE, Id. 3365011: 28-VII-1938).

"Malísimo tiempo. Llevamos un verano muy lluvioso. El único que está contento es el Sr. Alcalde, pues así hay agua para todos" (AHE, Id. 3365011: 21-VIII-1938).

"Hemos aprovechado esta visita (la del alcalde) para decirle qué es lo que hacen con el agua pues estas dos semanas han quitado precisamente el día de la colada y los niños han tenido que ir hasta Telleri que se hace muy lejos y los niños se cansan. Nos ha dicho lo de siempre: que aprovechemos a hacer lo que la gente del pueblo a lavarnos una vez por semana y así no faltará agua" (AHE, Id. 336501:17-III-1939).

ELIKADURA

Gorabeheren eguneroko parteei erreparatuz, egun bateko menua lau otorduk osatzen zuten: gosaria, bazkaria, merienda eta afaria.

LA ALIMENTACIÓN

Atendiendo los partes diarios de incidencias, el menú de un día se componía de cuatro comidas: desayuno, comida, merienda y cena.

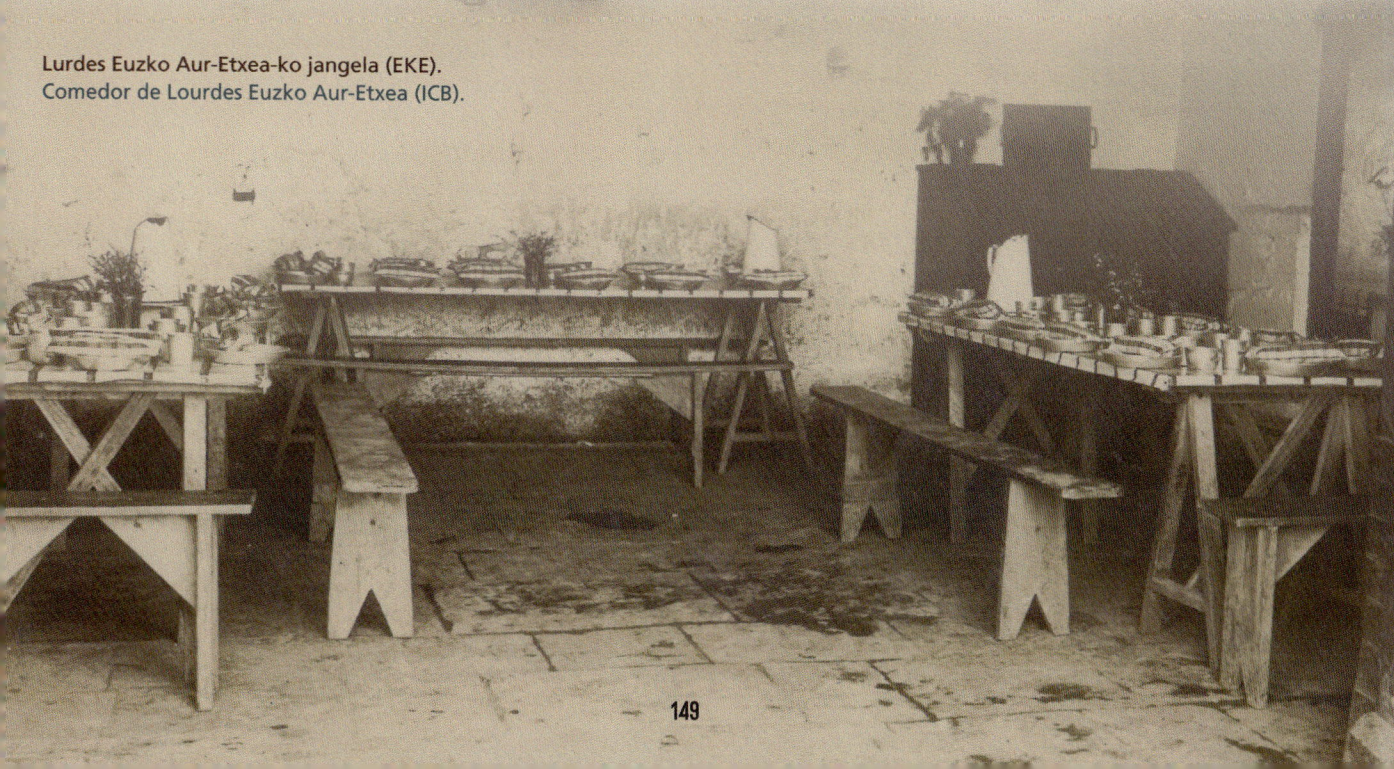

Lurdes Euzko Aur-Etxea-ko jangela (EKE).
Comedor de Lourdes Euzko Aur-Etxea (ICB).

Janarien erregimena honako hau zen:

- **Gosaria:** egunero gosari hauetako bat eskaintzen zen: kafesnea eta ogia; kakao esnea; kakaoa ogiarekin.

- **Bazkaria:** hiru plater zituen:

   * Lehen platera: egunero ondorengo zerrendan aipatzen diren plateretako bat zerbitzatzen zen: babarrun gorria, babarrun zuria, aza, babarrunak azarekin, aza garbantzuekin, zerbak patatekin, zerbak garbantzuekin, lekak patatekin, arroz zuria, makarroiak, patata gisatuak, fideoen zopa, makarroien zopa, pasta-zopa, arroz-zopa, ogi-zopa.

   * Bigarren platera: egunero ondorengo zerrendan aipatzen diren plateretako bat zerbitzatzen zen: bakailaoa patatekin eta ilarrekin; bakailao-frijituak; bakailaoa tomatearekin; bakailaoa saltsa berdean; haragia patata frijituekin; haragia makarroiekin; haragi gisatua; haragia arrozarekin; haragi egosia tomatearekin;. haragi errea patatekin; haragi errea tomatearekin; haragi-pikadiloa purearekin; haragia patatekin eta zalkekin; haragia arrozarekin; patea patata-purearekin; patea makarroiekin; sardinak arroz zuriarekin; sardinak patatekin; gibela patata-purearekin; gibela arrozarekin; kalabazin-pisto eta pikadiloa; kalabazin beteak; atuna patatekin; atuna tomatearekin; arrautzak patata gisatuekin; patatak tomatearekin; arrautzak tomatearekin; arrautzak patatekin; arrautzak besamelarekin; arrautza frijituak arrozarekin; patata-tortilla; kalak tomatearekin; untxi gisatua patatekin.

   * Postrea: egunero ondorengo zerrendan aipatzen direnetako bat zerbitzatzen zen: gereziak, udareak, udaretxoak, aranak, sagarrak, pikuak, laranjak, datilak, udare-konpota, marmelada, mahatsa, magdalenak, gailetak, gozokia, pastela, gazta, irasagar-jelea, hurrak, gaztainak, kakahueteak, esne-zopak, arroz-esnea.

El régimen de comidas consistía en los siguientes alimentos:

- **El desayuno:** cada día se ofrecía uno entre los siguientes desayunos: café con leche y pan; cacao con leche; cacao con pan.

- **La comida:** se componía de tres platos:

   * Primer plato: cada día se servía un plato de los que se citan en el siguiente listado: alubia roja, alubia blanca, berza, alubias con berza, berza con garbanzos, acelgas con patatas, acelgas con garbanzos, vainas con patatas, arroz blanco, macarrones, patatas guisadas, sopa de fideos, sopa de macarrones, sopa de pasta, sopa de arroz, sopa de pan.

   * Segundo plato: cada día se servía un plato de los que se citan en el siguiente listado: bacalao con patatas y guisantes; fritos de bacalao; bacalao con tomate; bacalao en salsa verde; carne con patatas fritas; carne con macarrones; carne guisada; carne con arroz; carne cocida con tomate; carne asada con patatas; carne asada con tomate; picadillo de carne con puré; carne con patatas y arvejas; carne con arroz; paté con puré de patata; paté con macarrones; sardinas con arroz blanco; sardinas con patatas; hígado con puré de patata; hígado con arroz; pisto de calabacín y picadillo; calabacines rellenos; atún con patatas; atún con tomate; huevos con patatas guisadas; calabacines guisados; patatas con tomate; huevos con tomate; huevos con patatas; huevos con besamel; huevos fritos con arroz; tortilla de patatas; callos con tomate; conejo guisado con patatas.

   * Postre: cada día se servía uno de los que se citan en el siguiente listado: cerezas, peras, perillas, ciruelas, manzanas, higos, naranjas, dátiles, compota de peras, mermelada, uva, magdalenas, galletas, dulce, pastel, queso, jalea de membrillo, avellanas, castañas, cacahuetes, sopas de leche, arroz con leche.

- **Merienda:** normalean ogia eta txokolatea edo ogia eta gozokia izaten zen. Txango egunetan edo jairen bat ospatzen zen egunetan bizkotxoa, freskagarriak, gailetak, txurroak… ere ematen zitzaizkien. Udazkenean ogia eta gaztainak ere ematen zitzaizkien.

- **Afaria:** ia inoiz ez zen esnerik falta. Egunero ondorengo zerrenda honetan agertzen diren menuetako bat zerbitzatzen zen: zalke-purea eta esne-zopak; zalke- eta gaztaina-purea; dilistak eta esne-zopak; dilistak eta arroz-esnea; dilistak eta gaztainak; babarrunak eta katilu bat esne; lekak patatekin eta esne-zopekin; lekak tomatearekin eta katilu bat esnerekin; zerbak patatekin eta esne-zopekin; aza patatekin eta esne-zopekin; patatak saltsa berdearekin eta esne-zopekin; patata gisatuak eta esne-zopak; patata gisatuak eta katilu bat esne; patatak eta erremolatxa eta esne-zopak; patatak porruekin eta katilu bat esne; patatak porruekin eta kalabazarekin eta zopekin; ogi-zopa eta katilu bat esne; ogi-zopa eta marmelada; baratxuri-zopa eta esnea; kalabazin-nahastea eta tomatea, eta esne-zopak.

- **La merienda:** consistía normalmente en pan y chocolate o en pan y dulce. Los días de excursión o los días en que se celebraba alguna festividad se les daba también bizcocho, refrescos, galletas, churros… En otoño se les daba también pan y castañas.

- **La cena:** casi nunca faltaba la leche. Cada día se servía uno de los menús que se citan en el siguiente listado: puré de arvejas y sopas de leche; puré de arvejas y castañas; lentejas y sopas de leche; lentejas y arroz con leche; lentejas y castañas; alubias y tazón de leche; vainas con patatas y sopas de leche; vainas con tomate y tazón de leche; acelgas con patatas y sopas de leche; berza con patatas y sopas de leche; patatas y arroz con leche; patatas en salsa verde y sopas de leche; patatas guisadas y sopas de leche; patatas guisadas y tazón de leche; patatas y remolacha y sopas de leche; patatas con puerros y tazón de leche; patatas con puerros y calabaza, y sopas con leche; sopa de pan y tazón de leche; sopa de pan y mermelada; sopa de ajo y leche; revuelto de calabacines y tomate, y sopas de leche.

Juli Aguirre koloniako sukaldean, neska batzuez inguratuta (MYA).
Juli Aguirre en la cocina de la colonia rodeada de algunas niñas (AMY).

Hona hemen, adibide gisa, urtaro bakoitzeko egun bateko menuak:

1938ko uztailaren 5a, asteartea:

Gosaria: kafesnea.
Bazkaria: aza; sardinak arroz zuriarekin; gazta.
Merienda: ogia eta txokolatea.
Afaria: babarruna; katilu bat esne.

1938ko azaroaren 17a, osteguna:

Gosaria: kakaoa eta ogia.
Bazkaria: babarrun gorria, haragia arrozarekin; sagarra eta tarta.
Merienda: ogia eta gozoa.
Afaria: dilistak; esne-zopak.

1939ko urtarrilaren 9a, astelehena:

Gosaria: kafesnea eta ogia.
Bazkaria: pasta zopa; haragi egosia tomatearekin; pikuak.
Merienda: txokolatea eta ogia.
Afaria: babarrun zuria; esne-zopak.

139ko martxoaren 26a, igandea:

Gosaria: kakaoa eta ogia.
Bazkaria: babarrun zuria, haragia patata frijituekin, gazta.
Merienda: gozoa eta ogia.
Afaria: zalke-purea; esne-zopak.

Seguidamente se citan, como ejemplos, los menús de un día de cada estación del año:

5 de julio de 1938, martes:

Desayuno: Café con leche.
Comida: berza; sardinas con arroz blanco; queso.
Merienda: pan y chocolate.
Cena: alubia; tazón de leche.

17 de noviembre de 1938, jueves:

Desayuno: cacao y pan.
Comida: alubia roja, carne con arroz; manzana y tarta.
Merienda: pan y dulce.
Cena: lentejas; sopas de leche.

9 de enero de 1939, lunes:

Desayuno: café con leche y pan.
Comida: sopa de pasta; carne cocida con tomate; higos.
Merienda: chocolate y pan.
Cena: alubia blanca; sopas de leche.

26 de marzo de 1939, domingo:

Desayuno: cacao y pan.
Comida: Alubia blanca, carne con patatas fritas, queso.
Merienda: dulce y pan.
Cena: puré de arvejas; sopas de leche.

Neska-mutilak Lurdes Euzko Aur-Etxea-ko jangelan (MYA).
Niños y niñas en el comedor de Lourdes Euzko Aur-Etxea (AMY).

Jaiegun garrantzitsuetan —San Inazio, Arantzazuko Ama, Santa Ana, Gabon gaua, Urtezahar gaua...— jaki bereziren bat prestatzen zen: *"gaur, Gabon Zahar eguna denez, afarian ezohiko menua egon da"* (EAH, Id. 3365011: 1938-XII-31).

Informe de la Oficina del Censo y Estadística de Expatriados de Euzkadi en Bayona (Baionan Erbesteratuen Errolda eta Estatistiken Euskal Bulegoaren Txostena) izeneko txostenean (SAF, DP-388-5), 1938ko otsailaren 14an idatzia, honako hau esaten da Lurdes Euzko Aur-Etxea koloniako janari-erregimenari buruz: *"Otorduak bikainak dira, bai jeneroagatik, bai janarien gozagarritasunagatik eta menuetan eskaintzen duten aniztasunagatik.*

Datu gisa esango dugu haur bakoitzak egunero eta neguko denboraldian bakailao-gibel-olio koilarakada bat hartzen duela, eta, kasu berezietan, gainelikadura".

En festividades significativas —San Ignacio, la Virgen de Aránzazu, Santa Ana, Nochebuena, Nochevieja...— se preparaba algún plato extraordinario: *"hoy como día de Gabon zar en la cena ha habido menú extraordinario"* (AHE, Id. 3365011: 31-XII-1938).

En el *Informe de la Oficina del Censo y Estadística de Expatriados de Euzkadi en Bayona* (FSA, DP-388-5) escrito el 14 de febrero de 1938, sobre el régimen de comidas de la colonia Lurdes Euzko Aur-Etxea, se dice: *"Las comidas son excelentes tanto por los géneros como por su condimentación y variedad en los menús es el encanto de los acogidos.*

Como dato diremos, que cada niño diariamente y durante la temporada de invierno toman una cucharada de aceite de hígado de bacalao y en casos especiales, una sobre-alimentación".

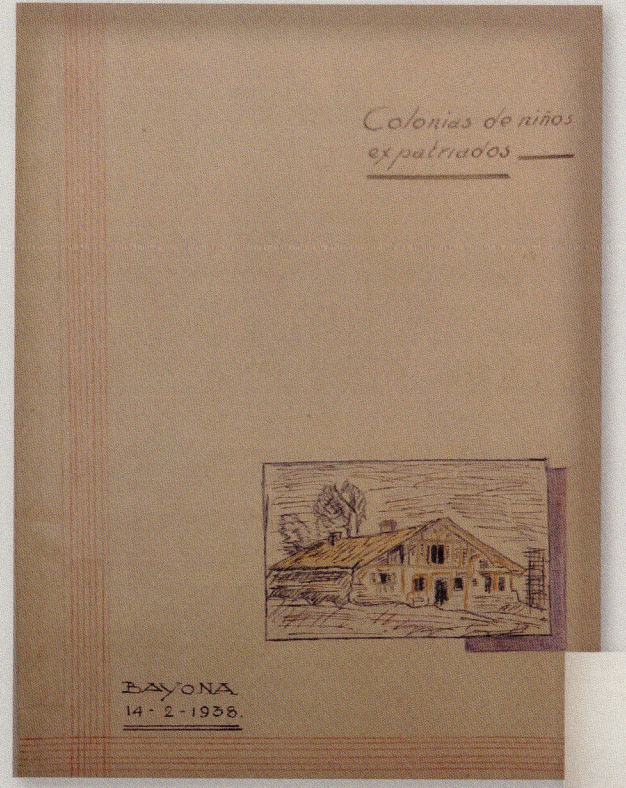

Eguneroko gorabeherei buruzko parteetan agertzen diren menuak aztertuta, esan liteke elikadura oparoa, askotarikoa, nutritiboa eta orekatua zela. Gainera, batzuetan beren baratzeko produktuez hornitzen ziren: *"baratzetik probetxua ateratzen jarraitzen dugu. Asko gustatu zaizkien kalabazin beteak jan dituzte gaur haurrek. Postrea ere etxekoa da eta badirudi hobeto dagoela"* (EAH, Id. 3365011: 1938-VI-29).

"Gaur, beste edozein egunetan bezala, kalabazin bilketa bikaina egin dugu baratzean. Ez ziren 50 kilo baino gutxiago guk jasotakoak, eta izan da berak bakarrik 9 kilo eta erdi pisatu duen alerik. Badirudi gure produktuek badakitela hemen denetik ugari behar dugula.

Gaur gauean haurrek pistoa jango dute, hainbeste gustatzen zaiena. (....) Gaur egun, honako hauek ditugu: tomateak, azak, zerbak, kalabazinak, lekak, erremolatxa, porruak, azenarioak, tipulak eta udareak, baita piperrak ere. Eta denetik ugari gainera" (EAH, Id. 3365011: 1938-VIII-26).

Gabriel de Donostiak honako hau komunikatu zion Manuel de Ynchaustiri: *"Joan den egunean Koloniara joan nintzen haurren bazkarira, eta kexa bakarra da gehiegi ematen dietela jaten. Kexa bedeinkatua!, esan nien, eta bizitza osorako izan dadila! Gaztetxoak! Ez dakizue 'janaria' dela bizitzaren arazo nagusia? Joango dira ikasten"* (EAH, Id. 3364769: 1938-VIII-1).

Sukaldeaz Juli Aguirre, Nati Bengoechea eta Julene Echebarria lekeitiarrak arduratzen ziren.

Jangela etxeko ate nagusitik sartu eta berehala zegoen gela handi bat zen. Hiru mahai luze zeuden, bat mutilentzat eta bi neskentzat. Jangelaren eskuinaldean sukaldea eta andereñoak bazkaltzeko gela txiki bat zeuden. Karmele Lopategik gogoratzen zuenez, *"andereñoak adi egoten ziren plateran zerbitzatutako janari guztia amaitu arte"* (EKE, testigantza: Karmele Lopategui).

Analizando los menús que aparecen en los partes diarios de incidencias, se podría decir que se trata de una alimentación abundante, variada, nutritiva y equilibrada. Además, en ocasiones se abastecían de productos de su propia huerta: *"seguimos sacando provecho de la huerta. Hoy han comido los niños unos calabacines rellenos que les han gustado mucho. El postre también es de la casa y parece que está mejor"* (AHE, Id. 3365011: 29-VI-1938).

"Hoy como cualquier otro día, hemos hecho una brillante recolección de calabacines en la huerta. No bajaban de 50 kilos los que hemos retirado y ha habido quien él solo ha pesado 9 kilos y medio. Parece que nuestros productos conocen que aquí necesitamos todo abundante.

Esta noche los niños comerán pisto, que tanto les gusta. (....) Actualmente tenemos: tomates, berzas, acelgas, calabacines, vainas, remolacha, puerros, zanahorias, cebollas y peras, así como pimientos. Y de todo además en abundancia" (AHE, Id. 3365011: 26-VIII-1938).

Gabriel de Donostia le comunica a Manuel de Ynchausti que *"asistí el día pasado a la Colonia a la comida de los niños y la única queja que tiene es que les dan de comer demasiado. ¡Bendita queja! Les dije y ¡que os dure toda la vida! ¡jovencillos! ¿No sabéis que la 'comida' es el gran problema de la vida? Ya irán aprendiendo"* (AHE, Id. 3364769: 1-VIII-1938).

De la cocina se encargaban las lekeitiarras Juli Aguirre, Nati Bengoechea y Julene Echebarria.

El comedor era una sala grande situada nada más entrar por la puerta principal de la casa. Había tres mesas alargadas, una para los chicos y dos para las chicas. En la parte derecha del comedor quedaba la cocina y una pequeña sala donde comían las andereños. Karmele Lopategi recordaba que *"las andereños estaban atentas hasta que acabáramos toda la comida servida en el plato"* (ICB, testimonio: Karmele Lopategui).

BISITAK ETA BISITARIEN IRITZIAK

Bisita ugari jasotzen zituen Jatsuko koloniak: erakunde ofizialek egiten zituztenak instalazioak, bizi-baldintzak eta osasun-egoera ikuskatzeko; EAJko kide edo/eta afiliatu ziren pertsonenak eta Manuel de Ynchaustiren adiskideenak; koloniaren funtzionamendua ezagutu nahi zuten pertsonek egiten zituztenak, horietako batzuk anonimoak; haurren lagun eta senideen bisitak eta, azkenik, taldeen bisitak.

Lehenengo kasuaren bi adibide dira ekainaren 17an Osasun Sailak haurren osasun fitxa egiteko egindako bisita. Fitxa hauek Mª Teresa Salcedok sinatu zituen. Beste kasua 1938ko urriaren 28ko ikuskaritza medikoa da: *"(...) Euzkadiko Gobernuaren kontura, gaur arratsaldean Astorki doktorea, otorrinolaringologoa agertu da"* (EAH, Id. 3365011: 1938-X-28).

José Antonio Aguirre lehendakariaren bisita ere iragarri zen, baina bertan behera geratu zen agenda-arrazoiengatik: *"Eguartean Ciaurriz jauna —Doroteo Ciaurriz, EAJko lehendakaria 1936 eta 1951 artean— etorri zaigu bisitan, Solano jauna lagun duela, José Antonio Agirre gure Lehendakariaren hurrengo bisita iragartzeko"* (EAH, Id. 3365011: 1938-VIII-19).

"Lehen orduan etorri zaizkigu gaur Lehendakari Jauna bisitan zetorrelako albistearekin. (...) baina badirudi ezinezkoa gertatu zaiola eta dagoeneko bihar Bartzelonara joango dela iragarrita dauka; beraz, haren bisitarik gabe geratu gara" (EAH, Id. 3365011: 1938-VIII-23).

Koloniara joandako EAJko gertuko eta/edo afiliatu eta, aldi berean, Manuel de Ynchaustiren lagun ziren pertsona ugarien artean, honako hauek aipa daitezke, besteak beste: Isaac López de Mendizabal —EAJko lehendakaria 1934tik 1935era—; Pedro Basaldua —Aguirre lehendakariaren idazkari pertsonala—; José Eizaguirre —garai hartan EAJko lehendakaria Bartzelonan—; Carlos

LAS VISITAS E IMPRESIONES DE LOS VISITANTES

Eran numerosas la visitas que recibía la colonia de Jatsu: las realizadas por los organismos oficiales para inspeccionar las instalaciones, las condiciones de vida y la situación sanitaria; las de personalidades afines y/o afiliadas al PNV y amistades de Manuel de Ynchausti; las realizadas por personas, algunas de ellas anónimas, que deseaban conocer el funcionamiento de la colonia; las visitas de amigos y familiares de los niños y finalmente, las visitas de colectivos.

Dos ejemplos del primero de los casos son la visita realizada el 17 de junio por el Departamento de Sanidad para elaborar la ficha sanitaria de los niños. Estas fichas están firmadas por Mª Teresa Salcedo. El otro caso es la inspección médica el 28 de octubre de 1938: *"(…) por cuenta del Gobierno de Euzkadi, esta tarde se nos ha presentado el Doctor Astorki, otorrinolaringólogo"* (AHE, Id. 3365011: 28-X-1938).

También se anunció la visita del lehendakari José Antonio Aguirre, que fue cancelada por motivos de agenda: *"A media mañana nos ha visitado el Sr. Ciaurriz —Doroteo Ciaurriz, presidente del PNV entre los años 1936 y 1951— acompañado del Sr. Solano, para anunciarnos la próxima visita de nuestro Presidente D. José Antonio de Agirre"* (AHE, Id. 3365011: 19-VIII-1938).

"A primera hora nos han venido con la noticia de que hoy nos visitaba el Sr. Presidente. (…) pero parece que no le ha sido posible y ya para mañana tiene anunciada su marcha a Barcelona así es que nos quedamos sin su visita" (AHE, Id. 3365011: 23-VIII-1938).

Entre las numerosas personas afines y/o afiliadas al PNV y, a su vez amigos de Manuel de Ynchausti, que acuden a la colonia se pueden citar, entre otras, a Isaac López de Mendizabal —presidente del PNV entre los años 1934 y 1935—; a Pedro Basaldua —secretario personal del lehendakari Aguirre—; a José Eizaguirre

Solano —EAJko EBBko kidea— eta bere emaztea, Haltsun bizi zirenak; Teresa Azkue —Emakume Abertzale Batzako lehendakaria II. Errepublikaren urteetan eta 1937an—; Clément Mathieu, Aire eta Akizeko apezpikua —zeinak euskal errefuxiatuei arreta berezia eskaini zien—, José María eta Iñaki Rotaeche; Iñaki Azpiazu eta José Miguel de Barandiarán apaizak...

—en esos momentos presidente del PNV en Barcelona—; a Carlos Solano —miembro del EBB del PNV— y su esposa, que residían en Haltsu—; a Teresa Azkue —presidenta de Emakume Abertzale Batza durante los años de la II República y 1937—; al obispo de Aire y Dax Monseñor Clément Mathieu —que brindó especial atención a los refugiados vascos— a José María e Iñaki Rotaeche ; a los sacerdotes Iñaki Azpiazu y José Miguel de Barandiarán...

Clément Mathieu monsinorea, Aire eta Akizeko apezpikua, Lurdes Euzko Aur-Etxea bisitatzen (MYA).

Visita de Monseñor Clèment Mathieu, obispo de Aire y Dax, a la colonia Lurdes Euzko Aur-Etxea (AMY).

Lurdes Euzko Aur-Etxea-ren antolaketa eta funtzionamendua ezagutzeko interesa zuten pertsonak ere bertaratzen ziren, hala nola Donibane Garaziko koloniako Zuzendaria: *"Azken orduan Estévez jaunaren eta Donibane Garaziko koloniako Zuzendariaren bisita izan dugu. Bisita azkarra izan da. (...) Hala ere, inprenta ezagutzen ez zutenez, eraman egin dugu eta txundituta geratu dira gure haurrek han egiten dutenarekin. Haurrek egindako guztiaren aleak eskatu dituzte (liburuxkak, adibidez), baita aldizkarikoak ere"* (EAH, Id. 3365011: 1938-X-14).

Baziren inguruko herritar anonimoak, jakin-minak gidaturik, koloniara hurbiltzen zirenak, segur aski euskaldunei buruz prentsan argitaratutako artikuluen eraginpean, eta bereziki Pierre Dumasek Bordeleko *La Petite Gironde* egunkarian 1938ko abuztuaren 25etik irailaren 2ra bitartean "Le tragique destin d'Euskadi" (Euskadiren patu tragikoa) izenburupean idatzitako artikuluen eraginpean. Gainera, abuztuaren 31n argitaratutako artikuluan Manuel de Ynchausti aipatzen da: *"Horrela bizi dira Itxassoun (sic) dozena bat euskaldun txiki, hiru 'ama' nekaezinek babesten dituztenak eta aita dirudun batek, Manuel Intxausti jaunak, bere seme alabak balira bezala elikatzen, janzten eta maite dituenak (herri honen eskuzabaltasuna ez da hitz hutsala)".*

Koloniaren eguneroko partean Dumasek argitaratutako artikuluek eragindako bisiten berri ematen da: *"Pierre Dumasen artikuluekin biziki interesatu den frantses batek bisitatu gaitu, Kolonia ezagutu nahi baitzuen. Laudorioak ez zirela gehiegizkoak aurkitu du, eta merezi dituela"* (EAH, Id. 3365011: 1938-XI-6).

"Mojatxo hauekin batera euskaldunen oso laguna zen andre frantses bat zegoen, Pierre Dumasen artikuluak interes handiz irakurri dituena" (EAH, Id. 3365011: 1938-X-1).

Manuel de Ynchaustiri zuzendutako gutun batean, José Miguel de Barandiaránek Dumasen artikuluek inguruko herritarrengan izan dezaketen eragina aipatzen du: *"Jakinaren*

Acudían también personas interesadas en conocer la organización y el funcionamiento de Lurdes Euzko Aur-Etxea, como el Director de la colonia de Donibane Garazi (Saint-Jean-Pied-de-Port): *"A última hora hemos tenido la visita del Sr. Estévez y del Director de la Colonia de San Juan de Pied de Port. Ha sido una visita rápida. (...) Sin embargo como no conocían la imprenta le hemos llevado y han quedado aturdidos de lo que allí hacen nuestros niños. Han pedido ejemplares de todo lo hecho (como folletos) por los niños, así como del periódico"* (AHE, Id. 3365011: 14-X-1938).

Había ciudadanos anónimos del entorno, que, guiados por su curiosidad, se acercaban a la colonia, posiblemente influenciados por los artículos publicados en prensa sobre los vascos, y especialmente por los artículos escritos por Pierre Dumas en el diario bordalés *La Petite Gironde* entre el 25 de agosto y el 2 de septiembre de 1938 bajo el título "Le tragique destin d'Euskadi" (El trágico destino de Euskadi). Además, En el artículo publicado el 31 de agosto se menciona a Manuel de Ynchausti: *"Así viven en Itxassou (sic) varias docenas de pequeños vascos a los que tres 'madres' protegen incansablemente y a los que un padre adinerado, el señor Manuel Intxausti, alimenta, viste y quiere como si fueran sus propios hijos (la generosidad de este pueblo no es una palabra vacía)".*

En el parte diario de la colonia se hace eco de las visitas en las que han influido los artículos publicados por Dumas: *"Un francés que se ha interesado vivamente con los artículos de Pierre Dumas nos ha visitado pues deseaba conocer la Colonia. Ha encontrado que los elogios no eran exagerados y que bien los merece"* (AHE, Id. 3365011: 6-IX-1938).

"Estas monjitas eran acompañadas de una señora francesa muy amiga de los baskos que con todo interés ha leído los artículos de Pierre Dumas" (AHE, Id. 3365011: 1-X-1938).

José Miguel de Barandiarán en carta dirigida a Manuel de Ynchausti hace referencia al influjo que los artículos de Dumas pueden

gainean egongo zara Pierre Dumas ´La Petite Gironde´-n euskal herriari eskaintzen ari zaion artikulu sortaz. Uste dut artikulu horiek gure aldeko propaganda handia egingo dutela" (EAH, Id. 3364644: 1938-IX-1).

Pierre Dumasek behin baino gehiagotan bisitatu zuen kolonia: *"Mr. Pierre Dumasek berriro egin digu bisita, Cortazar jaunak lagunduta —Javier Gortazar da, Eusko Jaurlaritzak Baionan zuen Ordezkaritzako kidea—. Haren arabera, honezkero etortzen da hona bere etxea balitz bezala"* (EAH, Id. 3365011: 1938-VII-8).

tener en la población del entorno: *"Ya se habrá enterado de la serie de artículos que Pierre Dumas está dedicando al pueblo vasco en ´La Petite Gironde´. Creo que esos artículos harán una gran propaganda a nuestro favor"* (AHE, Id. 3364644: 1-IX 1938).

Pierre Dumas visitó la colonia en varias ocasiones: *"Mr. Pierre Dumas ha vuelto a visitarnos, acompañado del Sr. Cortazar —se trata de Javier Gortazar, miembro de la Delegación del Gobierno Vasco en Baiona—. Según él viene ya aquí, como a su casa"* (AHE, Id. 3365011: 8-VII-1938).

Haurrekin edo haien familiekin ahaidetasun edo adiskidetasun harremana zuten pertsonen bisitak ere jasotzen zituzten. Kasuistika honetan, Goicoechea anai-arrebak eta Zudupe ahizpak izan ziren zorionekoenak, egonaldian zehar sarritan bisitatu baitzituzten. Hala, Rotaechetarrek Goicoechea anai-arrabak eta Alex Mendibil bisitatzen zituzten, laurak Zeanurikoak (Bizkaia) jatorriz. Kontuan izan behar da Eleuterio Goicoechea —hiru anai-arraben aita eta Zeanuriko alkatea Errepublika garaian— Rotaechetarren administratzailea zela Zeanurin, eta familia horren egoitzaren ondoko etxe batean bizi zela. *"Goizean, Don Iñaki Rotaetxe jauna denbora luzez egon da Goikoetxea anai-arrebekin, haien ikasketei eta portaerei buruz interesa agertuz, baita familiaren berri emanez ere"* (EAH, Id. 3365011: 1938-XI-4). Batzuetan Goicoechea anai-arrebak eta Alexander Mendibil Donibane Lohizuneko etxera eramaten zituzten: *"Arratsaldean Rotaetxe jaun-andreak etorri dira Goikoetxea anai-arraben eta Alexanderren bila, Donibane Lohizunera egun batzuk pasatzera eramateko"* (EAH, Id. 3365011: 1938-X-25).

Beren udalerriko apaiz batek ere bisita egin zien lau zeanuriztarrei: *"Aita Gabriel (...) Goikoetxeatarrak agurtu nahi zituen Zeanuriko apaiz batekin etorri da. Haiekin eman du arratsaldea, herriko eta familiako berriak komentatzen"* (EAH, Id. 3365011: 1938-X-17).

Zudupe ahizpek, berriz, maiz jasotzen zituzten gurasoen bisitak, Parisen bizi baitziren: *"Eguartean iritsi da Zuduperen emaztea, bere neskatoekin hainbat egun pasatzera etorria. Gela bat hartu du herrian eta bazkaltzera etorri da hona"* (EAH, Id. 3365011: 1938-VII-28).

"Gure artean denboraldi luze bat eman ondoren, alabekin egoteko, Parisera joan da Zudupetarren ama" (EAH, Id. 3365011: 1938-XI-17).

Naberán anai-arrebek Ondarroako alkatearen bisita jaso zuten: *"Arratsaldean Ondarroako alkatea eta bere ezagun bat Naberan sendia bisitatzera joan dira eta oso ondo aurkitu dituzte"* (EAH, Id. 3365011: 1939-II-15).

Recibían también visitas de personas que tenían relación de parentesco o amistad con los niños o sus familias. En esta casuística los más afortunados fueron los hermanos Goicoehea y las hermanas Zudupe, que a lo largo de su estancia fueron visitadas frecuentemente. Así, los Rotaeche visitaban a los hermanos Goicoehea y a Alex Mendibil, los cuatro originarios de Zeanuri (Bizkaia). Hay que tener en cuenta que Eleuterio Goicoechea —padre de los tres hermanos y alcalde de Zeanuri durante la República— era el administrador de los Rotaeche en Zeanuri y vivía en una casa aneja a la residencia de esa familia. *"A la mañana D. Iñaki Rotaetxe ha estado largo rato con los hermanos Goikoetxea interesándose en sus estudios y comportamiento, así como dándoles noticias de la familia"* (AHE, Id. 3365011: 4-IX-1938). En algunas ocasiones llevaban a los tres hermanos Goicoechea y a Alexander Mendibil a su casa de San Juan de Luz: *"A la tarde los Sres. de Rotaetxe han venido en busca de los hermanos Goikoetxea y Alexander, para llevarlos a San Juan de Luz a pasar varios días"* (AHE, Id. 3365011: 25-X-1938).

Los cuatro zeanuriztarras también fueron visitados por un sacerdote de su municipio: *"El P. Gabriel (...) ha venido acompañado de un sacerdote de Zeanuri que deseaba saludar a los Goikoetxea. Con ellos ha pasado la tarde, comentando noticias del pueblo y de su familia"* (AHE, Id. 3365011: 17-X-1938).

Por su parte, las hermanas Zudupe recibían frecuentes visitas de sus padres, que residían en París: *"A media mañana ha llegado la esposa de Zudupe que viene a pasar varios días en compañía de sus niñas. Ha tomado una habitación en el pueblo y viene a comer aquí"* (AHE, Id. 3365011: 28-VII-1938).

"Después de permanecer una larga temporada entre nosotras, por estar con sus hijas, ha marchado a París la madre de las Zudupe" (AHE. Id 3365011: 17-IX-1938).

Los hermanos Naberán recibieron la visita del alcalde de Ondárroa: *"A la tarde han estado a visitar a los Naberan el alcalde de*

Karmele eta Xabier Elguezabal anai-arrabek Edurne ahizparen bisita jaso zuten inoiz" (EAH, Id. 3365011: 1938-IX-25).

Bisita horiei guztiei taldeenak gehitu behar zaizkie, 1938ko irailaren 9an Getariako koloniak egindakoa adibidez: *"(…) Guetharyko aterpetxeko haurrak hartu ditugu, eta 35 haur etorri dira, Julia Fernández Zabaleta andereñoa eta erizain bat lagun zituztela. Harrera hunkigarria izan da. Autobus handia iristen ikusi dutenean, gureak txaloka hasi dira eta ikurrina eskuan zutela atera dira elkarretaratzera"* (EAH, Id. 3365011: 1938-IX-9).

Kolonia bisitatu zuen beste kolektibo bat *"La Roseraie-n dagoen mutilatu talde bat"* izan zen. *"Jaten eman zaie hemen (…). Beraiek esan dutenez, aspaldian ez zuten hemengoa bezain babarrun onik jan. (…) Haurrek abestu egin dute pixka bat eta txistua ere jo diete. Hunkitu egin dira eta oso inpresio ona jasota joan dira"* (EAH, Id. 3365011: 1939-III-5).

Baina haurrek ilusio, emozio eta alaitasun handienarekin bizi zituzten bisitak Manuel de Ynchausti eta bere emazte Ana Belénenak ziren: *"Gutxien uste genuenean Don Manuelen bisita jasotzearen poz handia izan dugu. (…) Iluntzean ikusi dute iristen haurrek, bazkalondo luze batean zeudela. Ederrak haurrek gero egindako komentarioak. Diotenez, kristal artean, Manuel jaunaren itzala ikusi, eta ezin zuten sinetsi, harik eta azkenean atea ireki eta denak saltoka eta jauzika hasi diren arte, aitari egingo zioten harreraren ilusio berarekin edo handiagoarekin. Begi distiratsuekin eta bozkariozko algarekin, ez ziren aspertzen ongietorria ematen"* (EAH, Id. 3365011: 1938-X-25).

La Roseraie ospitaleko mutilatuak (EAH, Id. 3448718).
Mutilados del hospital de La Roseraie (AHE, Id. 3448718).

Ondarroa y otro conocido suyo encontrándoles mejoradísimos" (AHE, Id. 3365011: 15-II-1939).

Los hermanos Karmele y Xabier Elguezabal en alguna ocasión recibieron la visita de su hermana Edurne (AHE, Id. 3365011: 25-IX-1938).

A todas estas visitas hay que añadir la de los colectivos, como la realizada por la colonia de Getaria (Guéthary) el 9 de septiembre de 1938: *"(…) hemos recibido a los niños del refugio de Guéthary que en número de 35 han venido acompañados de su maestra, Julia Fernández Zabaleta y una enfermera. El recibimiento ha sido emocionante. En cuanto los nuestros han visto llegar el gran autocar, han comenzado a aplaudir y con la ikurriña en la mano han salido al encuentro"* (AHE, Id. 3365011: 9-IX-1938).

Otro colectivo que visitó la colonia fue *"un grupo de mutilados que se encuentran en La Roseraie. Se les ha dado de comer aquí (…). Según ellos hacía mucho no comían alubia tan buena como la de aquí. (…) Los niños han cantado un poco y también les han tocado el txistu. Se han emocionado y han ido muy bien impresionados"* (AHE, Id. 3365011: 5-III-1939).

Pero las visitas que con más ilusión, emoción y alegría vivían los niños eran las de Manuel de Ynchausti y de su esposa Ana Belén: *"Cuando menos nos lo figurábamos hemos tenido la gran alegría de recibir la visita de D. Manuel. (…) A la noche y estando los niños en una sobremesa prolongada le han visto llegar. Bonitos los comentarios que luego hacían los niños. Dicen que entre cristales vieron la sombra que parecía de D. Manuel y no podían creer, hasta que por fin abre la puerta y se ponen todos a dar brincos y saltos con la misma o mayor ilusión con que le hubieran recibido a su padre. Con ojos brillantes y carcajadas de contento no se cansaban de darle la bienvenida"* (AHE, Id. 3365011:25-X-1938).

Getariako (Guéthary) koloniako haurrek Lurdes Euzko Aur-Etxea bisitatu zuten 1938ko irailaren 9an. Argazkian bi kolonietako neska-mutilak agertzen dira (MYA)

Los niños de la colonia de Getaria (Guéthary) visitaron Lurdes Euzko Aur-Etxea el 9 de septiembre de 1938. En la fotografía aparecen los niños de ambas colonias (AMY).

Guéthary 13 de septiembre 1938.

Sr. D. Manuel Mª de Ynchausti.
Chatel-Guyon.

Muy sr. mío: Me permito enviarle a Vd. las adjuntas cartitas de los niños de mi escuela que reflejan las horas tan agradables que pasaron en la colonia de Jatsu.

Nos obsequiaron muchísimo; fué una comida encantadora y en la sobremesa los chicos de Lurdes cantaron en honor de los de Guéthary que aplaudían muy formalmente.

Fué un día inolvidable para todos y procuraremos que sigan las relaciones entre las dos escuelas para que sirva de estímulo y haya intercambio y correspondencia que tanto les gusta a los niños.

Reciba un cariñoso saludo que hará extensivo a su esposa y Lupe de su afma. s. s.

Julia Fernández Zabaleta

Guéthary 12 de Septiembre 1938

Muy señor mío: Le escribo esta carta para decirle que hemos hecho una excursión estuvimos en Jatsu sus chicos son muy amables nos recibieron muy bien nos prepararon una sopa de ajo muy rica un melocotón y arroz con leche nos enseñaron la casa, la escuela y la imprenta sus dibujos debujan muy bien. Todos nos obsequiaron las señoritas también pasamos un día admirable y sin mas se despide su seguro servidor

Lecároz

Manuel de Ynchaustiri Getariako koloniako zuzendariak eta kolonia horretako haur batek bidalitako gutunak (EAH, Id. 3365013: 1938-IX-12 eta 13).
Cartas enviadas a Manuel de Ynchausti por la directora de la colonia de Getaria y por un niño de dicha colonia (AHE Id. 3365013: 12 y 13-IX-1938).

Iritzi positiboak

Koloniak bisitariei eragiten zien inpresioari dagokionez, eta eguneroko partean jasotako informazioari erreparatuz, oso positiboa zela esan daiteke, are idilikoa zela ere bai antolaketa orokorrari dagokionez, bai elikadurari dagokionez, higieneari eta haurrek zuten itxurari dagokienez, baita eguneroko jarduerei buruz ere: *"Teresa Azcue andrea, Solano eta Epalzaren familiarekin batera, etorri da bisitan. Harriduraz eta miresmenez ikusi du etxearen instalazioa eta funtzionamendua, eta asko gustatu zaio nesken zein mutilen lan eta prestakuntza erregimena. Inprenta ere bisitatu du, eta ez da nekatu Kolonia bat hain leku ustekabekoan hainbeste detailez instalatzeko aukera baloratzeaz"* (AEB, Id. 3365011: 1938-IX-18).

Seme-alabak Jatsun zituzten senide batzuk pozik zeuden nola aurkitzen zituzten ikusita. Hala, Zudupe ahizpen amak *"oso hobetuta aurkitu ditu alabak, eta oso pozik dago"* (EAH, Id. 3365011: 1938-IX-28).

Beste bisitari batzuk euskal giroarekin harrituta zeuden, onerako: *"Don Carlos Solanok ere egin du* (bisita bat), *Txilen urte asko daramatzan lekeitiar batekin, eta hunkitu egin da gure haurrek euskara nola hitz egiten zuten entzutean"* (EAH, Id. 3365011: 1938-IX-4).

Bazen haurren musika maila azpimarratzen zuenik ere: *"Gaur goizean Don Gelasio Mr. Etchegoyen gitarra kontzertistarekin etorri da. Haurrak abesten entzun ditu, eta oso harrituta geratu da. Dominicak mandolina jo du, baita María Rosak ere, eta azalpen batzuk eman dizkie azterketa errazteko"* (EAH, Id. 3365011: 1938-XII-20).

"Gaur arratsaldean Bayonako Schola Cantorumeko zuzendariaren zain egon gara, gure haurrak abesten entzuteko gogoa baitzuen. (…) ondo txundituta joan da haurrek nola abesten duten ikusita, eta gehien gustatu zaizkion abestien partitura batzuk eraman ditu" (EAH, Id. 3365011: 1939-II-23).

Impresiones positivas

Respecto a la impresión causada por la colonia en los visitantes, y atendiendo a la información recogida en el parte diario, era muy positiva, incluso se podría decir que idílica, tanto a nivel de organización general, de alimentación, de higiene y del aspecto que presentan los niños, así como sobre las diferentes actividades del día a día: *"Doña Teresa Azcue, acompañada de la familia de Solano y Epalza, ha venido a visitar la Colonia. Con extrañeza y admiración ha contemplado la instalación y visto el funcionamiento de la casa, gustando mucho el régimen de trabajo y preparación tanto de las niñas como de los chicos. También ha visitado la imprenta no cansándose de ponderar el que se hubiera podido instalar con tanto detalle una Colonia en sitio tan inesperado"* (AHE, Id. 3365011: 18-IX-1938).

Algunos familiares que tenían a sus hijos en Jatsu estaban satisfechos de cómo los encontraban. Así, la madre de las hermanas Zudupe *"ha encontrado muy mejoradas a sus hijas y está muy contenta"* (AHE, Id. 3365011: 28-IX-1938).

Otros visitantes se veían gratamente sorprendidos por el ambiente euskaldun: *"También D. Carlos Solano lo ha hecho* (una visita) *con un lekeitiarra que lleva muchos años en Chile, y que se ha emocionado de oír cómo hablaban el euskera nuestros niños"* (AHE, Id. 3365011: 4-IX-1938).

Había quien destacaba el nivel musical de los niños: *"Esta mañana ha venido con Don Gelasio Mr. Etchegoyen concertista de guitarra. Ha oído cantar a los niños quedando gratamente sorprendido. Dominica ha tocado la mandolina y también María Rosa a quienes ha dado algunas explicaciones para facilitar su estudio"* (AHE, Id. 3365011: 20-XII-1938).

"Esta tarde esperamos al director de la Schola Cantorum de Bayona que tiene deseos de oír cantar a nuestros niños. (…) ha ido bien impresionado de cómo cantan los niños y ha

Baina inprenta-tailerra zen deigarriena eta jakin-min handiena sortzen zuena. Adibidez, Isaac López de Mendizabal eta Pedro de Basaldua, *"benetan miretsita zeuden, bai haurren itxurari dagokionez, bai antolaketaren xehetasun guztiei dagokienez. Batez ere inprentan egin daitekeen lan handia egiaztatu dute eta hasteko argazki eta testuen materiala prestatzea enkargatu dute, argitaratu nahi duten propaganda liburuxka baten lau aldeak osatzeko, errefuxiatuen erbesteko bizitza gaitzat hartuta, bai kolonietan, bai aterpeetan, etab."* (EAH, Id. 3365011: 1938-VII-2).

llevado algunas partituras de los cantos que más le han gustado" (AHE, Id. 3365011: 23-II-1939).

Pero lo que más llamaba la atención y más curiosidad despertaba era el taller de imprenta. Por ejemplo, Isaac López de Mendizabal y Pedro de Basaldua, *"estaban francamente admirados tanto del aspecto de los niños como de todos los detalles de organización. Sobre todo, en la imprenta han comprobado la gran labor que se puede hacer y han comenzado por encargar preparen material de fotos y texto para completar cuatro caras de un folleto de propaganda que piensan editar y teniendo por tema la vida de los refugiados en el destierro, tanto en las colonias como en los refugios etc."* (AHE, Id. 3365011: 22-VII-1938).

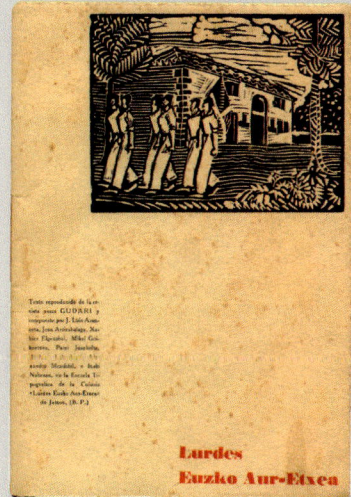

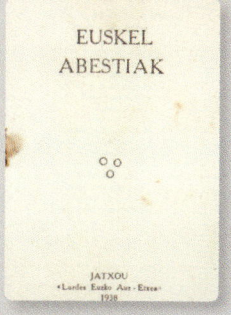

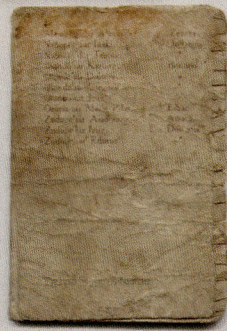

Haurrek Jatsuko koloniako inprimategian egindako dokumentu desberdinak (MYA).

Impresos confeccionados por los niños en la imprenta de la colonia de Jatsu (AMY).

MANUEL DE YNCHAUSTIREN DILEMA MORALA

Hogeita hamarreko hamarkadaren amaieran Europan bizi zen gerra aurreko giroan, 1938ko irailean Manuel de Ynchaustik Estatu Batuetara joatea pentsatu zuen bere familiarekin. Alde batetik, bere gainerako hiritar amarikarrei bezala —estatubatuar nazionalitatea baitzuen—, Estatu Batuetako agintariek hala aholkatzen zioten, eta bestetik, bere familia nazioarteko balizko gatazkatik salbu eduki nahi zuen. Baina *"Jatxouko haur maitagarri horiek uztearen tristura ere badut. Batzuetan iruditu zait nire aldetik desertzio baten modukoa dela. Izan dudan borroka bat da. Baina, kasua kontsultatu ondoren, emaztearen eta seme-alaben interesa eta komenigarritasuna kontuan hartuz ebatzi behar dudala aholkatu didate. (...) Haurrei dagokienez, zure eskuetan (Gelasio Arambururen eskuetan) eta Maritxu eta Tererenetan uzten ditudalako lasaitasuna geratzen zait "* (EAH, Id. 3363773: 1938-IX-29).

Europako gatazka beliko batek eztanda egin zezakeela eta, haurrak etxera bidaltzea komeni ote zen zalantza egiten hasi zen. Aukera horri buruzko hainbat kontsulta egin zituen, besteak beste, Jesús María Leizaola Eusko Jaurlaritzako Justizia eta Kultura sailburuarekin izandakoa. Hark esan zion uste zuela *"orain ez dagoela eragozpenik haurrak han (Jatsun) geratzeko. Hori bai, Eusko Jaurlaritza bere neurriak hartzen ari da, hau da, gurasoak aske eta jazarpenik gabe dituzten haur guztiak etxera bidaliko ditu, eta senideak jazarrita edo atzerrian dituztenei baino ez die bertan eutsiko"*. Estatu Batuetara alde egiteagatik kolonia uzteak eragiten zizkion eskrupuluen aurrean, Leizaolak lasaitu egin zuen, inolako errepararik ez izateko esanez, *"Euzkadiko Gobernuak beti zainduko dituelako.*

Hala ere, nik (Manuel de Ynchaustik) nahiago dut haurrekin geratu, batez ere berehalako gerra baten arriskua desagertzen bada" (EAH, Id. 3364769: 1938-IX-22).

EL DILEMA MORAL DE MANUEL DE YNCHAUSTI

En medio del ambiente prebélico que se respiraba en Europa a finales de los años treinta, ya en septiembre de 1938 Manuel de Ynchausti se planteó trasladarse a Estados Unidos con su familia. Por una parte, al igual que a sus demás súbditos, las autoridades de Estado Unidos se lo aconsejaban —tenía nacionalidad estadounidense—, y por otra, quería tener a su familia a salvo del posible conflicto internacional. Pero *"también tengo tristeza de dejar a esos queridos niños de Jatxou. A veces me ha parecido que es como una deserción por mi parte. Y esta es una lucha que he tenido. Pero consultado el caso me han aconsejado que debo resolver teniendo en cuenta primero el interés y conveniencia de mi mujer y de mis hijos. (...) Con respecto a los niños, me queda la tranquilidad de que los dejo en sus manos (de Gelasio Aramburu) y en los de Maritxu y Tere"* (AHE, Id. 3363773: 29-IX-1938).

Ante el posible estallido de un conflicto bélico europeo sopesa la conveniencia de enviar a los niños a sus casas. Realiza varias consultas sobre esta posibilidad, entre ellas está la mantenida con el Consejero de Justicia y Cultura del Gobierno Vasco Jesús María Leizaola. Este le dice que *"cree que ahora no hay inconveniente en que los niños se queden por allí (en Jatsu). Ahora bien, el Gobierno de Euzkadi ya está tomando sus precauciones, en el sentido de que va a enviar a sus casas a todos los niños, cuyos padres se hallan en libertad y no perseguidos, conservando solamente aquellos cuyos familiares se hallan perseguidos o bien que viven en el extranjero"*. Ante los escrúpulos que le ocasionaba el dejar la colonia debido a su posible marcha a Estados Unidos, Leizaola le tranquiliza diciéndole que no tuviera reparo *"porque el Gobierno de Euzkadi siempre velará por ellos.*

No obstante, yo (Manuel de Ynchausti) sigo prefiriendo quedarme con los niños, sobre todo si desaparece el peligro de una guerra inmediata" (AHE, Id. 3364769: 22-IX-1938).

Hala ere, apirilaren 20an, Estatu Batuetarako bidean laster itsasoratzea aurreikusita zegoenez —gero bertan behera utzi zuen bidaia—, bi egun lehenago Gelasio Arambururi bidalitako gutun batean koloniari buruzko kezka azaltzen du: *"Aurreko gau guztiak lo egin ezinik eman ditut, batez ere Jatxouko gure txikitxoak gogoan. Eta ez zait kezka hau desagertuko denak senideekin beren etxeetara itzuli arte"* (EAH, Id. 3363773: 1939-IV-18).

Kontua da, hainbat arrazoi direla medio, Ynchausti eta bere familia ez zirela Ameriketara joan 1939ko abuztuaren hasiera arte, eta koloniak normaltasunez funtzionatzen jarraitu zuela 1939ko apirilaren amaiera edo maiatzaren hasiera arte.

Aún, ante el inminente embarque previsto para el día 20 de abril, con rumbo a Estados Unidos —viaje que canceló—, en una carta dirigida dos días antes a Gelasio Aramburu muestra su preocupación respecto a la colonia: *"Todas estas noches pasadas llevo pasándolas en blanco, sin poder conciliar el sueño, pensando sobre todo en nuestros chiquitos de Jatxou. Y no se me quitará esta preocupación hasta que todos han regresado a sus casas con los suyos"* (AHE, Id. 3363773: 18-IV-1939).

La realidad es que, debido a diversas razones, Ynchausti y su familia no se trasladarán a tierras americanas hasta comienzos del mes de agosto de 1939, y la colonia continuó funcionando con normalidad hasta finales del mes de abril o principios de mayo de 1939.

Manuel de Ynchausti bere bulegoan (MYA).
Manuel de Ynchausti en su despacho (AMY).

Jesús María Leizaola bere bulegoan (EAH, Bidasoa Institutua bilduma-Luis Ruiz de Aguirre funtsa, "Sancho de Beurko").

Jesús María Leizaola en su despacho (AHE, colección Instituto Bidasoa-fondo Luis Ruiz de Aguirre, "Sancho de Beurko").

ABERRIRATZEAK

Eta etxera itzultzeko ordua iritsi zen. Espainiako Estatu mailan, 1939. urtean antolatu zen aberriratzea masiboki funtsezko bi gertakariren ondorioz: gerra zibilaren amaiera, apirilaren 1ean, eta Bigarren Mundu Gerraren hasiera, irailaren 1ean. Egia esan, aberriratzea ez zen une bakar bateko gertaera izan, aurreko urte guztietan ere gertatzen joan zen: iparraldea erortzearekin batera, etengabe hasi zen tantaka, eta 1938. urtearen erdialdea baino lehen haur kopuru handi bati eragitera iritsi zen (Arrien 1983: 292). Jatsuko Lurdes Euzko Aur-Etxea koloniaren kasuan, gerra zibilaren amaierarekin batera gertatu ziren aberriratzeak.

Umeek denbora luzea eman zuten erbestean eta, gustura egon arren, etxera itzultzeko gogoz zeuden. Heziketa jaso bazuten ere, elikadura-gabeziarik izan ez bazuten ere, eta maitasunez eta mimoz tratatu bazituzten ere, funtsezkoena falta zitzaien: gurasoak.

Agurrak hunkigarriak eta mingarriak izan ziren. Denboraldi luze batez elkarrekin bizi ondoren, haurrak bizimodu hartara ohitu ziren, beren zaintzaileak eta irakasleak maitatzen ikasi zuten, lagun taldea egin zuten. Erbesteratzearen proba gogorrari aurre egiten jarraitzeko behar zuten sendotasuna eta oreka eman zien taldea desegin eta elkarrengandik aldentzera behartuta zegoen. Despedidak tristea izan behar zuen ezinbestean (Arrien 1983: 299): *"Arratsalde erdian etorri da Laskibar jauna Espainiako gerra amaitu delako albistearekin. Haurrek pozez hartu dute albistea hasieran, baina gero zapuztu samar geratu dira"* (EAH, Id. 3365011: 1939-III-29).

Egoera horren erdian, berriz ere haurrekin zer egin eta haien aberriratzearen inguruko zalantzak sortu zitzaizkion Manuel de Ynchaustiri: *"Kezka handiak izan ditut egun hauetan Koloniako haurrengan pentsatuz, Europako gerra hasten bada gerta bailiteke haurrak gurasoengandik erabat inkomunikatuta geratzea. Beraz, haurrei buruzko irizpidea da ahalik eta azkarren itzuli*

LAS REPATRIACIONES

Y llegó la hora de volver a casa. A nivel del Estado español, en el año 1939 se organizó la repatriación de forma masiva como consecuencia de dos hechos fundamentales: el final de la guerra civil, el 1 de abril, y el inicio de la Segunda Guerra Mundial, el 1 de septiembre. En realidad, la repatriación no fue el hecho de un solo momento, sino que se fue produciendo a lo largo de todos los años anteriores: con la caída del norte se inició un goteo ininterrumpido que llegaría a afectar a una cifra importante de niños antes de mediados de 1938 (Arrien 1983: 292). En el caso de la colonia Lurdes Euzko Aur-Etxea, las repatriaciones comenzaron con el final de la guerra civil.

Los niños habían pasado un largo tiempo de exilio y aunque se encontraban a gusto, deseaban volver a casa. Si bien es cierto que recibieron educación, no tuvieron carencias alimenticias, y fueron tratados con afecto y mimo, estaban faltos de lo fundamental: sus padres.

Las despedidas fueron emocionantes y dolorosas. Tras una larga temporada de convivencia, los niños se habían habituado a aquella vida, habían aprendido a querer a sus cuidadores y profesores, se habían hecho al grupo de amigos. El grupo que les había dado la fortaleza y el equilibrio necesario para seguir resistiendo la dura prueba del destierro, se veía obligado a deshacerse y a separarse. La despedida tenía que ser necesariamente triste (Arrien 1983: 299): *"A media tarde ha venido el señor Laskibar con la noticia de que la guerra de España ha terminado. Los niños han acogido la noticia con alegría en un principio luego en cambio han quedado un poco aplanados"* (AHE, Id. 3365011: 29-III-1939).

En medio de esta situación, de nuevo surgen en Manuel de Ynchausti las dudas sobre qué hacer con los niños y sobre su repatriación: *"Estos días pasados en que he tenido mis grandes inquietudes pensando en los niños de la Colonia, pues en caso de guerra europea podría ocurrir que los niños quedaran totalmente incomunicados de sus padres. Así que el criterio sobre los niños, es que deben regresar cuanto*

behar dutela gurasoak libre, jazarpenik gabe, dituzten guztiek. Familiaburua preso dutenek, edo hemen, Frantzian, edo non dauden ez dakitenek, Kolonian geratu behar dute. (…) Dena den, etxera itzuli behar duten haurren kasuan, ahal dela, haien gurasoak Jatxoura etortzea nahi nuke, haurrak jasotzera, joan-etorria nik ordainduta" (AEB, Id. 3364769: 1939-IV-6).

Proposamen horren aurrean, Gelasio Aramburuk erantzun zion bai Gabriel de Donostiak, bai andereñoek eta berak ere uste zutela "ezer ez egitea bezainbeste dela gurasoak Jatxoura etortzea nahi izatea. Bestalde, haur horiek senideekin elkartzeko beharra ikusten dugunez, Irúnera etorri eta zubira gerturatzeko abisatu beharko zaiela uste dugu. Behin hara iritsita, ia segurua da zubiaren beste muturrean seme-alabak daudela esanez, beren etxeetara itzuli nahi dutela esanez, pasatzen utziko dietela eta han egin genezakeela entrega. (…) Jatxoura etortzeko baimena lortzen saiatzeko esan, eta lortzen ez badute, Irúnera etor daitezela halako ordutan eta abar" (EAH, Id. 3363773: 1939-IV-7). Azken proposamen hori, haurrak mugan entregatzearena, izan zen, dirudienez, haur gehienekin jarraitu zena. Aberriratuen zerrenda ofizialetan arakatu ondoren, ordea, ez da Jatsuko koloniako 34 haurren arrastorik aurkitu; Alonso Carballésen *1937. Los niños evacuados a Francia y Bélgica (1937. Frantziara eta Belgikara ebakuatutako haurrak)* liburuan jasotzen den Frantzian eta Belgikan errefuxiatutako 15.000 haur baino gehiagoren zerrendan ere ez dira agertzen.

Jatsutik aberriratutako lehen bi haurrak Eukene eta Andoni Lecumberri izan ziren, familiak 1939ko martxoaren 20an egindako eskaerari erantzunez: "Gaur goizean Edurne Lekunberriren gutun bat jaso da bere neba-arrebatxoentzat, non esaten dien ama Bilbora itzuliko dela eta berarekin eraman nahi dituela. (…) Erabaki da Don Manuel jakinaren gainean jartzea eta haurrei ezer ez esatea erabaki bat hartu arte" (EAH, Id. 3365011: 1939-III-20).

antes todos aquellos que tienen sus padres libres, y no perseguidos. En cuanto a aquellos que tienen al cabeza de familia preso, o aquí en Francia, o cuyo paradero es desconocido, deben de quedar en la Colonia. (…) De todos modos, para los niños que hayan de regresar a sus casas, a ser posible, yo quisiera que vinieran sus padres a recogerlos a Jatxou, pagándoles yo el viaje de ida y vuelta" (AHE, Id. 3364769: 6-IV-1939).

Ante esta propuesta, Gelasio Aramburu le contesta que tanto Gabriel de Donosita como las andereños y él mismo opinan "que es tanto como no hacer nada, el pretender que los padres vengan a Jatxou. Como por otra parte vemos la necesidad de que esos niños se reúnan con sus familiares, creemos que habrá que avisarles que vengan a Irún y se acerquen al puente. Una vez allí, es casi seguro que diciendo que al otro extremo del puente están sus hijos, que desean volver a sus casas, los dejaran pasar y allí podríamos hacer la entrega. (…) Se les escribe diciendo que intenten obtener el salvoconducto para venir a Jatxou y que si no lo obtienen, vengan a Irún tal día a tal hora y que etc." (AHE, Id. 3363773: 7-IV-1939). Esta última propuesta, la de la entrega de los niños en la frontera parece que fue el procedimiento que se siguió con la mayoría de los niños. Pero tras indagar en los listados oficiales de repatriados no se ha hallado ni rastro de los 34 niños de la colonia de Jatsu; tampoco aparecen en el listado de más de 15.000 niños refugiados en Francia y Bélgica que se recogen en el libro de Alonso Carballés titulado *1937. Los niños evacuados a Francia y Bélgica*.

Los dos primeros niños repatriados de Jatsu fueron Eukene y Andoni Lecumberri, respondiendo a la solicitud que realiza la familia el 20 de marzo de 1939: "Esta mañana se ha recibido una carta de Edurne Lekunberri para sus hermanitos en la que les dice que su madre vuelve a Bilbao y quiere llevarlos con ella. (…) Se ha decidido poner al corriente a Don Manuel y no decir nada a los niños hasta tomar una determinación" (AHE, Id. 3365011: 20-III-1939).

"Se ha recibido una carta de Don Manuel en la que dice respecto a los Lecumberri que si su madre los reclama para ir a Bilbao se les puede

"Don Manuelen gutun bat jaso da, Lecumberri familiari buruz esaten duena amak Bilbora joateko eskatzen badie, entregatu egin dakiekeela, beste inorekin ez baitira hobeto joango, eta amak ezin badu haien bila etorri andereño batek lagunduko diela" (EAH, Id. 3365011: 1939-III-25).

Lecumberri neba-arrebek 1939ko martxoaren 29an utzi zuten kolonia: *"Iluntzean Mr. Goyhenetche etorri da enkargua emanez Lekunberritarren ama gaur gaueko hamarretan Bilborantz pasatuko dela. Berehala, dagoeneko ohean zeuden haurrei deitu eta prestatu egin dituzte.*

Agurra oso hunkigarria izan da. Eukene neskatxa gajoak ez zuen jantzi nahi. Andoni ere oso hunkituta zegoen, eta besteoi lana kostatu zaigu haiek lasaitzea.

Berehala eta taxi batean Hendayara joan dira Don Gelasio eta andereño Luperekin batera" (EAH, Id. 3365011: 1939-III-29).

Gainerako haurren itzulera pixkanaka egin zen, taldeka. Koloniako arduradun batek laguntzen zien mugaraino, eta han zain zuten Alejandra Aramburu, Gelasio Arambururen arreba. Alejandrak zeregin garrantzitsua izan zuen aberriratzeen prozesuan, lotura lanak egin baitzituen koloniaren eta haurren familien artean.

Antonio de Ynchaustik esandakoaren arabera (MYA), *"talde batzuk sortu ziren, eta bata bestearen atzetik joan ziren, Koloniako arduradunek lagunduta. Mugan, azken horiek haurrak Alejandra Aramburu andereñoari ematen zizkioten, Don Gelasio kapilauaren arrebari. Hura arduratzen zen haurrak beren familietara itzultzeaz. Familia bakoitzari diru kopuru bat bideratzen zitzaion, arazo ekonomiko larrienak konpontzen laguntzeko.*

entregar pues nunca irán mejor acompañados y si ella no puede venir a buscarles una andereño les acompañará" (AHE, Id. 3365011: 25-III-1939).

Los hermanos Lecumberri abandonaron la colonia el 29 de marzo de 1939: *"A la noche ha venido Mr. Goyhenetche con el encargo de que la madre de los Lekunberri pasa esta noche a las diez para Bilbao. Inmediatamente se les ha llamado a los niños que estaban ya en la cama y se les ha preparado.*

La despedida ha sido de lo más emocionante. Eukene no quería vestirse la pobrecilla. Andoni también muy emocionado y a los demás nos ha costado trabajo el sosegarles.

Enseguida y en un taxi han ido a Hendaya acompañados de Don Gelasio y andereño Lupe" (AHE, Id. 3365011: 29-III-1939).

El regreso de los demás niños se hizo progresivamente, por grupos. Les acompañaba hasta la frontera un responsable de la colonia y allí les esperaba Alejandra Aramburu, hermana de Gelasio Aramburu. Alejandra tuvo un papel importante en el proceso de las repatriaciones, ya que hizo labores de enlace entre la colonia y las familias de los niños.

Según el testimonio Antonio de Ynchausti (AMY), *"se formaron unos cuantos grupos que fueron marchándose sucesivamente, acompañados por responsables de la Colonia. En la frontera, estos entregaban a los niños a la Señorita Alejandra Aranburu, hermana del capellán Dn. Gelasio. Era ella la encargada de devolver a los niños a sus respectivas familias.*

Lecumberri neba-arrebak (MYA).
Los hermanos Lecumberri (AMY).

Para cada familia iba destinada cierta cantidad de dinero que les ayudara a solucionar los problemas económicos más urgentes. Uno de

Jatxou - 30-III-39

Sr. Manuel Mª de Ynchausti
Paris

Agur Dn. Manuel. Sin perjuicio de que tanto Dn. Gelasio como Lupe, le den cuenta detallada de su viaje con los hermanos Lecumberri, quiero notificarle que anoche a las 9 y acompañados por los dos anteriormente citados, salieron de la Colonia para reunirse con su madre que nos comunicaron pasaba la frontera a las 10.

Nos figuramos que no había sido así puesto que hoy a las cuatro de la tarde aún no han aparecido por aquí. Sin duda no llegaría anoche.

Han ido vestidos como V. indica en la carta que ha llegado hoy y que la hemos abierto figurándonos habría algunas indicaciones que pudieran ser urgentes.

Los dos hermanos muy emocionados y todos los demás apenadísimos lloran de inconsolables. Además resultó tan precipitada la marcha que creo les produjo más efecto.

Para eso a media tarde y en cuanto llegó aquí la noticia del fin de la guerra hubo opiniones muy opuestas. Los que sentían más alegría por reunirse con los de su casa o los que no podían hacerse idea de que tenían que dejar de vivir aquí. El nombre de Uds. pasó muchas veces por los labios infantiles.

Como bonito detalle le diré que en la merienda saqué para repartirles como extraordinario un bote de dulce, pero que hubo más de uno que no me aceptó diciendo que para ellos era día de llorar y no de celebrar.

¿Verdad que es consolador?.

Los datos que solicita le enviaremos seguidito.

Muchas veces en las cartas de los niños suelo añadir algún saludo o hago comentarios sobre los mismos a sus padres.

Una vez que V. haya estudiado el caso de cada uno y si V. quiere, yo podría indicarles lo que a V. le pareciera oportuno. Como siempre tendré mucho gusto en hacer su deseo.

Agur Dn. Manuel. Salude de nuestra parte a Dña. Ana Belén y los txikis y V. reciba un cariñoso agur de

Maritxu

Maritxu Barriolak Manuel de Ynchaustiri bidalitako gutuna, Lecumberri neba-arrebak Bilbora amarekin itzultzeko koloniatik irten zireneko xehetasunak jakinaraziz (EAH, Id. 3364644: 1939-III-30).

Carta enviada por Maritxu Barriola a Manuel de Ynchausti comunicándole los detalles de la salida de la colonia de los hermanos Lecumberri, para volver a Bilbao con su madre (AHE, Id. 3364644: 30-III-1939).

Interesatuetako batek kontatu zidan laguntza horri esker bere ama alargunak zorrak kitatu ahal izan zituela, baita negozio txiki bat hasi ere, familiaren ekonomia sostengatu zuena". Antoniok aipatzen duen pertsona hori Edurne Eguino da, eta honako hau gogoratzen du: *"Egun batean, bi pertsona etorri ziren Zumaiako gure etxera: horietako bat Alejandra zen, gure kapilau Don Gelasioren arreba, eta elkarrizketa bat izan zuten gure amarekin. Urte batzuk geroago amak komentatu zidan Don Manuelek 1.000 pezeta bidali zizkiola koloniako haur bakoitzari. Beraz, nire amak 2.000 pezeta jaso zituen. Imajinatzen al dugu garai hartan 2.000 pezeta zer ziren? Amak esan zidan etxearen alokairuaren hiru urteko zorra ordaindu ahal izan zuela; gainera, gure osaba kartzelatik atera zen eta lanik gabe zegoen, batel bat zuen ezkutatuta eta 100 pezeta eskatu zizkion, eman zizkion eta arrantzan hasi ahal izan zen. (…) Don Manueli esker aurrera atera ahal izan ginen. Inoiz ezingo diogu ordaindu eman zigun laguntza"* (MYA, testigantza: Edurne Eguino).

Luisa Juanbeltzek gogoratzen zuen bera eta bere bi neba-arrrebak mugaren beste aldera eraman zituztela, Irunera, gurasoak zain zituztela (Elkarrizketa: Luisa Juanbeltz-Donostia-San Sebastián, 2025-II-15). Juanbeltz neba-arreba errenteriarren kasu honi buruz, Gelasio Aramburuk honako plan hau proposatu zion Manuel de Ynchaustiri: *"Orain arte pentsatutako planek jartzen dizkiguten zailtasunengatik huts egiten badigute, zer iruditzen zaizu zuri honako hau egitea? Renteriakoekin proba eginez, egun horretan Irúnera nesken bila etortzeko eta zubiraino joateko abisatzen zaie, besterik gabe. Ia gauza ziurra da Komandantzian ez*

los interesados me contaba cómo gracias a esa ayuda, su madre viuda, pudo saldar sus deudas e incluso empezar un pequeño negocio que fue el que sostuvo la economía familiar". Esta persona a la que se refiere Antonio, es Edurne Eguino, quien recuerda que *"un día, vinieron a nuestra casa de Zumaia dos personas: una de ellas era Alejandra, la hermana de nuestro capellán Don Gelasio, y tuvieron una conversación con nuestra madre. Unos años más tarde mi madre me comentó que Don Manuel había enviado 1.000 pesetas a cada niño de la colonia. Por lo tanto, mi madre recibió 2.000 pesetas. ¿Nos imaginamos lo que eran 2.000 pesetas en aquella época? Mi madre me dijo que pudo pagar la deuda de tres años del alquiler de la casa; además nuestro tío que había salido de la cárcel y estaba sin trabajo, tenía escondido un batel y le pidió 100 pesetas, se las dio y pudo comenzar a pescar. (…) Gracias a Don Manuel pudimos salir hacia adelante. Nunca le podremos pagar la ayuda que nos dio"* (AMY, testimonio: Edurne Eguino).

Luisa Juanbeltz recordaba que ella y sus dos hermanos fueron llevados al otro lado de la frontera, a Irun, donde les esperaban sus padres (Entrevista: Luisa Juanbeltz-Donostia-San Sebastián, 15-II-2025). Sobre este caso de los hermanos Juanbeltz, naturales de Rentería, Gelasio Aramburu le propone el siguiente plan a Manuel de Ynchausti: *"Si los planes ideados hasta ahora nos fallan por las dificultades que nos pongan ¿qué le parece a Vd. que se hiciera lo siguiente? Haciendo la prueba con los de Rentería se les avisa sencillamente que tal día vengan a Irún a recoger a las niñas y que se acerquen hasta el puente. Es casi seguro que en la*

Bidasoa ibaia zeharkatu, eta Irun eta Hendaia lotzen dituen nazioarteko zubia.
Puente internacional que cruza el río Bidasoa y conecta Irun y Hendaia.

lieketela baimenik ukatuko. Behin ikusten ditugunean edo pasatzen diren pertsonen bidez jakiten dugunean han daudela, haurrek zubia zeharkatzen dute Maritxuk lagunduta eta Espainiako hesian gurasoei ematen dizkiete inolako formaltasunik gabe. Gero, nire arreba arduratuko da agiria sinarazi eta guri kontrabandoan bidaltzeaz. Maritxuk laguntzea proposatzen dut, ez delako hain arriskutsua. Bera frantses gisa ager daiteke, eta nolanahi ere ez du atentziorik emango. Gainera, ez da hori egiten duen lehen aldia" (EAH, Id. 3363773: 1939-IV-27).

Bestalde, Mª Rosa Lopateguik honako hau ere adierazi zuen: *"Etxera itzultzeko ordua iritsi zenean, familia bakoitzari abisatu zioten mugara data jakin batean hurbil zitezen, baina ez zitezela bi senide baino gehiago joan jasotzera; hori zen jarraitu beharreko bidea. Guri, gure aita Juan eta Beatriz lehengusina etorri zitzaizkigun. Irundik Donostiara joan ginen eta etxera, Muxikara, gauez iritsi ginen"* (Elkarrizketa: Mª Rosa Lopategui, 2025-II-23 eta 26).

Mª Rosaren ildo beretik ageri da Teresa Naberán: *"Donostian bizi zen Gelasio Aranbururen arreba bat arduratu zen gurasoekin lotura lanak egiteaz, seme-alabak hartzeko moduan ote zeuden jakiteko. (…) Muga zeharkatzeko eguna iritsi zen. Aita gure zain zegoen beste aldean; binaka pasatu ginen, ni nire neba Iñakirekin eta familia zain zeukan beste haurren batekin. (…) Aitak jaso gintuen, mugako tramiteak egin genituen eta autobusez joan ginen Donostiaraino. Han trena hartu genuen etxera itzultzeko, Ondarroara. Baina harritu egin gintuen ama ez etortzeak. Ama kartzelan zegoen"* (Deusto-Ondare Bizia, elkarrizketa: Teresa Naberán, 2012-V-19).

Jatsu utzi zuten azkenak Zudupe hiru ahizpak eta Elguezabal bi neba-arrebak izan ziren. Bost haur horiek Frantziako lurraldean geratu ziren.

Elguezabaltarrak ez aberriratzeko arrazoia umezurtzak izatea izan zitekeen —Eusko Jaurlaritzaren osasun-fitxan (1937-VI-16) adierazten da ama hilda zegoela eta aita

Comandancia no les negarían el permiso. Una vez que los veamos o que por las personas que pasan, sepamos que están allí, atraviesan los niños el puente acompañados por Maritxu y en la barrera española son entregados a sus padres sin ninguna formalidad. Después mi hermana se encarga de hacer firmar el documento y de enviárnoslo por contrabando. Propongo que les acompañe Maritxu porque es menos peligroso. Ella puede pasar por francesa y en todo caso no llama tanto la atención. Además, no es la primera vez que lo hace"* (AHE, Id. 3363773: 27-IV-1939).

Por su parte, Mª Rosa Lopategui manifiesta también que *"cuando llegó la hora de volver a casa, avisaron a cada familia para que se acercaran a la frontera en una fecha determinada, pero que no fueran a recogerles más de dos familiares; esa era la pauta a seguir. A nosotras, nos esperaron nuestro padre Juan y la prima Beatriz. De Irun fuimos a Donostia y llegamos a casa, a Muxika, de noche"* (Entrevista: Mª Rosa Lopategui, 23 y 26-II-2025).

En la misma línea que Mª Rosa se manifiesta Teresa Naberán: *"una hermana de Gelasio Aranburu que residía en Donosita fue la encargada de hacer labores de enlace con los padres, para averiguar si estaban en condiciones de recibir a sus hijos. (…) Llegó el día para cruzar la frontera. Aita nos estaba esperando al otro lado; pasamos de dos en dos, yo con mi hermano Iñaki y algún otro niño al que también esperaba la familia. (…) Aita nos recogió, hicimos los tramites de la frontera y, fuimos en autobús hasta Donostia. Aquí cogimos el tren para volver a casa, a Ondarroa. Pero nos extrañó que no viniera ama. Ama estaba en la cárcel"* (Deusto-Ondare Bizia, entrevista: Teresa Naberán, 19-V-2012).

Los últimos en abandonar Jatsu fueron las tres hermanas Zudupe y los dos hermanos Elguezabal. Estos cinco niños quedaron en territorio francés.

La razón por la que los Elguezabal no fueron repatriadas posiblemente fue por ser huérfanos —en la ficha sanitaria del Gobierno

"canceroso" dela, hots, minbizia duela—, eta ez zeukatela inor haien ardura hartzeko mugaren beste aldean. Edurne Elguezabalek dio: *"Gure aitatxuk (...) minbizia zuen eta gaizki zegoen. Ez genuen berriro ikusi, Gironan hil zen"* (ALAA, lekukotasuna: Mª Carmen Elguezabal).

Zudupe hiru ahizpek, berriz, Parisen zituzten gurasoak, eta ez dakigu zergatik egon ziren denbora gehiago kolonian.

1939ko ekainaren hasieran oraindik bost haur horiek —Elguezabal neba-arrebak eta Zudupe hiru ahizpak— kolonian jarraitzen zuten. Jesús Mª Leizaolari bidalitako gutun batean honako hau dio Manuel de Ynchaustik: *"Zudupe hiru neskatoak eta Elguezabal bi neba-arrebak eraman nituen Don Gelasio Aramburu eta Maritxu Barriola eta Lupe Urkiolarekin, Fred Snite-rentzako euskal koloreak zituen lore sorta bat zeramatela, Euzkadiko haurren eta jazarritako euskaldunen izenean, bost haur horiek sinatutako mezu batekin"* (EAH, Id. 3363773: 1939-VI-3).

1938ko uztailaren 11ko *Euzko Deya* egunkariak Fred Snite herritar estatubatuarrak —polioak jota eta lepotik behera paralizatuta, 19 urtez bizi izan zen metalezko kutxa baten barruan— Lourdesera egindako bisitaren berri ematen du eta Jatsu koloniako 5 haurrek lore sorta eman ziotela ere kontatzen du.

Manuel de Ynchaustik Elguezabal eta Zudupe familien egoera konpondu nahi izan zuen, Frantziatik New Yorkera joan aurretik. Edurne Elguezabal bere familiarekin Estatu Batuetara eramatea ere pentsatu zuen: *"Arratsalde batean, Bayonan bizi nintzela, Doña Ana Belén eta Don Manuel etorri ziren, eta galdetu zioten nire arreba Maryri (g. b) AEBetara joan nintekeen beraiekin, beraiek joatekoak baitziren, nirekin kontsultatu zuten eta "ez" esan nien, ez nuen banaketa gehiagorik nahi, baina nire esker ona beti nire barruan dago (...)"* (ALAA, lekukotasuna: Mª Carmen Elguezabal).

Vasco (16-VI-1937) se indica que la madre había fallecido y su padre es "canceroso"— y no tenían a nadie que se responsabilizara de ellos al otro lado de la frontera. Edurne Elguezabal dice: *"nuestro aitatxu (...) ya estaba operado de cáncer y estaba mal. No volvimos a verlo, murió en Gerona".* (AALA, testimonio: Mª Carmen Elguezabal).

Por su parte, las tres hermanas Zudupe tenían a sus padres en París, y no se conocen las razones por las que permanecieron más tiempo en la colonia.

Todavía a principios de junio de 1939 estos cinco niños —los dos hermanos Elguezabal y las tres hermanas Zudupe— permanecían en la colonia. En una carta enviada por Manuel de Ynchausti a Jesús Mª Leizaola, le dice que *"llevé a las tres niñas de Zudupe y los dos hermanos Elguezabal con Don Gelasio Aramburu y Maritxu Barriola y Lupe Urkiola, con un ramo de flores con los colores vascos para Fred Snite, en nombre de los niños de Euzkadi y de los vascos perseguidos, con un mensaje firmado por estos cinco niños"* (AHE, Id. 3363773: 3-VI-1939).

El periódico *Euzko Deya* del 11 de julio de 1938 se hace eco de la visita a Lourdes del ciudadano estadounidense Fred Snite —enfermo de polio y paralizado de cuello para abajo, vivió 19 años en el seno de una caja metálica— y de la entrega del ramo de flores por parte de los 5 niños de la colonia de Jatsu.

Manuel de Ynchausti quiso resolver la situación de los Elguezabal y las Zudupe, antes de abandonar Francia para dirigirse a New York. Incluso se plantea llevar a Edurne Elguezabal con su familia a Estados Unidos: *"Al tiempo de vivir en Bayona una tarde vinieron Doña Ana Belén y Don Manuel, le dijeron a mi hermana Mary (g. b.) si yo podría ir con ellos a U.S.A. pues ellos se iban, consultaron conmigo y les dije "no", no quería más separaciones, pero mi agradecimiento siempre lo tengo dentro de mi (...)"* (AALA, testimonio: Mª Carmen Elguezabal).

Eußko Deya

LA VOZ DE EUZKADI — LA VOIX DES BASQUES

Stultorum infinitus est numerus.
ECCLESIASTES, I - 15

...EE — NUMERO 184 | DIMANCHE 11 JUIN 1939 | REDACTION ET ADMINISTRATION : PARIS, 11, Avenue Marceau (16e). — Tél. KLEBer 75-63. | LE NUMERO : 50 CENTIMES

A LOURDES

Un hommage des enfants basques à M. Fred Snite

Fred Snite, dont le corps est enfermé dans un poumon d'acier, dans une ambu-ce, prie la Vierge de Lourdes, dont il voit l'image sur le miroir rétroviseur placé devant ses yeux.

Entouré de la sympathie de tous les ca-liques du monde, M. Fred Snite a effec-tué un voyage des Etats-Unis à Lour-... Nous n'avons pas besoin de rappeler ...il s'agit du pieux américain qui — par ... d'une paralysie infantile contractée ...Chine où l'avait poussé son intérêt ...r les Missions — vit depuis quatre ...s dans un poumon d'acier et dans ces ...constances a réalisé son voyage trans-...antique et est arrivé dans la ville de la ...rge miraculeuse.

...M. Fred Snite a reçu là une sympathi-...visite : celle d'enfants basques de la ...nie de Yatxou qu'entretient M. Inusti, ...également citoyen de l'Amérique ...Nord. Quatre petites filles et un petit ...çon de cette colonie, accompagnés du ...tre basque M. Gelasio Aramburu et ...institutrices Maritxu Barriola et Lu-...Urkiola, tous en uniforme de la colo-...se sont présentés à Lourdes.

...portaient une gerbe de fleurs aux ...leurs basques et un message signé des ...q enfants sous une belle couverture, ...vre de l'artiste basque « Txiki » qui ...résente un malade et des enfants bas-...s priant pour lui devant la grotte de ...urdes.

...famille Snite, ayant appris par un ...tre américain le dessein des enfants, ...éda généreusement à ce qu'ils fussent ...rs Zudupe lui remit la gerbe de fleurs ...le message qui s'exprime ainsi :

Lourdes, 31 mai 1939.

M. Fred Snite,

Monsieur,

Par Son Excellence Mgr. Mathieu, ...que de Dax, qui vous a donné sa béné-...ction il y a quelques jours à Lourdes, ...avons appris comment vous êtes ve-...de votre lointain pays, donnant au

monde l'exemple de votre Foi et de votre généreuse acceptation de la volonté de Dieu. Nous nous imaginons combien vous devez souffrir.

« Après avoir consulté Mgr. Mathieu, qui est président d'un des Comités de la "Ligue Internationale des Amis des Bas-ques" et un véritable père pour les Bas-ques réfugiés en France, nous n'avons pas hésité à venir à Lourdes pour vous présenter nos respects.

« Et en même temps, nous, enfants du Pays Basque, au nom de tous les enfants d'Euzkadi, et de tous les Basques qui souffrent la persécution et se trouvent dans le plus grand malheur, nous demandons à votre amabilité de bien vouloir accepter ces fleurs que nous avons assemblées pour vous les offrir humblement, avec l'expression de notre sincère sympathie et admiration.

« Egalement, dans la communauté de nos souffrances, nous joignons nos prières aux vôtres pour prier le Tout-Puissant pour votre santé. Comme bienfaiteur couvre amplement nos besoins, il ne nous est permis de recevoir aucun don ni autre sorte de présents, et c'est pourquoi nous vous demandons seulement en échan-ge de vous souvenir dans vos prières du catholique peuple basque, aujourd'hui dans le malheur, afin qu'il puisse participer aux bénédictions que Dieu Notre Seigneur répandra sans aucun doute sur vous.

« Nous, soussignés, appartenons à la Colonie des enfants basques sous le nom et le patronage de Notre-Dame-de-Lour-des, entretenue par M. Inchausti, citoyen des EE. UU. Cette coïncidence nous a poussé encore davantage à nous rappro-cher de vous.

« Avec nos meilleurs désirs pour votre

prompte amélioration, nous restons très respectueusement vôtres,

Zudupe'tar Arantxa, Itziar et Edur-netxo, Elgezababal'dar Mari Carmen et Xabier.

Fred Snite demanda que les cinq enfants passent devant le miroir qui lui permet de voir ses interlocuteurs : il les regarda un à un et ému et souriant les remercia pour leur pieuse attention.

Le père du malade prit une photographie des enfants, des institutrices et de l'aumônier, se montrant très reconnais-sant à tous. Plus tard, Mr. Snite les vit à nouveau sur l'esplanade de la Basilique et les fit poser à nouveau pour les photographier.

Les enfants basques ne cachaient pas l'émotion d'avoir été les témoins d'un cas aussi extraordinaire que celui du pieux Fred Snite qui accepte sa disgrâce avec une résignation vraiment exemplaire.

...VRAI ?

...allemande ...zkadi

...battants allemands, des ...trebande allemande...

...llemand, ...ant 36 morts et 650 ...Par suite de quelques bombes ...rent pas, on vérifia qu'elles ...e fabrication allemande, et en ...s inscriptions indicatrices du ...et de charge explosive étaient écri-...llemand. Ces bombardements fu-...ffectué par les aviateurs allemands ...ent de la base de Vitoria, où l'Etat-...ajor logeait alors 18 pilotes alle-...L'un d'eux périt à Vitoria dans ...dent d'aviation et sa dépouille fut ...dans un trimoteur allemand à ...de Cadix pour y être embarquée à ...tion de l'Allemagne.

...octobre 1936, se disposaient à ...er à Las Arenas sur le contre-...é britannique Exmouth, à desti-...de St. Jean de Luz, en mission di-...que, les consuls : de Suisse, de ...ique, d'Angleterre, de République Ar-...et d'Autriche, et ce dernier, ancien ...Autriche-Hongrie durant la ...Guerre et chef de l'espionnage des ...Centraux dans le Nord de l'Es-...était en outre chargé des affaires ...gne en République et en Allemagne ...e civile. La Direction Générale de ...té d'Euzkadi était au courant de ...mage qui était réalisé ; on invita ...euls à ouvrir leurs valises ; tous y ...rent, aimablement, sauf M. William ...gg, consul d'Autriche et chargé ...s d'Allemagne.

...s valise, ouverte devant les au-...on trouva de nombreux docu-...Murga, expliquant avec tous les ...la construction des ouvrages de ...« ceinturon de Bilbao » ; les ...où l'on fabriquait des munitions ...rie ; les usines consacrées au ...cartouchage et au détriment de poudre employée ; la recom-...au commandement franquiste...

EN ANGLETERRE

Les enfants basques rendent visite aux enfants allemands

« Nous sommes tous frères ; toutes les guerres sont des guerres civiles »

Les enfants basques rendent visite aux enfants allemands réfugiés en Angleterre et se confondent avec eux en un groupe fraternel.

En contraste marqué avec la destruction et les douleurs qui brisent aujourd'hui le cœur du monde, l'événement qui se déroula il y a quelques semaines à Bilbao depuis le début de la colonie Costwold Bruderhof ressembla à une brise de l'autre colonie reçurent la visite d'une vingtaine d'enfants basques, victimes de la guerre d'Espagne.

Le Costwold Bruderhof, ou a lieu de frères, est une ferme mise à Ashton Keynes, Wiltshire, dans laquelle une quarantaine de familles et un certain nombre d'hommes et de femmes vivent dans une pauvreté volontaire, partageant toutes les choses en commun sur la base des enseignements du Christ dans le Sermon de la Montagne.

Cette vie avait commencé en Allemagne en 1920 et en Angleterre en mars 1936, sous forme de petite communauté. En avril 1937, quand l'institution Bruderhof fut dissoute par la police d'Etat en Allemagne et l'institution n'était pas aimée parce qu'elle prêchait la paix et la communauté des biens sur des bases chrétiennes, les membres restants vinrent en Angleterre, et plus tard, les membres d'une association des Alpes, filiale de la Bruderhof, s'unirent à eux.

Les enfants basques et leurs institu-...

...voir, la centrale électrique, l'hôpital, la pouponnière, le jardin d'enfants et l'école. Ensuite, tous se réunirent sur une pelouse devant l'édifice principal où les enfants basques, vêtus de leurs costumes typiques, dansèrent avec une grande agilité et grâce leurs danses populaires, accompagnés par la musique du txistu et du tambourin, joués simultanément par un des enfants bas-...

Ensuite, tous les enfants Basques, Allemands, Français, Hollandais et Anglais, quelques-uns bras-dessus, bras-dessous, revinrent à la salle à manger pour prendre le thé. Aucun des enfants basques ne savait l'allemand et aucun de ceux de Bruderhof ne savait le basque ni l'espagnol, mais le sincère désir de chacun de rechercher l'amitié des autres et quelques paroles en anglais que tous connaissent les aidèrent à se comprendre. Ils se montraient avec une grande affection leurs chansons et applaudissaient les efforts des novices. Sur leurs visages éclatait la joie, même chez les enfants basques, comme si, un instant, ils avaient oublié la tragédie qui avait défait leurs foyers et leurs familles. De même que ceux de Bruderhof, dont les membres ont également perdu tout ce qu'ils avaient, ces pauvres enfants ont souffert et ont été des victimes innocentes des horreurs de la guerre actuelle.

Y a-t-il moyen d'éviter cela ? Les habitants de Bruderhof croient que oui, mais ce n'est ni facile, ni aisé. Il faut une vie exempte d'égoïsmes, qui exprime l'amour envers tout dans chaque action de la vie quotidienne, acceptant les souffrances que cela nous oblige à porter pour oublier la tragédie. Comme Eric Gill l'écrit dans « The Plough », le magazine mensuel publié par le Costwold Bruderhof, « nous sommes tous les enfants d'un Père, et en tant qu'enfants, nous sommes frères. Toutes les guerres sont des guerres civiles. »

Londres. E. C. H. ARNOLD

...allemande du Costwold Bruderhof ; derrière et dans ...ts basques qui leur ont rendu visite.

JATSUKO KOLONIA: LURDES EUZKO AUR-ETXEA / LA COLONIA DE JATSU: LURDES EUZKO AUR-ETXEA.

Azkenean lortu zuen Xabier Elguezabal Uztaritzeko seminarioan onartua izatea, bere gastuak ordainduta. Gelasiok honako hau jakinarazi zion: *"Xabier Elguezabal Seminarioan dago jada. (...) Nagusia kexatu zait frantsesez hitz bat bera ere ez dakielako, eta aditzera eman dit hori jakin izan balu ez ziola harrera egingo. Nik uste dut moldatuko dela"* (EAH, Id. 3363773: 1939-X-27). Ez dago daturik bere arreba Edurneren egoerari buruz, baina, beharbada Baionan geratu zen Mary ahizparekin.

Zudupe ahizpak, hirurak, Parisera itzuli ziren, gurasoak han baitzeuden. Manuel de Ynchaustik egindako gestioen ondoren, bi ahizpa, Itziar eta Edurne, 1939ko uztailaren 15ean sartu ziren Saint Paul de Chartresko Mojek Soisy-sous-Montmerencyn, Paristik gertu, zuten L'Oaisis ikastetxean, gurasoek erraz bisitatu zitzaten. Gainera, Ynchaustik Luis Zuduperi jakinarazi zionez, *"Mojen Ama Nagusiari idatzi nion, nire telegrama berretsiz, eta zehaztuz nola jasoko duten haiek hilero, eta aldez aurretik, bi nesken pentsioa"* (EAH, Id. 3365366: 1939-VII-17). Beste alaba, Arantzazu, etxean geratu zen gurasoekin.

Aberriratzeen gaia konponduta, 1939ko abuztuaren 5ean, Manuel de Ynchausti, bere emaztea eta adin txikiko lau seme-alabak Cherbourgen ontziratu ziren *Empress of Britain* itsasontzian. Abuztuaren 10ean iritsi ziren Quebecera, eta han egon ziren zenbait egunez, abuztuaren 18an New Yorkera iritsi aurretik.

Aberriratzeen ondoren, hutsik geratu zenez, Eresoinkako dantzari batzuk hartu zituen koloniak, eta bertan egon ziren 1939ko Gabonak arte. Bestalde, Manuel de Ynchaustik, New Yorketik erbesteratu zenetik, Uztaritzeko bere etxea, Ynchausti-Baita, eskaini zion Mateo Múgica gotzainari, eta hura 1940ko otsailetik abuztura bitartean bizi izan zen etxe hartan (Larronde 1998: 90).

Finalmente consigue que Xabier Elguezabal sea admitido en el Seminario de Uztaritze, pagando sus gastos. Gelasio le comunica: *"Ya está Xabier Elguezabal en el Seminario. (...) El Superior se me ha quejado de que no sabe ni una palabra en francés y me ha dado a entender que si hubiera sabido eso, no le hubiera recibido. Yo creo que se las arreglará"* (AHE, Id. 3363773: 27-X-1939). No hay datos sobre la situación de su hermana Edurne, pero probablemente se quedó en Baiona junto a su hermana Mary.

Las tres hermanas Zudupe volverán a Paris, donde estaban sus padres. Tras las gestiones realizadas por Manuel de Ynchausti, dos de las hermanas, Itziar y Edurne, ingresarán el 15 de julio de 1939 en el colegio L'Oaisis que las Religiosas de Saint Paul de Chartres tienen en Soisy-sous-Montmerency, cerca de París, para que los padres las puedan visitar con facilidad. Además, Ynchausti le comunica a Luis Zudupe que *"escribí a la superiora, confirmando mi telegrama, y concretando la forma en que ellas recibirán mensualmente, y por anticipación, la pensión de las dos chicas"* (AHE, Id. 3365366: 17-VII-1939). La otra hija, Arantzazu, quedó en casa con sus padres.

Una vez resuelto el tema de las repatriaciones, el 5 de agosto de 1939, Manuel de Ynchausti, su esposa y sus cuatro hijos de corta edad embarcaron en Cherburgo a bordo del barco *Empress of Britain*. Llegaron a Quebec el 10 de agosto, donde permanecieron durante algunos días antes de arribar a New York, el 18 de agosto.

Tras las repatriaciones, al quedar vacía, la colonia acogerá a algunos dantzaris de Eresoinka que permanecerán aquí hasta las navidades de 1939. Por otra parte, Manuel de Ynchausti, desde su exilio de New York, ofrece su casa Intxausti-Baita de Uztaritze, al obispo Mateo Múgica que reside aquí entre febrero y agosto de 1940 (Larronde 1998: 90).

KOMUNIKAZIO EPISTOLARRA ABERRIRATZEEN ONDOREN

Aberriratzeen ondoren, ez zen eten haurren eta koloniaren arteko komunikazioa. Hasieran, haurrek gutunak idatzi zizkioten Gelasio Arambururi, eta hark Manuel de Ynchaustiri, zeina New Yorken bizi zen, informazioa emateaz arduratzen zen.

Haurrek eta haien familiek gehien adierazten zutena beren *"ongileenganako"* eta arreta eman zieten langileenganako esker ona zen. Behin eta berriz errepikatzen zen sentimendua esker ona zen. Gogoan dute haietaz arduratu eta zaindu zituzten pertsonen eskuzabaltasuna.

New Yorkera bidalitako gutunean, honako hau jakinarazi zion Gelasio Aramburuk Manuel de Ynchaustiri: *"Koloniako haur guztiek maiztasun handiz idazten didate. Ia egunero izaten dut haietako baten gutuna. Denak ondo daude. Zure helbidea eskatzen didate batzuek. Badakit idatzi egin dizutela eta erantzunaren zain daudela, berantetsita. Horien artean Iñaki Naberán, ilusioz espero baitu erantzuna. Uste dut erantzun behar zeniekeela. Bi hitz besterik ez bada ere, poz handia emango baitie. Ikusten da denak oso plan finean daudela.*

Andoniren familiak idatzi dit esanez oso pozik daudela hartaz, bere portaera onagatik. Oso eskertuta daude zuk aginduta bidali zieten txistuagatik. Asko jotzen duela dirudi, eta oso estimatua da.

Patxiri buruz ere esaten dit asko eta ondo jotzen duela.

Lopategui ahizpak, batez ere Mª Rosa, asko ikasten. Berantetsita daude zure erantzunaren zain. (…) Idatzi gabe jarraitzen duen bakarra Pedrito da.

Eguinotarrek esaten didate Iñakik ´buru gogorra´ duenez, Maristetara bidaltzen dutela, ´itsulapikoan sartu zutenarekin´ ordainduz. Esker onez beteriko esaldiak idazten dituzte eta euren otoitzetan zuen alde eskatzen dutela diote" (EAH, Id. 3363773: 1940-III-8).

LA COMUNICACIÓN EPISTOLAR TRAS LAS REPATRIACIONES

Tras las repatriaciones, no quedó interrumpida la comunicación entre los niños y la colonia. En un primer momento los niños escribieron cartas a Gelasio Aramburu y este se encargaba de informar a Manuel de Ynchausti, que ya residía en New York.

Lo que más expresaban los niños y sus familias era la gratitud hacia sus *"bienhechores"* y el personal que les atendió. El sentimiento que se repetía una y otra vez era gratitud. Recuerdan la generosidad de las personas que se ocuparon de ellos y les cuidaron.

En carta enviada a New York, Gelasio Aramburu le informa a Manuel de Ynchausti que *"todos los niños de la Colonia me escriben con mucha frecuencia. Casi todos los días tengo carta de alguno de ellos. Todos están bien. Algunos me piden las señas de Vd. y ya sé que le han escrito y esperan con impaciencia la contestación. Entre ellos Iñaki Naberán, espera con ilusión la respuesta. Creo que debería Vd. contestarles aunque sea dos palabras, porque les dará mucha alegría. Se ve que todos están en plan muy fino.*

La familia de Andoni me escribe diciendo que están muy contentos de él por su buen comportamiento. Están muy agradecidos por el "txistu" que se le envió por orden de Vd. Parece que toca mucho y es muy solicitado.

De Patxi también me dice que toca mucho y bien.

Las Lopateguis, sobre todo Mª Rosa, estudiando mucho. Esperan con impaciencia su contestación. (…) El único que sigue sin escribir es Pedrito.

Los Eguino me dicen que en vista de que Iñaki tiene la ´burua gogorra´ le envía a los Maristas, pagando con lo que ´metieron en la hucha´. Escriben frases llenas de agradecimiento y aseguran que piden en sus oraciones por Vds." (AHE, Id. 3363773: 8-III-1940).

New Yorkeko etxearen helbidea jakin ondoren, haurrek eta haien familiek zuzenean bidali zizkioten gutunak Manuel de Ynchaustiri. Adibide bat, Andoni Lecumberrik, *"Koloniako txistulariak"*, bidalitako argazkia eta testua dira (EAH, Id. 3363775).

Una vez conocida la dirección del domicilio en New York, los niños y sus familias enviaron sus cartas directamente a Manuel de Ynchausti. Un ejemplo, es la fotografía y el texto enviados por Andoni Lecumberri, *"el txistulari de la Colonia"* (AHE, Id. 3363775).

Andoni Lecumberri "koloniako txistularia" (EAH, Id. 3363775).
Andoni Lecumberri, "el txistulari de la colonia" (AHE, Id. 3363775).

Beste adibide bat Santa Lauciricak, Lopategui ahizpen amak, bidalitako eskutitz hau da (EAH, Id. 3363775: 1949-III-10).

Otro ejemplo, es esta otra carta enviada por Santa Laucirica, madre de las hermanas Lopategui (AHE, Id. 3363775: 10-III-1949).

Mungia 10 de Marzo de 1940

Sr. Dn. Manuel Inchausti

Muy señor mio. hace unos dias recibimos carta de su señora en la cual lemos que estan bien. nos alegramos mucho nosotros tanbien todos bien a D G

La presente sirbe para decirle que estamos muy agradecidisimos por todo lo que nos a echo Dios solo sale la caridad que a echo con nosotros y le damos un sin numero de gracias. nose con que pagaremos si algun dia se le ofrece algo que podemos hacer aqui estamos

toda la familia para serbirle con mucho gusto mis deseos es de dar las gracias en persona lo mismo que a Ud a su señora las pobres niñas cuanto se acuerdan de la vida que icieron en su casa en nuestra casa no pasa una comida sin hablar algo por Uds al recibir alguna carta de Dn Belasio o de Ud, ode andereños se ponen mas contentas, como si toaria el gordo de nabida en los primeros dias que llegaron a casa estaban muy tristes se acordaban mucho de Uds y siguen asi.

Tanbien le boy a decir que siguen estudiando como estudiaban ahi

Frances taquigrafia mecanografia y piano Mª Rosa el Ingles tambien tambien quieren estudiar otras cosas pero es imposible para hacer lo que estamos haciendo tambien tenemos que sacrificar mucho porque son muchos hermanitos son y para verfanita mas que tenemos a quien a que dado sin nadie en Guernica que son 9 parece una kolonia nuestra casa

Sin mas me despido con muchos recuerdos de parte de toda la familia para toda su familia y Ud recibe un cariñoso saludo de su servidora Santa Lanciriza

Ya me perdonara porque no le escribo bien es porque nose

Aberriratu zituztenetik urte batzuk pasatuta ere, Gelasio Aramburuk koloniako haurren hainbat familia bisitatu zituen: *"Hiru egun eman ditut María Rosa Lopateguiren etxean eta gogobeteta etorri naiz familia hartatik. (…) Koloniako beste haur batzuk ere bisitatu nituen"* (EAH, Id. 3363773: 1948-VIII-3).

Incluso pasados varios años desde que fueron repatriados, Gelasio Aramburu visitó a varias familias de los niños de la colonia: *"He pasado tres días en casa de María Rosa Lopategui y he venido entusiasmado de aquella familia. (…) Visité también a otros niños de la colonia"* (AHE, Id. 3363773: 3-VIII-1948).

HAURREN TOPAKETAK JATSUN ETA UZTARITZEN

Aberriratu eta hamahiru urtera, 1952ko uztailean, haur haiek, jada helduak, lehen bidaia bat egin zuten Jatsu eta Uztaritzera. Pedro Gallasteguik gogoratzen duenez, *"1952ko uztailean Uztaritzera egin genuen lehen bidaian gogoratzen naiz Ana Belén Larraurik ikusi ninduenean esan zidala, zu zara Pedrito, ezin dut sinetsi, nire bizitza osoan ez baitut zu bezain haur errukitsurik ikusi, eskeleto bat egina bezala zeunden gangrenatzeko zorian zegoen muinoi batekin. Anekdota ahaztezina da xehetasun hori"* (PGA, lekukotasuna: Pedro Gallastegui).

ENCUENTROS DE LOS NIÑOS EN JATSU Y UZTARITZE

Trece años después de ser repatriados, en julio de 1952 aquellos niños y niñas, ya adultos, hicieron un primer viaje a Jatsu y Uztaritze. Pedro Gallastegui, recuerda que *"en el primer viaje que hicimos a Uztaritz en julio de 1952 me acuerdo que cuando Ana Belén Larrauri me vio me dijo, tú eres Pedrito no puedo creer, pues en mi vida he visto un niño tan misericordioso como tú, que estaba esquelético con un muñón a punto de cangrena. Es una anécdota imborrable este detalle"* (APG, testimonio: Pedro Gallastegui).

Talde argazkia. 1952ko uztaila (IBA). / Fotografía de grupo. Julio de 1952 (AIB).

Jatsura joateko erabili zuten autobusaren aurrean. 1952ko uztaila (IBA).

Autobús en el que viajaron a Jatsu. Julio de 1952 (AIB).

Manuel de Ynchausti eta Ana Belén Larrauri Jatsuko "haurrekin". 1952ko uztaila (IBA).
Manuel de Ynchausti y Ana Belén Larrauri junto con "los niños y las niñas" de Jatsu. Julio de 1952 (AIB).

Luisa eta María Juanbeltz. 1952ko uztaila (LJA).
Luisa y María Juanbeltz. Julio de 1952 (ALJ).

Koloniaren sarrerako atean egindako argazkia. 1952ko uztaila (IBA).

Fotografía realizada en la puerta de entrada de la colonia. Julio de 1952 (AIB).

Elixabete eta Arantza Goicoechea ahizpak, Alex Mendibil lehengusuarekin batera. 1952ko uztaila (IBA).

Las hermanas Elixabete y Arantza Goicoechea, junto con su primo Alex Mendibil. Julio de 1952 (AIB).

Jatsuko lau "neskato" berriz elkartuta 1952ko uztailean (IBA).

Reencuentro de cuatro "niñas" de Jatsu en julio de 1952 (AIB).

Edmond Goyheneche, Jatsuko kolonia artatu zuen Uztaritzeko medikua, Bigarren Mundu Gerran, uniformearekin (GFA).

Edmond Goyheneche, médico de Uztaritze que atendió a la colonia de Jatsu, fotografiado con el uniforme durante la Segunda Guerra Mundial (AFG).

Pedro Gallasteguiren testigantzari kasu eginez, 1952ko uztaileko lehen topaketa horretan, Edmond Goyheneche Uztaritzeko medikua eta koloniako haurrak artatu zituena ere omendu zuten: *"Goyheneche doktorearen omenaldira joan ginenean 1952ko uztailean..."* (APG, testigantza: Pedro Gallastegui).

Atendiendo al testimonio de Pedro Gallastegui, en ese primer encuentro de julio de 1952 también se homenajeó a Edmond Goyheneche, médico de Uztaritze que atendió a los niños de la colonia: *"Cuando fuimos al homenaje del Doctor Goyheneche en julio de 1952..."* (APG, testimonio: Pedro Gallastegui).

Ondoren, kolonia utzi zutenetik 40 urte bete zirela-eta, bi eguneko topaketa antolatu zuten 1979ko martxoaren 17an eta 18an, berriz ere Jatsun elkartzeko. Topaketa horren harira, Maritxu Barriolak —antolatzailea— informazio-ohar bat bidali zion Ana Belén Larrauriri —Manuel de Ynchaustiren alarguna zen orduan—, esanez *"Jatsuko taldearen bilerarako prestaketak haize alde doazela.*

Denok ilusio handiz, 40 urte eta gero, egun haiek gogoratuz eta gure esker ona erakutsiz elkarrekin egun batzuk igarotzeko.

Zuk ordezkatuko duzu Don Manuel (g. b) baina espero dugu zure seme-alabak festatxoan eta Belloc, Hazparren eta abarretako ekitaldi gehiagotan egotea.

Pertsonalki joango naiz zu ikustera behin dena zehaztutakoan" (MYA, testigantza: Maritxu Barriola, 1979-II-10).

Hau izan zen ekitaldien egitaraua:

* Martxoak 17:
- 09:30: guztion topaketa Donostian, autobusa hartzen den Amarako geltokiaren aurrean.
- Eguerdian: hildakoen omenezko meza Beloken.
- Meza ostean: bazkaria
- Bazkalostean: Mathieu gotzainaren hilobira bisita, Hazparneko hilerrian.
- Afaria Uztaritzen.
- Afalostean: euskal jaia.

* Martxoak 18
- Eguartean: Meza Jatsun.
- Meza ostean: Lurdes Euzko Aur-Etxea kolonia egon zen ingurura bisita.
- Bazkaria Uztaritzen.
- Bazkalostean: Donostiara itzulera.

Posteriormente, con motivo de cumplirse 40 años de haber abandonado la colonia, organizaron un encuentro de dos días, los días 17 y 18 de marzo de 1979, para volver a reunirse en Jatsu. Con motivo de este encuentro Maritxu Barriola, —encargada de la organización— le envió una nota informativa a Ana Belén Larrauri —entonces viuda de Manuel de Ynchausti— comunicándole que *"los preparativos para reunión del grupo de Jatxou van viento en popa.*

Todos con muchísima ilusión para después de 40 años pasar unos días juntos recordando aquellos días y demostrándoos nuestro agradecimiento.

Tú le representarás a Don Manuel (g. b.) pero esperamos que tus hijos estén en la fiestecita y más actos de Belloc, Hasparren,   etc.

Iré personalmente a verte una vez todo puntualizado" (AMY, testimonio: Maritxu Barriola, 10-II-1979).

El programa de actos fue el siguiente:

*17 de marzo:
- 09:30: encuentro de todos en Donostia, frente a la estación de Amara donde se coge el autobús.
- Mediodía: misa en Belloc en memoria de los fallecidos.
- Tras la misa: comida
- Tras la comida: visita a la tumba del obispo Mathieu, en el cementerio de Hasparren.
- Cena en Uztaritze.
- Tras la cena: fiesta vasca.

* 18 de marzo
- A media mañana: Misa en Jatsu.
- Tras la misa: visita al entorno donde estuvo ubicada la colonia Lurdes Euzko Aur-Etxea.
- Comida en Uztaritze.
- Tras la comida: vuelta a Donostia.

Topaketa zela eta, diptiko bat inprimatu zuten euskaraz, ekitaldien egitaraua, koloniako haurren zerrenda, eskerrak eta pare bat bertso jasotzen zituena.

Haurren zerrendan, Patxi Juanbeltz eta Juantxo Olondo ageri dira hildako gisa.

Esker onetan lehen zutabe batean aipatzen ziren Manuel de Ynchausti eta bere familia, Goyheneche doktorea eta bere familia, Pablo Zabalo eta bere familia eta Ricardo Leizaola eta bere familia.

Beste zutabe batean, Maritxu, Lupe, Tere, Koruko, Azurza, Ixidro, Trifón, Zubizarreta, Nati, Juli, Julene eta Portugalete ahizpak aipatzen ziren.

Azkenik, hirugarren zutabe batean, zuzendariak aipatzen ziren: Clément Mathieu gotzaina, Don Gelasio, Aita Gabriel eta Don Iñaki.

Lehen topaketa horren ostean, ondorengo urteetan, bilera gehiago egin ziren.

Edurne Eguinok, 1992ko urriaren 22an Ana Belén Larrauriri bidalitako gutunean, *"bere haurren"* helbideak eman zizkion, eta bilera horietara joandakoen berri. Gehienak erregulartasunez joan ziren, hainbat arrazoirengatik joan ezin zirenen salbuespenak kenduta: osasun arazoak, lana… Venezuelan bizi ziren Elguezabal neba-arrebak eta Tere Naberán ere ezin izan ziren bertaratu, eta ez daki zein helbide duten (MYA, lekukotasuna: Edurne Eguino).

Ondorengo urteetan, urtero ez bazen ere, Jatsuko haurren topaketek jarraipena izan zuten. Azken topaketa 2013ko irailaren 28an egin zuten.

Con ocasión de este encuentro imprimieron un díptico en euskera donde se incluía el programa de actos, el listado de niños de la colonia, los agradecimientos y un par de versos.

En el listado de niños, aparecen como fallecidos Patxi Juanbeltz y Juantxo Olondo.

En los agradecimientos se citaba en una primera columna a Manuel de Ynchausti y su familia, al doctor Goyheneche y su familia, a Pablo Zabalo y su familia y a Ricardo Leizaola y su familia.

En otra columna se citaba a Maritxu, Lupe, Tere, Koruko, Azurza, Ixidro, Trifón, Zubizarreta, Nati, Juli, Julene y las hermanas Portugalete.

Finalmente, en una tercera columna se cita a los directores: al obispo Clément Mathieu, a Don Gelasio, Aita Gabriel y a Don Iñaki Azpiazu.

Tras este primer encuentro en años posteriores se fueron celebrando más reuniones.

Edurne Eguino, en carta enviada el 22 de octubre de 1992 a Ana Belén Larrauri, le proporciona las direcciones de *"sus niños"* y le informa sobre la asistencia a esas reuniones. La mayoría de ellos asisten con regularidad, salvo excepciones que no pueden acudir por diferentes motivos: problemas de salud, trabajo… Tampoco pueden asistir los hermanos Elguezabal, ni Tere Naberán que residían en Venezuela, y desconoce su dirección (AMY, testimonio: Edurne Eguino).

En años sucesivos, aunque no anualmente, continuaron los encuentros de los niños y niñas de Jatsu. El último de los encuentros lo celebraron el 28 de septiembre de 2013.

Urrutiko aurtzaroan Euzkadi sutan...

JATXOU...JATXOU zu gure gorde-leku

Goazen Jatxou´ra
txikitan lez
abestera
dantzatzera,
orduko aizez
gaztetzera...

1979'go epaillaren 17 ta 18'an

«LURDES» EUZKO AUR-ETXEKOAK

Gure ibil-aldia

Epaillaren 17'an, goizeko 9,30'tan, denok bilduko gera Donosti'ko Amara geltoki aurrean. Andik Autobusean aterako gera.

Eguardian, ildakoen alde Belloc'en Meza eta ondoren bazkaria. Andik Hasparren'era juango gera, Mathieu Gotzaiaren illobira.

Aparia Uztaritz'en izango degu. Apalondoan, euskal-pesta.

Epaillaren 18'an goiz erdian Jatxou'n erri-Meza. «Lurdes» etxe inguruak ikusi, aurtzaroa gogoratu... ta bazkaltzera Uztaritz'era... Arratsaldean, Donosti'ra etxera.

Zatoz JATXOU'ra
zure emazte-senar eta sendikoekin
alkartasun berri bat sortzera
«Lurdes» Etxe babesera.

1979ko martxoaren 17 eta 18ko topaketarako inprimatu zuten diptikoa (MYA). / Díptico impreso para el encuentro del 17 y 18 de marzo de 1979 (AMY).

EUZKADI

DEIA, martes, 20 de marzo de 1979

Cuarenta años después de haberse dispersado

Reencuentro de la colonia infantil vasca de Jatxou

Hace cuarenta años que tuvo que disolverse apresuradamente porque se acercaba la ocupación alemana, una colonia de niños vascos instalada en el pueblecito labortano de Jatxou gracias a la protección de don Manuel de Intxausti, abertzale vasco que no conoció el desmayo.

Con motivo de esta conmemoración, se desarrollaron el sábado y domingo pasado dos emotivas jornadas que reunieron en los lugares que entonces les dieron cobijo a les hombres y mujeres que fueron los niños refugiados de entonces.

El circuito Belloc-Hasparren-Ustaritz-Jatxou fue escenario de momentos agridulces llenos de recuerdos y agradecimiento que se unía a la emoción de volverse a ver por primera vez desde entonces.

Después de cuatro-decenios, los supervivientes de la colonia, junto con sus familiares, quisieron rendir un sencillo pero sincero homenaje a quienes habían hecho posible la colonia "Lurdes", de 1936 a 1939.

El sábado, en la abadía benedictina de Belloc, ofrecieron una misa por los difuntos y visitaron la tumba del

En la iglesia y el cementerio de Jatxou se recuerdan tiempos pasados

obispo Mathieu, protector de la colonia.

El domingo, tras una misa en Jatxou, donde fueron amablemente acogidos por el pueblo, los sacerdotes y el alcalde en funciones, visitaron en Ustaritz la tumba de don Manuel de Intxausti, cuya viuda y familiares habían colaborado en el mantenimiento de los niños refugiados.

La iniciativa de estas jornadas se debió a la incansable Maritxu Barriola, entonces monitora, a la que todos agradecieron su trabajo de entonces y de hoy.

Después de la comida, ella fue portavoz de unas palabras de homenaje a todos los que tuvieron alguna responsabilidad en la colonia vasca: patrocinadores, protectores, maestros, monitores y colaboradores.

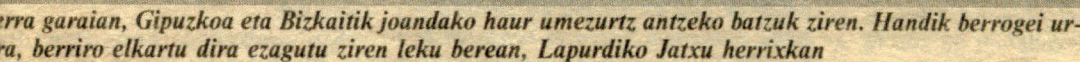

...erra garaian, Gipuzkoa eta Bizkaitik joandako haur umezurtz antzeko batzuk ziren. Handik berrogei urte..., berriro elkartu dira ezagutu ziren leku berean, Lapurdiko Jatxu herrixkan

...erratik ihesi, han aurkitu zuten babesa "Lurdes" haur-etxea eraikiz

Berrogei urte igaro ondoren elkartu dira berriz Lapurdiko Jatxu herrixkan

Orain berrogei urte ume ziren zen...it abertzale fin bildu ziren joan zen ...ebukaeran Lapurdiko Jatxu eta ...taritz herrietan. Espaiñako gerratik ...es egindako haur euskaldunak ziren ...Jatxuko herrixkan aurkitu zuten ...bes, bertan eraiki zen "Lurdes" ...ur-etxean. Garai latz haietan izan ...it zen haur haietaz arduratu zen ...ertzalerik.

Orain, berrogei urte igaro ondoren, berriz elkar ikusteko eta leku berean ezin ahaztu diren une gazi-gezak berritzeko aukera izan dute. Hainbeste urtetan banaturik ibili eta gero, bizitza oso bat tartean geratzen delarik, Maritxu Barriola anderearen eraginez bildu dira, elkar berrikusi eta abertzaletasuna indartzeko asmoz.

Benetan gozoa, pasa duten egun parea. Bellokeko meza, Hazparrengo Mathieu gotzaiaren hobian otoitza,

Ustaritzeko kanposantuan Manuel Intxaustiren aldeko oroimena eta Jatxun egindako jai gozoak poz pozik utzi zuten gure jendea.

Berrogei urte baino lehen berriz ere biltzeko asmotan etxeratu ziren denak igande gauean.

Ana Belén Larrauri hil ondoren, Miren Ynchausti —bera ahizpa Arantzazuren laguntzarekin— zen anfitrioia eta Lurdes Euzko Aur-Etxeko haurrei bere etxean, Yntxausti-Baitan, harrera egiteaz arduratzen zena.

Una vez fallecida Ana Belén Larrauri, era Miren de Ynchausti, con la colaboración de su hermana Arantzazu, la anfitriona y la encargada de recibir a los niños y niñas de Lurdes Euzko Aur-Etxea en su casa Yntxausti-Baita.

1995eko topaketa. Ustaritzeko Yntxausti-Baita etxearen atarian egindako argazkia. Hemen bizi da gaur egun Miren de Ynchasuti bere seme-alabekin (IBA).

Encuentro del año 1995. Fotografía realizada ante la casa Yntxausti-Baita, donde reside Miren de Ynchausti con sus hijos (AIB).

Mª Rosa Lopateguik Brooklyndik (New YorK) 1993ko topaketaren harira bidalitako gutuna, ezin izango delako bertaratu (AAEA).

Carta enviada por Mª Rosa Lopategui desde Brooklyn (New YorK) con motivo del encuentro del año 1993, al que no puede asistir (AAAE).

Pedro Gallasteguik Edurne Eguinori bidalitako eskutitza, 1993ko topaketara ezin izango delako bertaratu (AAEA).

Carta enviada por Pedro Gallastegui a Edurne Eguino con motivo del encuentro del año 1993, al que no puede asistir (AAAE).

Jatsuko koloniako "haurrek" Manuel de Ynchausti eta Ana Belén Larrauriren hilobian jarri zuten plaka. Argazkia: Jon Urutxurtu.

Placa que los "niños y niñas" de la colonia de Jatsu colocaron en la tumba de Manuel de Ynchausti y Ana Belén Larrauri. Fotografía: Jon Urutxurtu.

Miren de Ynchausti, Karmele Lopategui, Edurne Eguino, Mª Carmen Elguezabal, Arantza Goicoechea, Teresa Naberán eta Arantza de Ynchausti Uztaritzeko elizaren sarreran (IAA).

Miren de Ynchausti, Karmele Lopategui, Edurne Eguino, Mª Carmen Elguezabal, Arantza Goicoechea, Teresa Naberán y Arantza de Ynchausti en la entrada de la iglesia de Uzteritze (AIA).

Jesús Mª Gárate, Mª Rosa Lopategui, Karmele Lopategui, Miren de Ynchausti, Arantza Goicoechea eta Ana Belén Lopategui, Manuel de Ynchausti eta Ana Belén Larrauriren hilobiaren aurrean (IAA).

Jesús Mª Gárate, Mª Rosa Lopategui, Karmele Lopategui, Miren de Ynchausti, Arantza Goicoechea y Ana Belén Lopategui, ante la tumba de Manuel de Ynchausti y Ana Belén Larrauri (AIA).

Lurdes Euzko Aur-Etxea-ko "haurrak" Ustaritzeko Yntxausti-Baita etxearen atarian. Hemen bizi da gaur egun Miren de Ynchasuti bere seme-alabekin (IAA).

"Niños y niñas" de Lurdes Euzko Aur-Etxea ante la casa Yntxausti-Baita, donde actualmente reside Miren de Ynchausti con sus hijos (AIA).

LURDES EUZKO AUR-ETXEA-KO HAURRAK URTE BATZUK GEROAGO
LOS NIÑOS DE LURDES EUZKO AUR-ETXEA AÑOS MAS TARDE

Jose Luis
Aranceta

Josu
Arrizabalaga

Antonia
Arqueta

Donato
Arqueta

Juli
Arqueta

Carmen
Arqueta

María
Barandica

Edurne Eguino

Iñaki
Eguino

Mª Carmen
Elguezabal

Javier
Elguezabal

Arantzazu
Goicoechea

Mikel
Goicoechea

Elixabete
Goicoechea

Pedro
Gallastegui

Francisco
Juanbeltz

Luisa
Juanbeltz

María
Juanbeltz

Andoni
Lecumberri

Eukene
Lecumberri

LURDES EUZKO AUR-ETXEA-KO HAURRAK URTE BATZUK GEROAGO
LOS NIÑOS DE LURDES EUZKO AUR-ETXEA AÑOS MAS TARDE

Mª Carmen
Lopategui

Dominica
Lopategui

Mª Rosa
Lopategui

Alexander
Mendibil

Iñaki
Naberán

Teresa
Naberán

Carmen
Olondo

Dolores
Olondo

Gregorio
Olondo

Juan
Olondo

Mª Pilar
Orueta

Arantza
Zudupe

Iziar
Zudupe

Edurne
Zudupe

Argipenak:
* Ez dago helduaroko Donato Arquetaren argazkirik, ez baitzen topaketetara joaten, arrebekin ere ez zuen harreman estua izan eta ez zen ezagutzen haren bizilekua.
* Francisco Juanbeltz Errenterian hil zen 1944ko irailaren 23an, 17 urte zituela.

Aclaraciones:
* No hay fotografía de Donato Arqueta en edad adulta, ya que no acudía a los encuentros, tampoco tuvo una relación fluida con sus hermanas y se desconocía su domicilio.
* Francisco Juanbeltz falleció en Errenteria el 23 de septiembre de 1944, a los 17 años de edad.

INFORMAZIO-ITURRIAK

FUENTES DE INFORMACIÓN

ARTXIBO ETA LIBURUTEGI PUBLIKOAK / ARCHIVOS Y BIBLIOTECAS PÚBLICAS

Arabako Pobintzia-Artxibo Historikoa (APAH). / Archivo Histórico Provincial de Álava (AHPA).
Bilboko Udal Artxiboa (BUA). / Archivo Municipal de Bilbao (AMB).
Bizkaiko Agiritegi Historiko Probintziala (BAHP). / Archivo Histórico Provincial de Bizkaia (AHPB).
Bizkaiko Elizaren Historia Artxiboa (BEHA). / Archivo Histórico Eclesiástico de Bizkaia (AHEB).
Bizkaiko Foru Agiritegi Historikoa (BFAH). / Archivo Histórico Foral de Bizkaia (AHFB).
Bizkaiko Foru Liburutegia (BFL). / Biblioteca Foral de Bizkaia (BFB).
Euskadiko Filmoteka (EF). / Filmoteca Vasca (FV).
Euskal Kultur Erakundea (EKE). / Institut Culturel Basque (ICB).
Gasteizko Pilar Aróstegui Udal Artxiboa (GUA). / Archivo Municipal de Vitoria-Gasteiz Pilar Aróstegui (AMV).
Koldo Mitxelena Liburutegia (KML). / Biblioteca Koldo Mitxelena (BKM).
Sabino Arana Fundazioa (SFA). / Fundación Sabino Arana (FSA).
Sancho el Sabio Fundazioa (SSF). / Fundación Sancho el Sabio (FSS).
Euskadiko Artxibo Historikoa (EAH). / Archivo Histórico de Euskadi (AHE).
Mundakako Parrokiaren Artxibo (MPA). / Archivo Parroquial de Mundaka (APM).

ARTXIBO PARTIKULARRAK ETA FAMILIARRAK / ARCHIVOS PARTICULARES Y FAMILIARES

Ager Zamezaren Artxiboa (AZA). / Archivo de Ager Zameza (AAZ).
Ainhoa Altzibar Eginoren Artxiboa (AAEA). / Archivo de Ainhoa Altzibar Egino (AAAE).
Aitor Unanueren Artxiboa (AUA). / Archivo de Aitor Unanue (AAU).
Amaia Loyola Arquetaren Artxiboa (ALAA). / Archivo de Amaia Loyola Arqueta (AALA).
Amaia Mendibilen Artxiboa (AMA). / Archivo de Amaia Mendibil (AAM).
Izaskun Angoitiaren Artxiboa (IAA). / Archivo de Izaskun Angoitia (AIA).
Goyheneche familiaren Artxiboa (GFA). / Archivo de la familia Goyheneche (AFG).
José Félix Ichazo Barandicaren Artxiboa (IBA). / Archivo de José Félix Ichazo Barandica (AIB).
Luisa Juanbeltz-en Artxiboa (LJA). / Archivo de Luisa Juanbeltz (ALJ).
Miren de Ynchaustiren Artxiboa (MYA). / Archivo Miren de Ynchausti (AMY).
Pedro Gallasteguiren Artxiboa (PGA). / Archivo de Pedro Gallastegui (APG).

HEMEROTEKA

* DEIA.
* EUZKADI.
* EUZKO DEYA.
* EL LIBERAL.
* HIERRO.
* LA GACETA DEL NORTE.
* LA PETITE GIRONDE.
* LA TARDE.

ZINEMA IRUDIAK / IMÁGENES DE CINE

* AU SECOURS DES ENFANTS D'EUZKADI (PAYS BASQUE).

BIBLIOGRAFIA

AIZPURU, Mikel; "El vasco-filipino Manuel Ynchausti, un secundario imprescindible", en *https://aberriberri.com/2014/12/19/el-vasco-filipino-manuel-ynchausti-un-secundario-imprescindible.*

ALCALÁ, César, *Los niños del exilio (1936-1939)*, Sekotia, Madrid 2010.

ALONSO CARBALLÉS, Jesús J., *1937. Los niños vascos evacuados a Francia y Bélgica*, Asociación de Niños Evacuados en 37, Bilbao, 1998.

ALTED, Alicia, IORDACHE, Lucía y LÓPEZ, Laura, *Mujeres y niños en la Europa en guerra (1914-1949)*, Círculo de Lectores, Madrid,1921.

ARASAR, Daniel, *Exiliados y enfrentados. Los españoles en Inglaterra de 1936 a 1945*, Ediciones de La Tempestad, Barcelona, 1995.

ARRIEN, Gregorio, *La generación del exilio. Génesis de las escuelas vascas y las colonias escolares 1932-1940*, Ed. Onura, Bilbao, 1983.

ARRIEN, Gregorio, "El Gobierno Vasco y las evacuaciones de niños (1936-1937)" en *Muga*, nº 55, Bilbao julio-agosto 1986, pp. 62-73.

ARRIEN, Gregorio, "En el cincuentenario de las evacuaciones. Los niños enviados a la Unión Soviética" en *Ernaroa* Nº 4, Bilbao, mayo 1987, pp. 257-272.

ARRIEN, Gregorio, *Niños vascos evacuados en 1937. Álbum histórico*, Ed. Asociación de Niños Evacuados el 37, Bilbao,1988.

ARRIEN, Gregorio, *Niños vascos evacuados a Gran Bretaña, 1937-1940*, Ed. Asociación de Niños Evacuados el 37, Bilbao, 1991.

ARRIEN, Gregorio y GOIOGANA Iñaki, *El primer exilio de los vascos. Cataluña 1936-1939*, Fundació Ramon Trias Fargas y Fundación Sabino Arana, Bilbao, 2002.

ARRIEN, Gregorio, *¡Salvad a los niños! Historia del exilio vasco en Gran Bretaña, 1937-1940*, Ed. Sabino Arana Fundazioa, Bilbao, 2014.

BARANDIARÁN, José Miguel de, *La guerra civil en Euskadi: 136 testimonios inéditos recogidos por José Miguel de Barandiarán*, Edit. Bidasoa, Milafranga-Villefranque, 2005.

DASSANCE, Louis et GOYHENECHE, Eugene, "Maisons et Lieux D´Ustaritz", *Gure Herria*-n, Bayonne, 36. Urtea, 3 (1964ko agorrila).

DUMAS, Pierre, *Euzkadi. Les Basques devant la guerre d'Espagne*, Editions de L'Aube, Paris, 1939.

EGAÑA, Iñaki, MARTÍNEZ, Mari Sol y MENDOZA, David, *1936: La guerra civil en Euskal Herria*, Aralar Liburuak, Andoain, 1999-2004.

GÁLVEZ, Joaquín, *Tener 13 años en el 36*, Azti Argitaletxea, Donostia-San Sebastián, 2006.

GARRIDO, Begoña y GORROÑO, Oskar, *Memorias del exilio. Los niños vascos del 37,* autoedición, 2024.

IBARZABAL, Eugenio, *50 años de nacionalismo vasco 1928-1978*, Ediciones Vascas, San Sebastián,1978.

JACKSON, Gabriel, *La República española y la guerra civil 1931-1939*, Crítica, Barcelona, 1976.

JATO, Mónica eta CHUECA, Josu, *Orratz-begia - El ojo de la aguja. 1936 - Gipuzkoako Gerra Haurrak*, Intxorta 1937 Kultur Elkartea, Oiñati, 2024.

JUNTA PROVINCIAL DE MENORES DE VIZCAYA, *Memoria de la Junta Provincial de Protección de Menores de Vizcaya.1932-1939*, Talleres-Escuelas de la J. de Prot. de Menores, Bilbao.

LARRONDE, Jean-Claude, *"La Roseraie"ko ospitalea =L'Hôpital de "La Roseraie" = El Hospital de "La Roseraie": 1937-1940*, Bidasoako ingurraztiak=Cahiers Bidasoa=Cuadernos Bidasoa, 2002.

LARRONDE, Jean-Claude, "Manuel de Ynchausti, el patriota vasco que nació en Filipinas y que debemos conocer", en *https://aboutbasquecountry.eus/2020/06/13/manuel-de-ynchausti-el-patriota-vasco-que-nacio-en-filipinas-y-que-debemos-conocer/*

LARRONDE, Jean-Claude, *Manuel de Ynchausti (1900-1961). Etorri handiko mezenas bat / Manuel de Inchausti (1900-1961). Un mecenas inspirado*, Editions Bidasoa, Villafranque, 1998.

MARTÍNEZ, Josu, *Gure (zinemaren) Sor Lekua. Euskarazko lehen filmaren aurkikuntza, historia eta analisia*, Euskal Herriko Unibertsitateko Argitalpen Zerbitzua (UPV/EHU), Bilbao, 1985.

MARTÍNEZ, Josu, "Eusko Ikusgayak: Euskal zinematografiaren amatxi ahantzia", en *Revista Internacional de Estudios Vascos*, nº 60, 2, 2015.

MONTERO, Manuel, *Historia del País Vasco. De los orígenes a nuestros días*, Editorial Txertoa, Donostia-San Sebastián, 1995.

MUÑOZ-ROJAS, Ritama, *Los olvidados del exilio: cartas de los últimos refugiados españoles*, Reino de Cordelia, 2020.

PAMIÉS, Teresa, *Cuando éramos refugiados*, Ediciones Espuela de Plata, Sevilla, 2024

RUBIO, Javier eta alt., *La guerra civil día a día: (cronología e índices, 1936-1939)*, Unidad Editorial, D.L., Madrid, 2005.

SAN SEBASTIÁN, Koldo, *Crónicas de postguerra.1937-1951*, Idatz Ekintza, S. A., Bilbao, 1982.

STEER, G. L., *El árbol de Guernica*, Edic. Felmar, Madrid,1978.

UNSAIN, José María: "El cine y los vascos: Euskadiko Filmategia-Filmoteca Vasca", en *Eusko Ikaskuntza-Sociedad de Estudios Vascos. Cuadernos de Sección. Cinematografía*, Eusko Ikaskuntza, S. A., San Sebastián, 1985.

URIBE, Kirmen, *Mussche*, Susa, Zarautz, 2012.

ZUNZUNEGUI, Santos, *El cine en el País Vasco*, Bizkaiko Foru Aldundia = Diputación Foral de Vizcaya, Bilbao, 1985.

TESTIGANTZAK / TESTIMONIOS

Idatziak / Escritos

Euskadiko Artxibo Historikoko Manuel de Ynchausti Funtsean gordetzen diren idatzizko testigantzez gain, badira beste batzuk familiako artxiboetan eta artxibo partikularretan gordetzen direnak, eta horien artean honako hauek aipa daitezke:

Además de los testimonios escritos que aparecen en la documentación del Fondo Manuel de Ynchausti depositado en el Archivo Histórico de Euskadi, hay otros que se conservan en los archivos familiares y particulares, entre los que se pueden citar los siguientes:

ARQUETA, Juliana: Lurdes Euzko Aur-Etxea-ko "gerrako haurra". / "Niña de la guerra" acogida en Lurdes Euzko Aur-Etxea.

BARANDICA, María: Lurdes Euzko Aur-Etxea-ko "gerrako haurra". / "Niña de la guerra" acogida en Lurdes Euzko Aur-Etxea.

BARRIOLA, Maritxu: Lurdes Euzko Aur-Etxea-ko andereñoa. / Andereño de Lurdes Euzko Aur-Etxea.

EGUINO, Edurne: Lurdes Euzko Aur-Etxea-ko "gerrako haurra". / "Niña de la guerra" acogida en Lurdes Euzko Aur-Etxea.

ELGUEZABAL, María Carmen: Lurdes Euzko Aur-Etxea-ko "gerrako haurra". / "Niña de la guerra" acogida en Lurdes Euzko Aur-Etxea.

GALLASTEGUI, Pedro: Lurdes Euzko Aur-Etxea-ko "gerrako haurra". / "Niño de la guerra" acogido en Lurdes Euzko Aur-Etxea.

GOICOECHEA, Arantzazu: Lurdes Euzko Aur-Etxea-ko "gerrako haurra". / "Niña de la guerra" acogida en Lurdes Euzko Aur-Etxea.

YNCHAUSTI, Antonio de: Manuel de Ynchausti eta Ana Belén Larrauriren semea. / Hijo de Manuel de Ynchausti y Ana Belén Larrauri.

LOPATEGUI, María Rosa: Lurdes Euzko Aur-Etxea-ko "gerrako haurra". / "Niña de la guerra" acogida en Lurdes Euzko Aur-Etxea.

LECUMBERRI, Andoni: Lurdes Euzko Aur-Etxea-ko "gerrako haurra". / "Niño de la guerra" acogido en Lurdes Euzko Aur-Etxea.

NABERÁN, Iñaki: Lurdes Euzko Aur-Etxea-ko "gerrako haurra". / "Niño de la guerra" acogido en Lurdes Euzko Aur-Etxea.

OLONDO, Dolores: Lurdes Euzko Aur-Etxea-ko "gerrako haurra". / "Niña de la guerra" acogida en Lurdes Euzko Aur-Etxea.

OLONDO, María Carmen: Lurdes Euzko Aur-Etxea-ko "gerrako haurra". / "Niña de la guerra" acogida en Lurdes Euzko Aur-Etxea.

REKARTE, Koro: Koro Barriolaren alaba. / Hija de Koro Barriola.

Ahozkoak / Orales

AJURIAGUERRA, Isabelle: Jean-Claude Larronde historiagilearen emaztea / Esposa del historiador Jean-Claude Larronde.

ALLICA ARQUETA, María Esther (1957-III-18): Mª Carmen Arqueta Lurdes Euzko Aur-Etxea-ko "gerrako haurra"ren alaba. / Hija de María Carmen Arqueta, "niña de la guerra" acogida en Lurdes Euzko Aur-Etxea.

ALTZIBAR EGINO, Ainhoa (1965-XI-26): Edurne Eguino Lurdes Euzko Aur-Etxea-ko "gerrako haurra"ren alaba. Denboraldi batean, asteburuetan Ana Belén Larrauri zaintzeaz arduratu zen. / Hija de Edurne Eguino, "niña de la guerra" acogida en Lurdes Euzko Aur-Etxea. Durante un período de tiempo, los fines de semana acompañaba y cuidaba a Ana Belén Larrauri.

ANGOITIA GOIKOETXEA, Izaskun: Arantza Goicoechea Lurdes Euzko Aur-Etxea-ko "gerrako haurra"ren alaba. / Hija de Arantza Goikoetxea, "niña de la guerra" acogida en Lurdes Eusko Aur-Etxea.

ARTETXE, Oihana: Euskadiko Artxibo Historikoko teknikaria. / Técnica del Archivo Histórico de Euskadi.

BENGOETXEA, María Francisca (1930-IV-5): Alexander Mendibil Lurdes Euzko Aur-Etxea-ko "gerrako haurra"ren emaztea. / Esposa de Alexander Mendibil, "niño de la guerra" acogido en Lurdes Euzko Aur-Etxea.

CUEVAS, Unai: Euskadiko Artxibo Historikoko teknikaria. / Técnico del Archivo Histórico de Euskadi.

GALLASTEGI, Pedro (1953-I-14): Pedro Gallastegui Lurdes Euzko Aur-Etxea-ko "gerrako haurra"ren semea. / Hijo de Pedro Gallastegui, "niño de la guerra" acogido en Lurdes Euzko Aur-Etxea.

GARATE YNCHAUSTI, Ander: Manuel de Ynchausti eta Ana Belén Larrauriren biloba eta Miren de Ynchaustiren semea. / Nieto de Manuel de Ynchausti y Ana Belén Larrauri e hijo de Miren de Ynchausti.

GARATE YNCHAUSTI, Ainara: Manuel de Ynchausti eta Ana Belén Larrauriren biloba eta Miren de Ynchaustiren alaba. / Nieta de Manuel de Ynchausti y Ana Belén Larrauri e hija de Miren de Ynchausti.

GOICOECHEA, Arantzazu: Lurdes Euzko Aur-Etxea-ko "gerrako haurra". 2013ko irialaren 28an Euskal Kultur Erakundeak (EKE) egindako elkarrizketa. / "Niña de la guerra" acogida en Lurdes Euzko Aur-Etxea. Entrevista realizada el 28 de septiembre de 2013 por el Institut Culturel Basque (ICB).

GOICOECHEA, Jon: Mikel Goicoechea Lurdes Euzko Aur-Etxea-ko "gerrako haurra"ren semea. / Hijo de Mikel Goicoechea, "niño de la guerra" acogido en Lurdes Euzko Aur-Etxea.

GOIOGANA, Iñaki: historialaria eta Euskal Abertzaletasunaren Agiritegiko (SAF) teknikaria. / Historiador y técnico del Archivo del Nacionalismo Vasco (FSA).

GOYHENECHE, Jean Pierre: Edmond Goyheneche doktorearen biloba. / Nieto del doctor Edmond Goyheneche.

ICHAZO BARANDICA, José Félix (1959-III-8): María Barandica Lurdes Euzko Aur-Etxea-ko "gerrako haurra"ren semea, / Hijo de María Barandica, "niña de la guerra" acogida en Lurdes Euzko Aur-Etxea.

INCHAUSTI, Miren de: Manuel de Ynchausti eta Ana Belén Larrauriren alaba. / Hija de Manuel de Ynchausti y de Ana Belén Larrauri.

JUANBELTZ SARASOLA, Luisa (1929-II-6): Lurdes Euzko Aur-Etxea-ko "gerrako haurra". Gaur egun Donostia-San Sebastian-en bizi da. 2025eko otsailaren 15ean egindako elkarrizketa. / "Niña de la guerra" acogida en Lurdes Euzko Aur-Etxea. Actualmente reside en Donostia-San Sebastián. Entrevista realizada el 15 de febrero de 2025.

LARRONDE, Jean-Claude: Historiagilea eta Manuel de Ynchaustiren biografia liburuaren egilea: *Manuel de Ynchausti (1900-1961). Etorri handiko mezenas bat* / Historiador y autor de la biografía de Manuel de Ynchausti: *Manuel de Ynchausti (1900-1961). Un mecenas inspirado.*

LECUMBERRI, Teresa: Euskal Kultur Erakunde-ko (EKE) teknikaria. / Técnica del Institut Culturel Basque (ICB).

LOIOLA ARQUETA, Amaia (1958-IV-12): Juliana Arqueta Lurdes Euzko Aur-Etxea-ko "gerrako haurra"ren alaba. / Hija de Juliana Arqueta, "niña de la guerra" acogida en Lurdes Euzko Aur-Etxea.

LOPATEGUI LAUCIRICA, Karmele; Lurdes Euzko Aur-Etxea-ko "gerrako haurra". 2013ko irialaren 28an Euskal Kultur Erakundeak (EKE) egindako elkarrizketa. / "Niña de la guerra" acogida en Lurdes Euzko Aur-Etxea. Entrevista realizada el 28 de septiembre de 2013 por Institut Culturel Basque (ICB).

LOPATEGUI LAUCIRICA, María Rosa (1924-VII-27): Lurdes Euzko Aur-Etxea-ko "gerrako haurra". 2013ko irailaren 28an Euskal Kultur Erakundeak (EKE) egindako elkarrizketa eta 2025eko otsailaren 23an eta 26an telefonoz egindako elkarrizketak. Gaur egun, Washington D. C-n bizi da. / "Niña de la guerra" acogida en Lurdes Euzko Aur-Etxea. Entrevista realizada el 28 de septiembre de 2013 por Institut Culturel Basque (ICB) y entrevistas telefónicas realizadas los días 23 y 26 de febrero de 2025. Actualmente reside en Washington D. C.

LOPETEGUI URRUTIA, María: Euskal Fimategiko dokumentalista. / Documentalista de la Filmoteca Vasca.

LOPEZ BARRENA, Ion: Euskal Filmategiko zuzendari-kontserbatzailea. / Director-conservador de la Filmoteca Vasca.

MENDIBIL, Amaia (1957-VIII-6): Alexander Mendibil Lurdes Euzko Aur-Etxea-ko "gerrako haurra"ren alaba. / Hija de Alexander Mendibil, "niño de la guerra" acogido en Lurdes Euzko Aur-Etxea.

MENDIBIL, Gontzal (1956-I-25): Alexander Mendibil Lurdes Euzko Aur-Etxea-ko "gerrako haurra"ren semea. / Hijo de Alexander Mendibil, "niño de la guerra" acogido en Lurdes Euzko Aur-Etxea.

MENDICUTE LANCETA, Jone: Euskal Filmategiko artxiboko laguntzailea. / Auxiliar del archivo de la Filmoeca Vasca.

MERINO JUANBELTZ, Garbiñe (1967-II-23): Luisa Juanbeltz Lurdes Euzko Aur-Etxea-ko "gerrako haurra"ren alaba. / Hija de Luisa Juanbeltz, "niña de la guerra" acogida en Lurdes Euzko Aur-Etxea.

MIÑÓN, Itxiar: Gasteizko Pilar Aróstegui Udal Artxiboko teknikaria. / Técnica del Archivo Municipal de Vitoria-Gasteiz Pilar Aróstegui.

MORENO, Marian: Euskal Abertzaletasunaren Museoko arduraduna (SAF). / Responsable del Museo del Nacionalismo Vasco (FSA).

NABERÁN GARCÍA, Teresa: Lurdes Euzko Aur-Etxea-ko "gerrako haurra". Deustuko Unibertitateak (Deusto-Ondare Bizia) 2012ko maiatzaren 19an egindako elkarrizketa. / "Niña de la guerra" acogida en Lurdes Euzko Aur-Etxea. Entrevista realizada el 19 de mayo de 2012 por la Universidad de Deusto (Deusto-Ondare Bizia): *https://ondarebizia.deusto.es/teresa-naberan-frantzia-1937-1939-venezuela-1950-2002/*.

NUÑEZ ARQUETA, María Koro (1950-V-16): Antonia Arqueta Lurdes Euzko Aur-Etxea-ko "gerrako haurra"ren alaba. / Hija de Antonia Arqueta, "niña de la guerra" acogida en Lurdes Euzko Aur-Etxea.

PALACIOS, Roberto: Gogora, Memoriaren, Bizikidetzaren eta Giza Eskubideen Institutuko teknikaria. / Técnico de Gogora, Instituto de la Memoria, la Convivencia y de los Derechos Humanos.

UNANUE ZUDUPE, Aitor (1063-IX-6): Itziar Zudupe Lurdes Euzko Aur-Etxea-ko "gerrako haurra"ren semea. / Hijo de Itziar Zudupe, "niña de la guerra" acogida en Lurdes Euzko Aur-Etxea.

ZAMEZA LOPATEGI, Aloña: Mª Carmen, Mª Rosa eta Dominica Lopategui Lurdes Euzko Aur-Etxea-ko "gerrako harren" iloba. / Sobrina de Mª Carmen, Mª Rosa y Dominica Lopategui, "niñas de la guerra" acogidas en Lurdes Euzko Aur-Etxea.

ZAMEZA LOPATEGI, Ager (12-IV-12): Mª Carmen, Mª Rosa eta Dominica Lopategui Lurdes Euzko Aur-Etxea-ko "gerrako harren" iloba. / Sobrino de Mª Carmen, Mª Rosa y Dominica Lopategui, "niñas de la guerra" acogidas en Lurdes Aur-Etxea.

SIGLAK ETA BERAIEN ESANAHIA / SIGLAS Y SU SIGNIFICADO

AAEA: Ainhoa Altzibar Eginoren Artxiboa. = **AAAE:** Archivo de Ainhoa Altzibar Egino.

ALAA: Amaia Loyola Arquetaren Artxiboa. = **AALA:** Archivo de Amaia Loyola Arqueta.

AMA: Amaia Mendibilen Artxiboa. = **AAM:** Archivo de Amaia Mendibil.

APAH: Arabako Probintzia-Artxibo Historikoa. = **AHPA:** Archivo Histórico Provincial de Álava.

AUA: Aitor Unanueren Artxiboa. = **AAU:** Archivo de Aitor Unanue.

AZLA: Ager Zameza Lopategiren Artxiboa. = **AAZL:** Archivo de Ager Zameza Lopategi.

BAHP: Bizkaiko Agiritegi Historiko Probintziala. = **AHPB:** Archivo Histórico Provincial de Bizkaia.

BEHA: Bizkaiko Elizaren Historia Artxiboa. = **AHEB:** Archivo Histórico Eclesiástico de Bizkaia.

BFAH: Bizkaiko Foru Agiritegi Historikoa. = **AHFB:** Archivo Histórico Foral de Bizkaia.

BFL: Bizkaiko Foru Liburutegia. = **BFB:** Biblioteca Foral de Bizkaia.

BUA: Bilboko Udal Artxiboa. = **AMB:** Archivo Municipal de Bilbao.

EAH: Euskadiko Artxibo Historikoa. = **AHE:** Archivo Histórico de Euskadi.

EF: Euskadiko Filmoteka. = **FV:** Filmoteca Vasca.

EKE: Euskal Kultur Erakundea. = **ICB:** Institut Culturel Basque.

GFA: Goyheneche familiaren Artxiboa. = **AFG:** Archivo de la familia Goyheneche.

GUA: Gasteizko Pilar Arótegui Udal Artxiboa. = **AMV:** Archivo Municipal de Vitoria-Gasteiz Pilar de Aróstegui.

IAA: Izaskun Angoitiaren Artxiboa. = **AIA:** Archivo de Izaskun Angoitia.

IBA: José Félix Ichazo Barandicaren Artxiboa. = **AIB:** Archivo de José Félix Ichazo Barandica.

KML: Koldo Mitxelena Liburutegia. = **BKM:** Biblioteca Koldo Mitxelena.

LJA: Luisa Juanbeltz-en Artxiboa. = **ALJ:** Archivo de Luisa Juanbeltz.

MPA: Mundakako Parrokiaren Artxibo. = **APM:** Archivo Parroquial de Mundaka.

MYA: Miren de Ynchaustiren Artxiboa. = **AMY:** Archivo de Miren de Ynchausti.

PGA: Pedro Gallasteguiren Artxiboa. = **APG:** Archivo de Pedro Gallastegi.

SAF: Sabino Arana Fundazioa. = **FSA:** Fundación Sabino Arana.

SSF: Sancho el Sabio Fundazioa. = **FSS:** Fundación Sancho el Sabio.

Luisa Juanbeltz Donostiako bere etxean. 2025-II-15. Argazkia: Jon Urutxurtu.

Luisa Juanbeltz en su casa de Donostia-San Sebastián. 15-II-2025. Fotografía: Jon Urutxurtu.

Mª Rosa Lopategi Washingtoneko bere etxean Mikel Jon ilobarekin. 2024ko iraila.

Mª Rosa Lopategui en su casa de Washington con su sobrino Mikel Jon. Septiembre de 2024.

Izaskun Angoitia, Jean Pierre Goyheneche, Miren de Ynchausti, Isabelle Ajuriguerra eta Jean-Claude Larronde, Uztaritzeko Yntxausti-Baita etxearen atarian. 2025-III-14. Argazkia: Jon Urutxurtu.

Izaskun Angoitia, Jean Pierre Goyheneche, Miren de Ynchausti, Isabelle Ajuriguerra y Jean-Claude Larronde, en la entrada de la casa Yntxausti-Baita de Uztaritze. 14-III-2025. Fotografía: Jon Urutxurtu.

Uztaritzeko Yntxausti-Baita etxearen liburutegian. 2025-III-14. Argazkia: Lourdes Intxaurraga.

En la biblioteca de Yntxausti-Baita de Uztaritze. 14-III-2025. Fotografía: Lourdes Intxaurraga.

Izaskun Angoitia eta Miren de Ynchausti Uztaritzeko Yntxausti-Baita etxearen atarian. 2025-VI-10. Argazkia: Jon Urutxurtu.

Izaskun Angoitia y Miren de Ynchausti, en la entrada de la casa Yntxausti-Baita de Uztaritze. 10-VI-2025. Fotografía: Jon Urutxurtu.